# 空间经济学

## Spatial Economics

曾道智　〔日〕高塚创　著

北京大学出版社

# 图书在版编目(CIP)数据

空间经济学/曾道智,(日)高塚创著.—北京:北京大学出版社,2018.3
(21世纪经济与管理规划教材·经济学系列)
ISBN 978-7-301-29308-9

Ⅰ.①空… Ⅱ.①曾…②高… Ⅲ.①区位经济学—研究 Ⅳ.①F061.5

中国版本图书馆 CIP 数据核字(2018)第 036608 号

| | |
|---|---|
| 书　　　名 | 空间经济学<br>KONGJIAN JINGJIXUE |
| 著作责任者 | 曾道智　〔日〕高塚创　著 |
| 策 划 编 辑 | 贾米娜 |
| 责 任 编 辑 | 王　晶 |
| 标 准 书 号 | ISBN 978-7-301-29308-9 |
| 出 版 发 行 | 北京大学出版社 |
| 地　　　址 | 北京市海淀区成府路 205 号　100871 |
| 网　　　址 | http://www.pup.cn |
| 电 子 信 箱 | em@pup.cn　　QQ:552063295 |
| 新 浪 微 博 | @北京大学出版社　@北京大学出版社经管图书 |
| 电　　　话 | 邮购部 62752015　发行部 62750672　编辑部 62752926 |
| 印 刷 者 | 北京富生印刷厂 |
| 经 销 者 | 新华书店 |
| | 787 毫米×1092 毫米　16 开本　14.25 印张　233 千字<br>2018 年 3 月第 1 版　2018 年 12 月第 2 次印刷 |
| 定　　　价 | 38.00 元 |

未经许可,不得以任何方式复制或抄袭本书之部分或全部内容。
**版权所有,侵权必究**
举报电话: 010-62752024　电子信箱: fd@pup.pku.edu.cn
图书如有印装质量问题,请与出版部联系,电话: 010-62756370

# 丛书出版前言

作为一家综合性的大学出版社,北京大学出版社始终坚持为教学科研服务,为人才培养服务。呈现在您面前的这套"21世纪经济与管理规划教材"是由我国经济与管理领域颇具影响力和潜力的专家学者编写而成,力求结合中国实际,反映当前学科发展的前沿水平。

"21世纪经济与管理规划教材"面向各高等院校经济与管理专业的本科生,不仅涵盖了经济与管理类传统课程的教材,还包括根据学科发展不断开发的新兴课程教材;在注重系统性和综合性的同时,注重与研究生教育接轨、与国际接轨,培养学生的综合素质,帮助学生打下扎实的专业基础和掌握最新的学科前沿知识,以满足高等院校培养精英人才的需要。

针对目前国内本科层次教材质量参差不齐、国外教材适用性不强的问题,本系列教材在保持相对一致的风格和体例的基础上,力求吸收国内外同类教材的优点,增加支持先进教学手段和多元化教学方法的内容,如增加课堂讨论素材以适应启发式教学,增加本土化案例及相关知识链接,在增强教材可读性的同时给学生进一步学习提供指引。

为帮助教师取得更好的教学效果,本系列教材以精品课程建设标准严格要求各教材的编写,努力配备丰富、多元的教辅材料,如电子课件、习题答案、案例分析要点等。

为了使本系列教材具有持续的生命力,我们将积极与作者沟通,争取三年左右对教材不断进行修订。无论您是教师还是学生,您在使用本系列教材的过程中,如果发现任何问题或者有任何意见或者建议,欢迎及时与我们联系(发送邮件至 em@pup.cn)。我们会将您的宝贵意见或者建议及时反馈给作者,以便修订再版时进一步完善教材内容,更好地满足教师教学和学生学习的需要。

最后,感谢所有参与编写和为我们出谋划策提供帮助的专家学者,以及广大使用本系列教材的师生,希望本系列教材能够为我国高等院校经管专业教育贡献绵薄之力。

北京大学出版社<br>
经济与管理图书事业部

# 序

　　中国的经济发展呈现出不平衡的状态：东部沿海地区比较发达，而西部内陆地区则相对来说比较落后。各个地区的产业结构也不同。值得注意的是，这种经济活动的不平衡在世界其他国家也都可以观察到，只是程度有所不同。为什么经济活动会呈现出这种不平衡的状态呢？这里面固然有自然资源分布不均的原因，但是，社会经济发展本身也会不可避免地造成这些不平衡。空间经济学就是揭示这种现象背后的经济机制的学问，它从理论上告诉我们应该如何制定区域发展的策略。

　　传统的经济学聚焦于某地产品的生产和消费，但舍弃了空间这种概念。相比之下，空间经济学则是同时分析多个地点的供需均衡，因此，因不同地点间的距离而产生的贸易费用会对经济活动及其分布产生什么样的影响成为空间经济学的主要研究对象。技术进步使运输和通信费用急速下降，而且最近数十年间急剧发展起来的贸易自由化使经济活动跨越国家和区域的边境，更加紧密地联系在一起。再考虑到外国直接投资、跨国企业、任务贸易这些在全球化时代出现的新的生产形态，可以说空间经济学的作用变得越来越重要。

　　空间经济学是一个既古老又崭新的领域。其起源可以追溯到 19 世纪冯·杜能 (J. H. von Thünen) 所撰写的《孤立国同农业和国民经济的关系》一书（通常将该书简称为《孤立国》）。这本书通过经济主体的最优化行为和市场均衡理论，说明了农业生产活动的区位是如何内生决定的，为后面的城市经济学和区域经济学的发展做出了巨大贡献。此外，在传统的国际贸易理论中没有研究区位的内容，构建了比较优势理论的 B. 俄林 (B. Ohlin) 虽然指出应该把贸易和区位放入同一框架中考虑，但真正这样考虑的是 P. R. 克鲁格曼 (P. R. Krugman) 等人于 1970 年创立新贸易理论 (New

Trade Theory，NTT）之后的事了。20世纪90年代以后，这种思想被运用到区域经济学和城市经济学中，新经济地理学（New Economic Geography，NEG）也就诞生了。藤田、克鲁格曼和维纳伯尔斯的著作（Fujita，Krugman，and Venables，1999）系统地总结了这一结果。

  本书基于以上发展过程，从讲解新贸易理论和新经济地理学的基础内容入手，同时兼顾2000年以后出现的新的学说潮流，来介绍空间经济学。特别是，国与国之间可自由移动的资本（mobile capital）的存在是现代经济的一大特征，本书着力于讲解明确导入资本的模型。此外，本书还尽可能地介绍最前沿的研究成果。但是，由于这个领域的发展很快，如何选择适合教科书的内容也实为不易。实际上也出现了在校正已经写好的原稿时，却发现必须更新一部分内容的情况。本书所介绍的空间经济学，基本上运用的是一般均衡分析，因此，数学公式的使用不可避免。由数学公式描述的模型常常有可简洁地揭示事物本质的优点，但也较为抽象，不易理解。为了让读者确切理解空间经济学的内容，本书没有避开数学公式，而是对其进行了详尽的说明。本书以学过经济数学的高年级本科生、研究生、对空间经济学（理论）持关心态度的研究者和社会工作者为主要对象。幸运的是，近年来Mathematica、Maple和Matlab等数理分析软件被开发出来，使数学公式的演算和模拟更加简单。积极运用这些软件有助于读者更加深刻地理解本书的内容。

  在本书的诞生过程中，我们得到多方直接或间接的指导与协助。首先要感谢把我们这些门外汉引进这个领域的藤田昌久教授（甲南大学）、Jacques Thisse教授（比利时天主教鲁汶大学）和田渕隆俊教授（东京大学）。陈清目、古泽泰治、金木良嗣、菊地徹、黑田达朗、森知也、森田忠士、文世一、村田安宁、中村良平、小川光、大久保敏弘、彭信坤、Pierre Picard、佐佐木公明、佐藤泰裕、下村耕嗣、高桥孝明、高桥寿明、谭立力、德永澄宪、山本和博、杨曦、赵来勋、郑小平、周义明、朱希伟等诸位老师通过共同研究和学会、研讨会中的报告等形式给本书提供了莫大的帮助。与我们在日本东北大学和香川大学共同运营研讨会的安藤朝夫、井原健雄、伊藤亮、河野达仁、中岛贤太郎、长町康平、宍户荣德、山村能郎、横井涉央、张阳等诸位老师的讨论也起了很大的作用。本书的大部分内容是作者基于近十年来在（日本）东北大学、香川大学、北京大学、浙江大学、上海财经大学、西南财经大学、（中国）东北大学等学校使用的讲义而成。我们向在中国各个大学为我们提供授课、讲座机会的杨开忠、石敏俊、朱希伟、薛领、张学良、傅十和、孙楚仁、綦勇等老师表示感谢。出席课程和讲座的各位老师、同学所提出的问题和评论也在本书写作的过程中起到了很大的参考作用。

本书是在日文版《空间经济学》(日本东洋经济新报社,2016)的基础上改写的。张碧月(日本东北大学)和赵希伦(南开大学)同学承担了大部分翻译工作,是她们的无私奉献才有了这本书的问世。我们十分感谢北京大学出版社和日本东洋经济新报社。同时,也对为策划、编辑、出版这两本书的贾米娜女士、王晶女士、茅根恭子女士以及中山英贵先生表示诚挚的谢意。

最后,本书的研究成果得到中国国家自然科学基金重点项目(71733001)"我国产业集聚演进与新动能培育发展研究"、日本科学研究费辅助金基盘研究(B)(17H02514)"空间经济学里空间异质性的影响分析和政策反映"和基盘研究(C)(16K03629)"空间经济系统内的可动资本之作用——以区域间差异及贸易政策的分析为中心"的资助。作者对这些资助表示感谢。

作　者

2018 年 1 月

# 主要字母记号对照表

本书使用了如下记号：

$a$　作为上标时指农业部门，作为通常文字时是需求函数中的参数

$\alpha$　需求函数的参数，或者是反映环境政策的农业生产力

$b$　作为下标时表示突破点，作为通常文字时是需求函数的参数

$B$　国际收支

$\beta$　需求函数的参数

$c$　需求函数的参数

$C^f$　企业生产的固定费用

$C^m$　企业生产的边际费用

$\delta$　政策负荷比，或者是因外在冲击使企业退出市场的概率

$\eta$　非熟练工人对熟练工人的比

$F, f, f_x, f_e$　企业生产的固定投入

$\gamma$　需求函数的参数

$H$　熟练工人的总数

$\mathcal{H}$　区域的住宅消费量

$k$　国家或区域所使用的资本份额

$\kappa$　单个人的资本拥有量

$\lambda$　某个区域的熟练工人的份额

$l$　单个企业所投入的熟练工人数目

$L$　非熟练工人或工人的总数

$M$　运营企业的总数

$m$　作为下标表示制造业

$\mu$　消费者对工业产品偏好的参数

$n$　工业产品的品种数

$p$ 产品的价格

$P$ 价格指数

$\phi$ 贸易自由度

$\phi^i$ 产业 $i$ 的贸易自由度，或者是作为固定投入的非熟练工人数

$\varphi$ 异质企业的生产力

$\Pi$ 利润（纯利润）

$\pi$ 经营利润

$q$ 产品的量

$r$ 区域名，资本租金，或一个企业的销售额

$R$ 地租，或总支出

$\rho$ 对产品多样性的偏好程度

$s$ 作为通常文字时表示区域名或通勤以外的劳动时间，作为下标时表示区域名或维持点

$S$ 消费者剩余，或区域的劳动时间

$\sigma$ 替代弹性

$\tau$ 产品运输费

$t$ 税（率）

$\theta$ 国家或区域的大小，或通勤费用

$U$ （直接）效用（函数）

$V$ （间接）效用（函数）

$w$ 工资

$y$ 个人所得

$Y$ 区域或国家的总收入

# 目 录
## contents

第1章 绪论 1

1.1 引言 1

1.2 企业区位选择的主要考虑因素 1

1.3 家庭选址的主要考虑因素 2

1.4 第一自然和第二自然 3

1.5 空间经济学的谱系(1)：选址理论 6

1.6 空间经济学的谱系(2)：贸易理论 8

1.7 本书的特征和构成 11

附录1.1 关于冰块型运输费用 15

附录1.2 关于空间不可能定理 15

第2章 新贸易理论诞生的背景 18

2.1 引言 18

2.2 产业内贸易的增加 18

2.3 运输及通信成本的降低和贸易自由化 20

2.4 里昂惕夫悖论 21

2.5 在贸易理论方面的"文化抗争" 22

附录2.1 围绕里昂惕夫悖论的讨论 24

第3章 迪克西特-斯蒂格利茨的垄断竞争模型 26

3.1 引言 26

3.2 需求函数和竞争效果 27

3.3 导入运费 29

3.4 决定企业行为和企业数量 30

附录3.1 CES函数 32

附录3.2 迪克西特-斯蒂格利茨模型的推广 33

第4章 单要素模型：本地市场效应和福利 36

4.1 引言 36

4.2 两国工资水平相同的情形 37

4.3 两国工资水平不同的情形 42

4.4 运输费用的减少和福利的变化 48

4.5 小结 55

第5章 双要素模型：资本移动和企业区位 56

5.1 引言 56

5.2 两国工资水平相同的情形 57

5.3 两国工资水平不同的情形：农产品的运输费用 59

5.4 两国工资水平不同的情形：舍

弃农业部门 63

5.5 小结 69

### 第6章 新经济地理学和均衡的稳定性 71

6.1 引言 71

6.2 前方关联效应和后方关联效应 72

6.3 多个均衡的可能性和均衡的稳定性 74

### 第7章 中心-外围模型 79

7.1 引言 79

7.2 模型 80

7.3 均衡 84

7.4 小结 87

### 第8章 准线性模型 88

8.1 引言 88

8.2 奥塔维亚诺-田渊-蒂斯模型 89

8.3 弗吕格模型 95

8.4 小结 99

### 第9章 人工费用带来的再分散 100

9.1 引言 100

9.2 基于准线性模型 101

9.3 基于CES函数模型 111

9.4 小结 116

附录9.1 命题9.2.1的证明 117

### 第10章 城市费用带来的再分散 118

10.1 引言 118

10.2 基于准线性模型 119

10.3 基于CES函数模型 122

10.4 小结 126

### 第11章 多产业的空间经济 127

11.1 引言 127

11.2 非熟练工人必要投入量不同的多产业选址 128

11.3 运输费用不同的多产业选址 136

11.4 小结 147

附录11.1 $\bar{\theta}_0$、$\bar{\theta}_1$、$\bar{\theta}_2$、$\bar{\omega}_2$ 的定义 147

### 第12章 企业间关联和区位 149

12.1 引言 149

12.2 两国工资水平相同的情形 150

12.3 两国工资水平不同的情形 158

12.4 小结 161

附录12.1 关于12.2.1模型的突破点 161

## 第13章 空间经济学模型的应用 163

13.1 引言 163

13.2 税收竞争 164

13.3 环境管制 170

13.4 国际贸易与国内区域间差异 175

13.5 小结 179

## 第14章 为了更深入地学习 180

14.1 考虑企业的异质性 180

14.2 可进一步阅读的文献 191

## 参考文献 194

## 索引 206

# 第1章
# 绪 论

## 1.1 引言

　　空间经济学是以企业和家庭（劳动者）等经济主体的区位为研究对象的学问。分析企业和家庭的区位选择的重要性毋庸赘言。某一地区能否被企业和家庭选中，是事关该地区生死存亡的问题。企业不仅提供各种资源和服务，而且提供就业岗位，为该地区带来收入。也就是说，可以认为企业入驻某地后当地人可供选择的消费增多，收入增多，生活更加富裕。同样地，家庭定居在某地对该地的企业而言也有很大的吸引力。家庭定居在某地就意味着该地有了商品和服务市场，也有了可筹集必要劳动力的劳动市场。这样一来，企业区位选择和家庭区位选择相辅相成，互相支持，为该地区注入活力。那么，如此重要的企业与家庭区位选择是由什么条件决定的呢？让我们来详细分析一下。

## 1.2 企业区位选择的主要考虑因素

　　日本财团法人产业研究所的企业问卷调查明确了是什么原因决定了日本制造业的区位选择（日本经济产业省，2006）。该问卷（答卷总数为5544份）采取的调查方式是，每个受访制造业企业针对每项业务选择3个以下的重要据点，再对每个据点选择5个以下成为区位选择主要考虑因素的重要项目。根据该调查（参照图1.1），在影响选址的因素中，选择最多的是"人工费用便宜"，其次是"有利于在当地国内市场的销售"（两者都被大约10%的据点认定为区位选择的主要考虑因素）。特别地，很多日本企业在选择以亚洲为中心，包括中国、东盟国家、新兴工业经济体等地为海外据点时,把这两个因素当作主要因素。除了这些因素之外,"容易得到技术、市场需求、顾客等相关信息"(被大约9%的据点选择为主要考虑因素),"有高水平的技术工人、研究者"(被大约8%的据点选择为主要考虑因素)也作为重要的选址因素被列举出来了。很多日本企业在考虑日本国内特别是大都市圈的区位时会参考这些因素。因此,综上所述,日本企业进行区位选择时,劳务费用、市场规模、技术和信息是主要考虑的条件,前两者是促使企业定址海外(亚洲)的主要原因,后两者是企业定址国内(日本)的主要原因。近年来日本制造业空洞化现象是大家担心的一个问题,这可能是因为大家预计前两个因素今后会起到更大的作用。

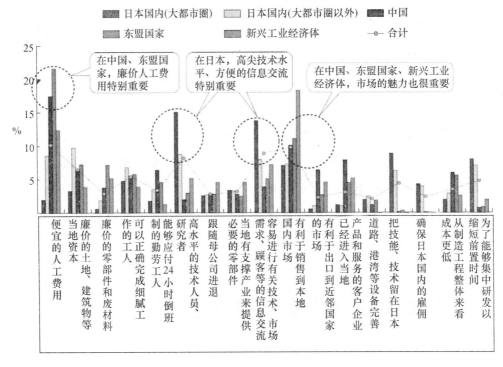

图 1.1　日本制造业区位选择的主要考虑因素
资料来源:日本经济产业省(2006)。

## 1.3　家庭选址的主要考虑因素

和企业区位选择相比,家庭(劳动者)的国际移动较少,所以家庭选址基本上是在一个国家内选择一个地区,在一个地区(一个都市)内选择一个地点。那么一个家庭是根据什么理由选择居住地的呢?在日本,约三成人口集中在东京首都圈,为什么这么多人选择了东京呢?第一,可以认为能得到高收入。如在企业区位选择部分所说的那样,人口多也就意味着该地有大的市场,企业有可能获得较大的利润。第二,因为前面的原因企业聚集在一起的话,企业间贸易的接触成本变低,这也就成为提升企业利润、提高劳动者报酬(工资)的因素。但是,问题并不是这么简单。一般来说,在人口和企业聚集的大都市,通勤费用和房租等生活成本也会变高。

田渕和吉田(Tabuchi and Yoshida,2000)用日本 20 世纪 90 年代前半期的都市圈数据对城市人口和名义工资关系进行了推测。根据他们的结果,如果大城市的人口变为原来的 2 倍,名义工资会上涨约 10%。这一结论支持城市越大工资越高这一观点。但是,田渕和吉田的推测表明,如果考虑在名义工资中对物价和房租进行折扣后的实际工资的话,人口变为 2 倍后,实际工资大约降低 7%—12%。但人口多的城市还有另外一个可以抵消实际工资降低的优点,那就是消费的多样性。大城市的魅力之一就在于,有各种各样的大企业,而且可供消费的产品和服务的选项很丰富。

由以上因素决定了所要居住的地区(城市)后,地区(城市)内的选址要如何决定呢?在地区(城市)中心地带,房租较高但通勤便利。相反,郊区的通勤费用较高但房租便宜。因此,需要较大住宅面积的大家庭即使要忍耐较高的通勤费用也会倾向于选择房租便宜的郊区,而生活重心在中心商业区的小家庭则会倾向于选择通勤方便的城市中心。综上所述,家庭选址主要考虑消费的多样性、工资收入和城市费用(住宅费用和通勤费用),前两者促使家庭定居在大城市,最后一点促使家庭定居在地方城市。

## 1.4 第一自然和第二自然

正如前文所述,日本总人口中约有三成居住在东京首都圈。而且,2005 年,总人口的 86% 居住在城市,总人口的 66% 居住在人口集中地区(黑田,田渕,中村,2008)。① 这表明在日本的国土中劳动力和企业呈现空间不均衡分布。这种现象并非日本所独有,在世界各国都可以看到,只不过程度有所不同而已。这种空间分布的不均衡为什么会出现呢?

一方面,可以考虑类似交通要道的地理特性或有丰富矿产等资源之类的先天因素。这种先天因素在区位选择上被称为第一自然(first nature)。② 爱媛县新居滨市的别子铜山(见图1.2)就是一个典型的例子。该地区自1690年发现铜矿至1973年为止的约280年间共产出铜70万吨,为日本的贸易和现代化做出了贡献。尽管位于海拔千米以上的山岳地带,但在1895年,别子地区的人口数量就达到了12 000人,成为不仅在日本,而且在世界上都绝无仅有的大规模矿山城市。

图1.2 别子铜山

第一自然尽管可以成为形成城市中心的契机,却不一定有维持这个中心的能力。众所周知,伴随着产业结构的变化,大多煤矿城市和矿山城市都衰退甚至消失了。即使是别子铜山,也于1973年被关闭了。结束了有283年的铜山历史后,现在该地区的人口数为零。

---

① 人口集中地区指的是在日本人口普查时人口密度在4 000人/公里² 以上的相邻标本区所构成的区域,其总人口在5 000人以上。

② Cronon(1991)首次采用第一自然和第二自然的表述。其后,在空间经济学的文献里,Krugman(1993)、Picard and Zeng(2010)、Redding(2010)也采用了这种表述。

另一方面,我们再来看看东京和纽约。我们是不是感受到了这些城市的地理特性和自然资源的魅力?其实并非如此,但我们能感受到在那里聚集的人和企业每天开展的活动以及高度发达的社会资本的魅力。这种区位选择的后天特性被称为第二自然(second nature)。

中国的义乌市也是因第二自然发展起来的城市。它在上海市西南方向大约300千米处,位于浙江省中央,距杭州市约120千米,面积大概为上海市的1/5,人口为114万。但是义乌市原本的自然条件并不尽如人意。相反,尽管处于富饶的浙江省,却因缺水影响了农业发展。因缺少食物,当地进行物物交换的人相当多。幸运的是,以这种交换经济为基础,义乌发展起了小规模的市场经济。1978年以后,该地以全国性的改革开放为后盾,灵活运用其流通经济的优势,激活了整个地区。现在义乌已发展为中国中等规模的城市。

在被称为"日本百元店故乡"的义乌市,总人口的90%是商人,而且所有街道都市场化了:批发商店鳞次栉比,甚至达到了难以区分批发专营地和其他场所的程度,踩着载有大纸箱的二轮拖车踏板的搬运工和装满货物的大卡车在街道上来来往往,到处可见在街道上商谈的人们。根据2003年义乌市人民政府公布的资料,在义乌市有4万间以上的批发商店,8万人以上从事批发业,处理商品种数达20万件以上,每天有20万以上的买主从国内外各地来到义乌,从事的商品贸易量达到1万吨以上。其中,图1.3所示的福田市场规模最大,可以说是世界上最大的批发市场。

图1.3 义乌福田市场

根据第一自然形成城市这一点很好理解。但令人好奇的是,这并不是形成城市的必要条件。换言之,即使先天因素没有优越性,就像义乌市,也可以形成城市。其实空间经济学更关注第二自然。在没有第一自然的情况下,什么条件可以促进城市出现呢?阐明这一机制是空间经济学的重要目标之一。

## 1.5 空间经济学的谱系(1):选址理论

如果阐明企业和家庭的区位选择机制是空间经济学的目标的话,那么空间经济学可以从何处找到起源呢?在藤田(Fujita,2010)看来,空间经济学的创始人是冯·杜能。冯·杜能的一生基本都在管理德国北部特洛地区的一处地方领地,他因此收集到数量庞大的数据,并开始构建自己的理论体系,完成著作《孤立国》(1826)。在可以认为是空间经济学起源的该书的第一卷中,冯·杜能提出:在给定某个孤立国的中心(市场)的情形下,各种各样的生产活动的区位会根据产品运输费用的不同而形成如图1.4所示的同心圆。

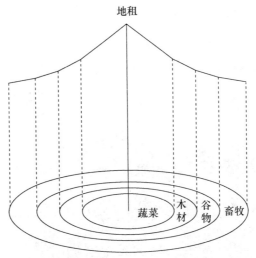

图1.4 冯·杜能的孤立国

图1.4中距离中心最近的同心圆是蔬菜等生鲜食品的生产地。因为这些产品每天的需求量大,而且对鲜度也有要求,所以需要定址于市场附近。其次是木材等燃料的生产地。木材虽然没有保持鲜度的必要,但因重量较大而导致运输较为困难,又由于做饭和取暖都需要大量的木材,所以不能在离市场较远的地方

生产。再次是谷物,如小麦和大米的产地。因为谷物比木材要轻,所以可以在距中心较远的地方生产。最远的是饲养牛和猪之类的畜牧业。因为牛和猪可以自己移动到中心,所以运输费用最小。当然,不论对于哪种产业,距中心近的地点都更为有利,但这种地方的地租也更高。只有可以确保有足够利益的产业才会选择离中心近的区位。

令人惊讶的是,冯·杜能早在近200年前就已经洞察到这种区位模式是市场竞争的结果。阿隆索(Alonso, 1964)在将近140年之后,把市场替换为中心商务区(Central Business District, CBD),把农业用地替换为住宅用地,把农产品运输费用替换为家庭通勤费用,构建了城市空间模型。正如前一部分所说,需要较大住宅面积的大家庭倾向于选择房租便宜的郊外,而生活重心在商务中心的小家庭则会倾向于选择通勤方便的市中心,阿隆索的模型巧妙地说明了这一现象,而且这个模型至今仍被作为城市经济学的基本模型使用。

冯·杜能-阿隆索模型基于完全竞争的一般均衡理论[3],却能准确描述现实活动。但是,如果回顾一下"空间经济学的目的",这一模型就不是那么令人满意了。为什么呢？在这个模型中,预先设定了孤立国,或者说是城市的中心。正如前一部分所说,我们需要以内生的方式说明第二自然是如何影响城市中心的形成的。这是对空间经济学的期待。

有一个与此相关的知名定理,被称作"空间不可能定理"(参照附录1.2)。这个定理提出在空间均质且运输需要成本的情况下,不存在竞争均衡。这表示假定在没有第一自然的条件下,在私有制[4]且完全竞争的经济环境中,不会出现空间集聚。此时生产活动的区位呈现分散形式,人们在各地进行自给自足的生产。但在现实世界可以观察到经济活动的集聚现象,所以该理论可以由以下方式解读。[5] 也就是说,现实世界中经济活动产生集聚现象至少是由于以下某个原因。

---

[3] 完全竞争指的是这么一种情形:因为市场中有大量的经济主体存在,所以每个经济主体都是以价格接受者的身份进行经济活动。另外,一般均衡理论考虑的不只是某个特定市场的价格和供需均衡,而是同时处理多个相互关联市场里的均衡问题。

[4] 私有制指的是,一切产品和生产要素都是由某个特定经济主体所拥有的。另外,这里也包含了所有的收益和费用都是由市场贸易所产生的意思,因此,存在公共产品和技术外部性的经济环境就不包括在我们考虑的私有制经济之列。

[5] 这种梳理方式是基于Fujita(2010)。在该论文和Fujita and Thisse(2002, 2013)中可以找到关于空间经济学的更为详细的讨论。

Ⅰ. 空间不是均匀的。

Ⅱ. 经济活动产生了技术上的外部性。

Ⅲ. 市场是不完全竞争的。

冯·杜能-阿隆索模型的方法可以认为是基于情形Ⅰ的区位模型。因为无法在模型里面说明孤立国或城市的"中心"是如何形成的，只能认定该处成为中心是由于其具有某些特别的空间特征等外生原因。也有一些学者的研究是基于情形Ⅱ内生出CBD来推广阿隆索的城市模型，其代表是小川和藤田（Ogawa and Fujita，1980）的工作。该模型考虑了因为企业和家庭间的距离所产生的通勤费用，也考虑了因企业间的距离所产生的贸易费用。另外，和阿隆索模型的设定不同，在该模型中，不仅家庭可以自由选址，企业也可以自由选址。在这种情况下，如果贸易费用小到可以忽略的水平，那么就可以得出和空间不可能性定理相融合的区位模式，也就是说，家庭和企业都在城市空间呈均匀分布。这样一来，不仅家庭和企业可以省掉过高的地租，而且家庭也可以省掉通勤费用。然而，如果企业间的贸易费用比较大，企业和企业之间就希望能相互靠近，这时就会产生阿隆索所设想的区位模式，即企业在某个特定的范围内选址，而家庭则分布在企业周围。

另外，亨德森（Henderson，1974）把外部规模经济引入了阿隆索模型。他假定城市内的企业生产率会随着城市规模的增大而提高，由此讨论决定城市规模的机制。城市规模变大时，一方面工资会因为外部规模经济得以上升，可是另一方面，居住成本和通勤费用等城市费用也会上升。因此，工人的效用先会随着城市规模的增大而上升，其后又会下降，呈现出倒U形。亨德森还进一步指出，城市规模会因为追求利润最大化的城市开发商的存在而达到最优水准。

## 1.6 空间经济学的谱系(2)：贸易理论

自冯·杜能开始的上述空间经济学流派聚焦于一个区域（城市），或者区域（城市）之间的劳动力和企业区位，与此相对，贸易理论聚焦于各区域（国家）的产业构成和贸易模式（进口什么，出口什么），其中最有名的当属比较优势理论。比较优势理论认为，每个国家都应根据"两利相权取其重"的原则，集中生产并出口其具有比较优势的产品。这里所说的"比较优势"可以大致认为是从两种差异所产生的。第一，生产技术（生产率）的差异。各区域在生产率较高的产业领域进行专门化，出口该产业的产品，这就是李嘉图的比较优势理论。第二，生产要素储存量的差异。各区域多用本地的优势资源进行生产并出口该产品，这就是赫克歇尔-俄林的比较优势理论。

比较优势理论所代表的传统贸易理论并不关注企业和家庭直接的区域间移动，各区域内部门间的劳动力移动形成了上面所说的专门化。在这一点上，比较优势理论和前面所说的区位理论有很大的不同。但是，从根本上来说，贸易理论和区位理论不应该是互相独立的理论。从以下几点来看，两者应该是在同一个框架下的理论。第一，某一区域进行某种产业的专门化生产可以看成该产业在该地"集聚"，从这个意义上讲二者分析的是同一经济现象。第二，选址行为已经全球化，研究国际贸易的贸易理论本身也不得不直接分析区位问题。正如本章开头所说，如今已经是企业可自主选择到哪个国家去生产的时代了。实际上关于这一点，比较优势理论之父——俄林（Ohlin，1933）就指出，国际贸易理论本来也就应该是包含产品的运输费用和生产要素移动可能性的区位理论。

传统的贸易理论和传统的区位理论一样，是在假设私有制及完全竞争的条件下构造的理论。因此，基于比较优势的专门化（集聚）可以归结为前一部分所说的情形Ⅰ（空间不是均匀的）。事实上，比较优势理论不外乎是外生给定区域间的差异。和区位理论一样，很早就有通过情形Ⅱ（技术上的外部性）来说明专门化（集聚）的学说。具体来说，是假定存在伴随着产业规模的扩大平均生产成本降低的"外部规模经济"。这种情况会带来专门化（集聚）比较好理解。为什么呢？假定出于某些原因，一个国家在某种产业上开始了大量生产，那么该国的生产成本已经很低了，这时，完全没有这个产业的国家要进入该产业就会相当困难。⑥ 另外，导入了技术外部性的贸易理论和比较优势理论一样都是基于完全竞争，所以也在比较早的时期就基于一般均衡理论对模型进行了精致化（比如Jones，1968）。

---

⑥ 此外，还有重要的一点是，在这种情况下贸易自由化有可能会给某个国家带来损失（Graham，1923）。其原因是，即使某个国家目前并不存在某个产业，但是却有足够的潜在需求。如果在自己国家扶植该产业，有可能实现以比从该产业领先的国家进口更便宜的价格来供给该产品。以这种理由推行贸易保护的说法被称为"幼稚产业保护理论"。

基于一般均衡理论从情形Ⅲ（不完全竞争）的角度说明集聚和专门化的理论与前面介绍的理论相比，不论是区位理论还是贸易理论，都可以说是最新的东西。其理由是，和一般均衡理论相融合的不完全竞争模型是在20世纪70年代后半期之前还没有建立起来的东西。在假定寡头垄断情形（两个以上的少数企业参与竞争的局面）下的区位理论方面，有自霍特林（Hotelling, 1929）开始的空间竞争理论。但是，这一系列的空间竞争的研究基本上都是基于局部均衡的区位理论。在寡头垄断的情况下，不仅要考虑消费者的反应，而且必须考虑竞争对手的反应，因此会产生非常复杂的策略依存关系。在贸易理论中情况相同，即假定寡头垄断下的贸易理论基本上都停留在基于局部均衡的议论上。

20世纪70年代后半期，终于由迪克西特和斯蒂格利茨（Dixit and Stiglitz, 1977）构造了与一般均衡理论相融的不完全竞争模型。他们考虑的不是寡头垄断而是垄断竞争的情况。垄断竞争的概念最先由张伯伦（Chamberlin, 1933）提出。正如其名，它既有垄断的方面也有竞争的方面。具体来说，一方面，各企业因为生产和其他企业有差别的产品，所以有本产品的价格支配力（垄断力）：即使该产品价格比其他企业的产品价格高，销售额也不会为零。另一方面，和寡头垄断情况不同，因为假定有多家企业，所以可以把其他企业设定的产品价格当作已知条件。因此不会产生寡头垄断中复杂的策略上的依存关系，使得一般均衡分析成为可能。之后，把这个模型导入贸易理论，并讨论经济活动的集聚和专门化的是克鲁格曼（Krugman, 1979, 1980）。

在垄断竞争的模型中，假定了伴随着企业生产规模的扩大，平均成本会降低的"内部规模经济"。而且假定了消费者更喜欢消费多类产品的偏好。根据这些假定，各企业会生产一种和其他企业不一样的专门化了的产品。如果在垄断竞争模型的这些特征中再加上产品运输费用，企业的集聚力就产生了。这是因为各企业为了节约运费，喜欢市场规模大的区域，结果这些区域就变成了报酬递增产业的净出口地。这就被称为本地市场效应（Home Market Effect, HME）。

再者，在传统的贸易理论中，基本不考虑任意水平的运费，而假定为完全的自由贸易经济（运费为零）或者完全的自给自足经济（运费为无限）。此外，正如后面将要阐述的一样，克鲁格曼的模型建立了能分析任意水平运费的框架，解释了运费的变化如何带来区位的改变。当然，如果把运输部门及其生产活动明确导入模型，会使一般均衡模型变得十分复杂（Takahashi, 2005），因此，作为对策，克鲁格曼假定冰块型运送成本（参考附录 1.1）。

这种对导入不完全竞争理论和运费的贸易理论进行推广的研究在 20 世纪 80 年代很活跃，被称为新贸易理论（New Trade Theory，NTT）。[⑦] 但是，即使新贸易理论也不考虑企业和家庭的区域间移动。在新贸易理论成果的基础上，以明确分析企业和家庭的区域间移动为目的的领域被称为新经济地理学（New Economic Geography，NEG）。它始于克鲁格曼自己在上面介绍过的垄断竞争经济的贸易模型里考虑劳动力移动而新构建的模型（Krugman，1991）。根据本地市场效应，企业集聚于需求大的区域。因为家庭偏好多样性，所以在允许区域间移动的情况下，家庭会更倾向于选择企业集聚的区域。这样一来，这个新模型就揭示了企业的集聚和家庭的集聚会互相强化而产生集聚的积累过程的现象（滚雪球现象）。

根据上述内容，我们明白了新经济地理学非常接近于俄林所阐述的贸易理论应有的姿态。而且，使用了新贸易理论和新经济地理学的框架在冯·杜能-阿隆索等的连续空间中的区位分析中同样适用，还可以用市场机制来说明城市的形成和城市的阶层构造（Fujita and Krugman，1995；Fujita，Krugman，and Mori，1999）。这些成果最先由藤田、克鲁格曼和维纳布尔斯体系化，并总结为 *The Spatial Economics*（Fujita，Krugman，and Venables，1999）一书（本书已有中译本）。因此，说新贸易理论和新经济地理学是现代空间经济学的核心并不过分。

## 1.7 本书的特征和构成

正如前一部分所说，本书以空间经济学谱系中最新的部分也就是新贸易理论和新经济地理学为着力点。只是现在有很多新的模型仍不断被提出、构建，而且不仅局限于理论分析，实证分析也很活跃。因此要想涵盖所有的内容，作者也力有不及。加之本书是以"初级和中级水平的读者"为对象，所以我们认为对内容进行适当取舍是有必要的。本书选择了空间经济学中的"二区域静态模型的理论分析"这部分内容。[⑧]

---

[⑦] 这个领域有代表性的研究著作是 Helpman and Krugman（1985）。
[⑧] 我们把分析经济主体在不同时间点做决策的经济模型叫作动态模型。在静态模型里我们不考虑这种时间要素。

说到"二区域静态模型的理论分析",也许有人会在意"这里的两个区域是指哪种区域"?或许要让一些人失望了,这里所指的两个区域既不是中国和日本,也不是美国和欧洲。它们是两个假想的区域,并且假定了它们从"第一自然"的角度上来说完全一样。⑨ 在现实世界中,不管什么样的两个区域都不可能完全一样。也许有人认为,这种设定显得过于草率,而且不现实。但是,之所以这样设定,是因为本书的焦点是"第二自然"。举个例子,如果"第一自然"是"橘子皮"的话,"第二自然"就是"橘子瓤"。如果想要了解橘子瓤,就必须剥掉橘子皮。

本书有如下特色:第一,本书中工资内生化模型所占篇幅较大。在由克鲁格曼最先提出的新贸易理论和新经济地理学模型中,其构造使得两个区域的非熟练工人的报酬(工资)相同,后面的章节中也会有详细说明。接下来的研究也多采用这种假设。但是,这就无法体现企业选址中人工费用的效应。正如本章最初所说的那样,人工费用在区位要素中所占比重最大,因此本书尽可能地选取内生决定工资差距的模型。我们将学习在什么样的区域中工资高,高工资又会对企业区位产生什么样的影响等相关知识。

第二,强调运费降低会对区位产生"非单调的、非对称的效应"这一点。这个特征和第一个特征关系密切。正如后面的章节将介绍的,在由克鲁格曼最先提出的新贸易理论和新经济地理学模型中,得出了"运输费用的降低会促进企业间的集聚"这一结论。但是,这种单调的结果依赖于"集聚地的生产成本(工资)没有因为集聚而上涨"这一模型特征。因此,工资的内生化与"运费的再次降低会带来再分散"这种非单调的倒 U 形的区位变化过程相关。⑩ 更重要的是"非对称"区位这一点,即运费较高时期的分散和运费较低时期的再分散不同这一点。虽说同样是分散,但各区域的产业结构有所不同。关于这一点,我们将通过多产业的分析来学习。本书的结构如图 1.5 所示。首先,从第 2 章到第 5 章,学习不考虑劳动力区域间移动的新贸易理论的模型。第 2 章介绍了传统的贸易理论没能彻底解释的事实(产业内贸易、里昂惕夫悖论等),阐述了迫切需要新贸易理论的相关背景。接下来的第 3 章介绍迪克西特-斯蒂格利茨的垄断竞争模型。这不仅为新贸易理论,同时也为第 6 章以后的新经济地理学的模型打下了基础。

---

⑨ 第 4 章和第 5 章里假定了区域人口规模的非对称性来分析人口规模对区位的影响。即使在这种情况下,我们也假定两地除人口规模之外都是同质的。

⑩ 同样的结果也可以通过考虑居住成本和通勤费用等城市费用而得出。

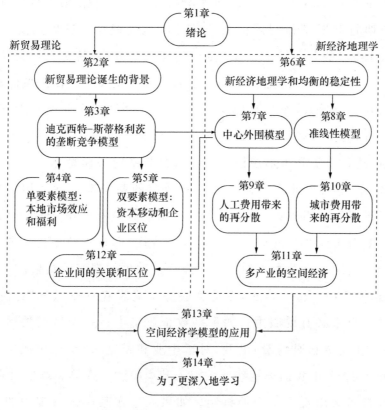

图 1.5　本书的结构

第 4 章和第 5 章介绍了新贸易理论的模型。第 4 章考虑的是只有劳动力一种生产要素的单要素经济模型。在本章中说明了由布瑞恩斯坦姆·林德（Burenstam Linder）提出的本地市场效应是规模经济和运输费用等简单要因带来的结果。在许多新贸易理论的模型中，经常考虑两国间没有工资差距的情况，而本章采用因农产品有运输费用而产生了工资差距的一般情况，同时还讨论了运费下降对两国福利所产生的影响。第 5 章讨论了双要素经济模型，即除劳动之外增加了可在区域间移动的资本作为生产要素。结果明确了区域间可移动资本会对本地市场效应产生本质上的影响。

第 6 章到第 11 章介绍考虑了劳动力在区域间移动的新经济地理学模型的相关知识。第 6 章整理了如果考虑劳动力的移动会引起哪些新的问题。具体来说，一旦考虑劳动力的移动，就会产生企业和劳动力的累积式的集聚过程。所以即使初期的人口分布是均匀的，也会产生集聚。也会看到有可能出现多个均衡，为了判定哪个均衡更容易实现，我们还要进行稳定性分析。

第7章和第8章介绍了新经济地理学的基本模型。在第7章中分析了基于第3章迪克西特和斯蒂格利茨框架的新经济地理模型。这里阐明了克鲁格曼（Krugman,1991）的著名结论，即伴随着运费的下降，对称分散的区位变为完全集聚的区位。再者，新经济地理学模型假设企业聘用（可以在区域间移动的）熟练工人作为其固定投入，结果是熟练工人的工资会受到企业所在地市场规模的影响。此外，因为工业产品的需求有收入效应，所以熟练工人的工资也会对市场规模有影响，这种工资和市场规模的相互依存关系使得模型非常复杂。因此，第8章中介绍不产生对工业产品需求的收入效应的基于准线性效用函数的模型。因为使用了准线性效用函数，所以模型变得非常简单。另外，迪克西特和斯蒂格利茨的模型具有工业产品的加成率不变这一特征，而在本章中提出的模型里，可以看到加成率会随着企业数目的增加而降低这种更加现实的结果。

"如果运输费用变得非常小，企业就会完全集聚在一个区域"这一新经济地理学模型的结果未必有说服力。如果多数企业集中在一个区域的话，人工费用和生活成本（住宅费和通勤费）上升，对于企业和家庭来说，区位成本就上升了。在第9章和第10章中我们把这些要素引入基本模型。在第9章中引入农产品的运费和异质性后会出现一个新的机制。如果人口在某个区域集中的话，就会导致该区域农产品价格上升，人工费用升高。第10章通过假定两区域形成了阿隆索型的单一中心城市也导入了一个机制。人口增加会扩大城市规模，提升城市费用。结果表明，运费的下降在导致从对称分散到完全集聚的变迁之后，会再次出现分散的区位。

在第11章中，我们分析有多种工业时的区位。这里也引入了第9章和第10章中讨论过的再分散机制。事实上，在美国和日本，工业部门有明显的再分散现象，这无疑是因为廉价的生产要素（劳动力、土地）和生活成本。更重要的一点是，运费高时的分散和运费低时的再分散，在区域产业结构方面可能不同。这个结果是对多产业模型进行分析后才发现的。

第12章把通过中间产品买卖相关联的企业结构导入第4章介绍过的新贸易理论模型。但是和新贸易理论模型不同，在假设企业间的关联结构时，两区域即使是完全对称的（包含人口规模）也会产生集聚。企业的增加会扩大中间产品的市场规模，增加采购机会，更进一步吸引企业，导致出现累积式的集聚过程。因此，这个模型中虽然没有人口移动，但是和第7章的新经济地理学模型具有极其相似的机能。

第 13 章是前面介绍过的各种模型的应用。首先介绍的是关于用新经济地理学模型去分析区域间税收竞争的研究。然后介绍关于用新贸易理论模型分析环境制度对区位产生影响和国际贸易对区域经济产生影响的研究。

最后,第 14 章面向还想进一步学习空间经济学的读者,介绍最近热议的考虑企业异质性的新新贸易理论模型,并介绍空间经济学的相关文献。

## 附录 1.1　关于冰块型运输费用

在现实的经济生活中,企业如果要运输本公司的产品,多会向运输业从业者购买运输服务。但是,在一般均衡模型中,这样明确导入运输部门会使分析变得十分复杂,因此经济学家多采用以下假设:如果从某一区域向其他区域运输 1 单位的产品,实际上仅到达 $1/\tau$ 单位(这里假定 $\tau > 1$),也就是说,剩下的 $1 - 1/\tau$ 在运输过程中消失了,这就是运输成本。$\tau$ 也是为了能送到 1 单位产品而必须发送的产品量。这种运输方式被称作冰块型运输,是由萨缪尔森(Samuelson,1952)引入经济学分析里的。

据说在 16 世纪的欧洲,人们用从阿尔卑斯山的冰川运来的冰块来冷却甘甜的蜂蜜和葡萄酒,使其口感更好。而在同时期的印度,莫卧儿王朝的皇帝也用从喜马拉雅山运来的雪和冰消暑。因为他们当时没有现代的冷冻技术,所以就和字面意思一样,进行冰块型运输。此外,在 1.5 节中介绍的冯·杜能的《孤立国》把农产品的运费看成是马在运输途中吃掉的那部分,这也是冰块型运输的思考方式。

## 附录 1.2　关于空间不可能定理

正如在 1.5 节中所说的,空间不可能定理(Starrett,1978)指的是"均质空间且需要运费的情况下,不存在竞争均衡"。我们可以借用藤田和蒂斯(Fujita and Thisse,2013)的方法来直观地说明这一定理。

假设有一家最多生产 1 单位产品的企业,该企业可以在区域 1 或区域 2 选址。假定不管在哪个区域,不管生产多少,生产成本都是一样的。另外,假设产品运输业需要冰块型运费 $\tau$($\tau$>1)(参考附录 1.1)。

在图 1.6 中,纵轴是区域 1 的供给量 $x_1$,横轴是区域 2 的供给量 $x_2$。$OAB$ 区域表示企业选址于区域 1 时的生产可能性集合。因为假定了冰块型运输,所以有 $x_1+\tau x_2 \leqslant 1$。反过来,如果这个企业在区域 2 的话,生产可能性集合是 $OA'B'$。因此,如果企业自由选择区位的话,生产可能性集合是非凸集合 $OACB'O$。

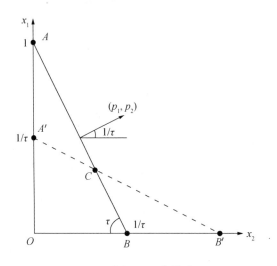

图 1.6 空间不可能性定理

假定这个企业选址于区域 1,其产品用来满足两个区域的需求(产生贸易)。这时,向两区域供给的产品量可以用 $AB$ 上的内点表示。如果这个供给量是在完全竞争的情况下达成的话(也就是说,它是该企业作为价格接受者在利润最大化后的结果),这个产品在区域 1 的价格 $p_1$ 和在区域 2 的价格 $p_2$ 的比率就是 $1/\tau$,价格矢量($p_1$, $p_2$)就应该可以用图 1.6 中的箭头符号来表示。否则就是选择端点 $A$ 或端点 $B$,这意味着有一个区域没有对该产品的需求。但如果价格矢量是 ($p_1$, $p_2$),这个企业就不可能选择在区域 1 的区位并按在 $AB$ 上的内点所表达的方式进行生产,因为选择区域 2 的区位并进行 $B'$ 的生产(生产出的产品全部供给区域 2)能得到更大的利润。这也就意味着,在完全竞争的情况下,不会产生伴随着贸易的区位(带来这种区位的价格系统不存在)。

正如图 1.6 所表明的,这种不可思议的结果起因于生产可能性集合的非凸性。另外，是生产的不可分性的假定带来了这个非凸性。如果生产能力一半给区域 1，剩下的一半留给区域 2，而且生产据点可以自由地且不追加成本地分开，生产可能性集合就会变成 $AOB'$，非凸性就不会产生。在这种假设下，向两个区域提供产品的状态在完全竞争的情况下是可以实现的。但是，在线段 $AB'$ 上的生产意味着完全没有运输，所以并不构成"有运费的竞争均衡"。

**习题 1.1** 想想自己的居住地或在各省选择具有代表性的城市，找出这个城市成立的理由。

# 第 2 章
# 新贸易理论诞生的背景

## 2.1 引言

2008年,克鲁格曼因对新贸易理论和新经济地理学所做出的巨大贡献而被授予诺贝尔经济学奖。他在诺贝尔奖受奖演讲的开头这样说道(Krugman,2009):

> 在开始助教工作的第一年,我记得对同事说我正在进行关于国际贸易理论的研究,他们问我为什么要选择这个领域。"贸易是个庞大的领域",有人说。"因为已经发展得很完备了,所以没有留下什么有趣的东西哦。"但是,在新模型到来之前,当时就出现了对传统贸易理论不满的暗流。我想这种能蔓延起来的不满正是对贸易理论的文化抗争。

本章先概括20世纪70年代已经有的"对传统贸易理论的不满",看看新贸易理论是在什么样的学术背景下应运而生的。

## 2.2 产业内贸易的增加

国与国之间为什么要进行贸易呢?对于这个问题,传统贸易理论的解答大概是"各国都存在比较优势,他们为了确保基于比较优势的利益而进行贸易"。为了获得比自给自足经济更大的利益,各国致力于"生产率相对较高"的产业,或者"较多使用禀赋量相对丰裕的生产要素"的产业专门化,而把其他产业的生产委托给其他国家。这就是传统贸易理论的精髓。

这样的传统贸易理论构成了国际经济学的基础,它的有效性至今仍未消失。但是在这数十年间,国际贸易的变迁产生了比较优势理论无法解释的新现象。克鲁格曼称其为"相似国和类似产品的问题"(the similar-similar problem)。这指的是,在世界贸易中,相似两国之间对类似产品的贸易所占比重越来越大,正像美国和加拿大之间不断扩大的双边汽车贸易一样。这是比较优势理论无法解释的情况,因为该理论认为"性质不同的国家,在不同产业中形成专业化"是产生贸易的根本原因。

我们边看克鲁格曼(Krugman,2009)所用的数据,边来确认一下这种状况吧。表 2.1 的左半部分是第一次世界大战前(1910 年左右)英国进出口的产品结构。这种贸易模式和比较优势理论完全契合。也就是说,拥有大量人口和雄厚资本但土地有限的英国进口原材料,出口工业产品。与此相对,表 2.1 的右半部分同样是英国的贸易,只不过是 1993 年的数据。注意这种贸易模式和比较优势理论并不契合。英国的进出口都是以工业产品为重心,也就是出现了"产业内贸易"。我们已经知道,即使采用更细致的产业分类也能看到这种产业内贸易。

表 2.1 英国贸易的结构

|  | 1910 年左右 | | 1993 年 | |
| --- | --- | --- | --- | --- |
|  | 出口 | 进口 | 出口 | 进口 |
| 制造业 | 75.4% | 24.5% | 97% | 77.2% |
| 非制造业 | 24.6% | 75.5% | 3% | 22.8% |

资料来源:Baldwin and Martin(1999,表 13)。

表 2.2 是英国在 1910 年左右和 1996 年对欧洲贸易与对其他地区贸易的比率。和今天相比,我们可以明显看出,第一次世界大战之前英国不怎么和欧洲的邻国进行贸易,而是和那些可以生产自己所不能生产的廉价农产品的远方国家进行贸易。但是,到了 1990 年,这种贸易模式虽然没有完全消失,但至少从统计数据可以看出,英国和欧洲各国之间相互贸易的是本国可以生产的东西。

表 2.2　英国贸易的出口地

|  | 1910 年左右 | 1996 年 |
|---|---|---|
| 欧洲 | 35.2% | 59.7% |
| 欧洲以外 | 64.8% | 40.3% |

资料来源：Baldwin and Martin（1999，表 12）。

另外，产业内贸易的增加近年在亚洲各国的贸易中也可以得到确认。日本财团法人产业研究所对以亚洲为中心的 10 个国家和地区（中国大陆、中国台湾地区、韩国、新加坡、马来西亚、泰国、菲律宾、印度尼西亚、日本、美国）进行了调查，并用可以表示产业内贸易程度的格鲁贝尔·劳埃德（Grubel-Lloyd，G-L）指数[①]进行了推算（日本经济产业研究省，2006）。根据推算结果来看，从 1990 年到 2000 年，尽管有的国家关于消费品的产业内贸易程度降低，但是关于中间产品和资本货物的产业内贸易程度，基本上所有国家都上升了。

## 2.3　运输及通信成本的降低和贸易自由化

如图 2.1 所示，因为运输技术的进步，19 世纪海运成本急剧降低，对于世界经济来说，"距离的障碍"在很大程度上得以缓解了。贝洛赫（Bairoch，1989）认为，自 1812 年拿破仑的战败到 1914 年第一次世界大战开战这段时间内，欧洲的贸易额扩大了 40 倍。进入 20 世纪，又诞生了新的航空和通信技术，第二次世界大战后，这二者的成本又急剧降低。此外，由于各地缔结了自由贸易协定和关税同盟，以关税为代表的各种贸易障碍都降低了，这也促进了区域间的经济一体化。

传统的贸易理论避开了具体探讨以运费为代表的贸易费用。也就是说，传统的贸易理论基本上把国家间、地区间的贸易都设想为要么是完全的自由贸易（运费为 0），要么是自给自足式的（运费为无限）。但是如前所述，在现实世界中运费随着时代的发展而降低，贸易额和贸易模式也发生了很大的变化。我们需要一种明确导入以运费为代表的贸易费用后的理论。

---

① 该指数定义为 $1 - \dfrac{出口 - 进口}{出口 + 进口}$，在 0 和 1 之间取值。其值越接近 1 就表示产业内贸易越多。

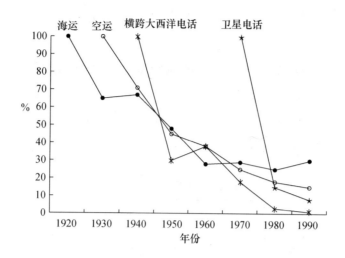

**图 2.1　运输及通信成本的变化**

资料来源：Combes et al.（2008，p.9）。

## 2.4　里昂惕夫悖论

里昂惕夫（Leontief，1953）从投入的生产要素的角度对美国的贸易进行了检验，对传统的贸易理论提出了质疑。表 2.3 是里昂惕夫采用 1947 年的投入产出表进行推算得出的。它表示的是美国 100 万美元的出口所需的资本和劳动量，以及把 100 万美元的进口替换成国内生产（import replacements）所需的资本和劳动量。

**表 2.3　里昂惕夫悖论（1）**

|  | 出口部门 | 进口部门 |
| --- | --- | --- |
| 资本（美元，1947 年价格） | 2 550 780 | 3 091 339 |
| 劳动（年·人） | 182.313 | 170.004 |
| 资本/劳动 | 13 991.21 | 18 184.92 |

资料来源：Leontief（1953）。

从该表我们可以看出，在美国经济中，出口部门的资本和劳动比率比进口部门的资本和劳动比率要低。也就是说，美国进口资本密集型产品而出口劳动密集型产品。因为美国是当时世界上资本最雄厚的国家，所以里昂惕夫这个和赫克歇尔-俄林比较优势理论相矛盾的结果给国际经济学的研究者带来了巨大的冲击。

由于此次计算是在第二次世界大战刚结束的1947年进行的,结果可能受到非正常时期的影响。而且,也有人指出在数据计算上存在其他若干问题。[2] 接受了这些建议,里昂惕夫(Leontief,1956)基于1951年的数据再次进行了计算,结果如表2.4所示,悖论依然成立。

表 2.4　里昂惕夫悖论(2)

|  | 出口部门 | 进口部门 |
| --- | --- | --- |
| 资本(美元,1951年价格) | 2 256 800 | 2 303 400 |
| 劳动(年·人) | 174 | 168 |
| 资本/劳动 | 12 970.11 | 13 710.71 |

资料来源：Leontief(1956)。

进一步,鲍德温(Baldwin,1971)用1962年的数据进行了同样的计算。此时的经济更加稳定,得到了如表2.5所示的推算值。和之前的结果基本相同,美国进口的是资本密集型产品,出口的是劳动密集型产品。

表 2.5　里昂惕夫悖论(3)

|  | 出口部门 | 进口部门 |
| --- | --- | --- |
| 资本(美元,1962年价格) | 1 876 000 | 2 132 000 |
| 劳动(年·人) | 131 | 119 |
| 资本/劳动 | 14 320.61 | 17 915.97 |

资料来源：Baldwin(1971)。

同样的验证也在其他国家进行过。[3]

## 2.5　在贸易理论方面的"文化抗争"

对于传统贸易理论无法彻底解释的产业内贸易和里昂惕夫悖论,很早就有

---

[2]　这类批评包括了Swerling(1954)和Buchanan(1955)。

[3]　比如,Tatemoto and Ichimura(1959)对日本、Wahl(1961)对加拿大、Bharadwaj(1962)对印度进行了同样的检验,发现存在同样的悖论。但是,Stolper and Roskamp(1961)对德国(民主德国)进行检验后发现并不存在悖论。

各种学说来试着解释(参照附录 2.1)。在 1970 年碰上了这些讨论的克鲁格曼把它们总称为贸易理论领域的"文化抗争"。

注意到以往的贸易理论都是从供给方的条件(生产率和生产要素禀赋)来决定贸易模式,维拉范尼斯-维尔(Valavanis-Vail,1954)提倡与此相反的基于需求方的贸易理论。具体来说,作者认为,如果某国对某种产品有大量需求,那么不论供给方条件如何,都有"进口"的可能性。此外,布瑞恩斯坦姆·林德(Burenstam Linder,1961)尽管同样主张需求方的重要性,但是提出了和维拉范尼斯完全相反的见解。也就是说,为了"出口"某种产品,该国需要有巨大的需求。这是因为如果在国内存在巨大的市场(需求),那么通过某种外部效应就能提高该产业的技术,使这个产业获得优势。

"针对拥有巨大的国内市场的产业进行专业化,成为这种产品的出口国"正是在新贸易理论中被称为本地市场效应的现象。新贸易理论采用一般均衡的框架给出了如何从规模经济和运费出发揭示这种本地市场效应的机制(详细内容请参照第 4 章)。因此,布瑞恩斯坦姆·林德提出的本地市场效应的理由不同于新贸易理论。但是,主张贸易模式并不是由供给方的条件不同,而是由需求方的条件(市场规模等)不同所导致的说法是对的。

从 20 世纪 60 年代开始,经济学家开始关注产业内贸易。巴拉萨(Balassa,1966)曾对欧洲产业内贸易份额上升的现象给出了明快的解释。每个国家仅生产各产业中潜在产品范围内的某些产品,其余的靠进口。这是因为企业只需对某种特定产品的生产进行专业化,就能通过生产经验获得规模经济。这种关于产业内贸易的理解,可以说是和新贸易理论基本相同的。

令人遗憾的是,他们的主张完全没有被纳入 1975 年前后国际贸易理论的标准体系中。但是,人们也并没有因为理解不了而完全抛弃他们的想法,特别是 Balassa(1966)的主张。真正的原因是,大家知道企业层面的规模经济肯定会带来不完全竞争,可是在 20 世纪 70 年代还没有可以巧妙地处理这种不完全竞争的模型。更准确地说,是没有可以巧妙地处理不完全竞争的一般均衡模型。此外,和其他任何应用经济学领域相比,贸易理论是基于一般均衡分析而构建出来的。下一章将详细介绍对填补这项空白做出巨大贡献的迪克西特-斯蒂格利茨的垄断竞争模型(Dixit and Stiglitz,1977)。

# 附录 2.1　围绕里昂惕夫悖论的讨论

里昂惕夫悖论在传统贸易理论领域中一石激起千层浪。很多国际贸易经济学家通过以下的修正和解释，给出了一些和比较优势理论相吻合的说明。

**要素密集度的逆转**(factor intensity reversal)。琼斯(Jones，1956)指出产品的生产要素密集度存在逆转现象。因为各国生产要素禀赋量和价格的不同，即使生产技术一样，同样的产品在资本丰富的国家是资本密集型产品而在劳动力丰富的国家是劳动密集型产品。比如，以农业为例，在发展中国家，因为工资低，所以投入大量劳动力，农业是劳动密集型产业；在美国，工资高，所以投入大量资本，农业也就成为资本密集型产业。因此，如果农产品从发展中国家出口到美国，对于发展中国家来说构不成悖论，而在美国就成悖论了。相反，如果从美国向发展中国家出口农产品，在发展中国家就成了的悖论。明哈斯(Minhas，1962)对 19 个国家中的 24 个产业进行了分析，结果在约三成的产业中发现了要素密集度的逆转。

**美国的贸易政策**。特拉维斯(Travis，1961)注意到了美国的贸易政策。为了保护本国的工人，美国等发达国家对劳动密集型产业采取优厚的保护政策，对资本密集型产业则推进各种各样的自由化政策。因此在美国，进口劳动密集型产品很困难，而进口资本密集型产品却很容易。鲍德温(Baldwin，1971)指出，这种贸易政策是里昂惕夫悖论的成因之一。

**自然资源**。瓦那克(Vanek，1963)指出，里昂惕夫没有认识到自然资源的作用，需要在包含自然资源、劳动力、资本三要素的模型中导入"资源密集型产品"的概念。在类似于石油产业这种资源部门的生产里，探矿、开发、精炼、运输等过程中都必须投入大量的资本密集型产品。也就是说，美国为了进行资源部门的生产，要进口大量资本密集型产品。哈迪根(Hartigan，1981)发现，只要考虑到资源部门的存在就可以说明里昂惕夫悖论。

**不同的技术水平**。基辛(Keesing，1966)从工人技术水平的角度对里昂惕夫悖论进行了再讨论。在里昂惕夫的分析中，所有的工人被简单地视为同样的生产要素。但是，在美国的劳动力密集型产业中投入的工人拥有更高的技术。因此,基辛根据受教育年数把工人分为八种。前七种是技术工人,最后一种是非技术工人。根据分析的结果,熟练工人的生产投入越多,出口也就越多。美国出口的工业产品中熟练工人投入的占比达到55%,比进口产品的比率更高。也就是说,美国出口的是熟练工人的劳动密集型产品,而进口的是非技术工人的劳动密集型产品。因为美国的熟练工人相对较多,所以这个结果和比较优势理论是相吻合的。[④] 美国通过技术革新获得新产品生产的比较优势,这种产品通过熟练工人和创新企业家生产出来,未必是资本密集型产品(称其为劳动密集型产品或许更合适)。而且,一旦这种技术成熟普及了的话,就可以大量生产,那么就变成了资本密集型产品。

这样,围绕着里昂惕夫悖论,人们提出各种各样的论断。事实上,与其说里昂惕夫可以被一种论断解释说明,倒不如说这几种论断之间有着错综复杂的关系更为实际。

**习题 2.1** 阅读克鲁格曼获得诺贝尔经济学奖时的获奖演说(Krugman,2009),并说说自己的感想。

**习题 2.2** 在日常生活中,我们也可以经常发现初看好像和常识相矛盾的悖论。举出这种例子,并想想怎样解释说明这个悖论。

---

[④] Kravis(1956)和 Kenen(1965)也提出了同样的看法。

# 第3章
# 迪克西特-斯蒂格利茨的垄断竞争模型

## 3.1 引言

本章将介绍构成新贸易理论和新经济地理学基础的迪克西特-斯蒂格利茨的垄断竞争模型(Dixit and Stiglitz, 1977)。这个模型的概要如下。

企业可以从许多潜在的差异化产品品种中自由地选择产品。不管选择生产哪种产品,费用的结构都相同:需要的固定(劳动)投入和边际(劳动)投入是常数。也就是说,一方面,各种产品都是对称的,各自的生产都假定为随着生产规模的扩大平均成本会降低的"内部规模经济"。另一方面,消费者偏好产品的多样化。在偏好方面,各种产品也都是对称的。根据以上的假定,各企业专门生产和其他企业不同的产品。

因为有了生产上的规模经济,各企业会尽可能地多生产,尽可能地获取更多的利润。但是,消费者更喜欢消费多种产品。如果有正的盈利,那么就会吸引生产新产品的新企业。这个自由进入条件首先决定了各企业的生产规模(劳动投入量),之后再由劳动的需求供给均衡来内生决定企业的数量。

从以上的说明我们可以了解到,这个模型假定各企业完全对称,考虑的是非常特殊的例子。但是,这种假定可以简化分析,从而进入之前无法进行分析的领域。

## 3.2 需求函数和竞争效果

假定产品可以分为工业产品和农产品两大类。所有农产品都是同质的,工业产品是由许多差异化产品构成的。消费者关于这些产品的偏好可以用下面的效用函数 $U$ 来表示。

$$U = M^\mu A^{1-\mu}, \quad 0 < \mu < 1 \tag{3-1}$$

$$M = \left[\int_0^n q(i)^\rho \mathrm{d}i\right]^{\frac{1}{\rho}}, \quad 0 < \rho < 1 \tag{3-2}$$

其中,$A$ 是农产品的消费量,$q(i)$ 是工业产品 $i$ 的消费量,$M$ 是由各种工业产品决定的子效用(或者是由各种工业产品构成的复合工业产品)。也就是说,决定效用的上级函数(3-1)是柯布-道格拉斯(Cobb-Douglas)函数,决定子效用的下级函数(3-2)是替代弹性(elasticity of substitution)为常数的常数替代弹性(constant elasticity of substitution,CES)函数。① 另外,如果定义 $\sigma \equiv 1/(1-\rho)$ 的话,$\sigma$ 就表示任意两个产品之间的替代弹性。因为在这里假定了 $0<\rho<1$(也即 $1<\sigma<\infty$),所以虽然两个产品之间的替代性比柯布-道格拉斯函数表现出来的强,但我们设想它们之间并不是完全替代。此外,区间 $[0,n]$ 的长度 $n$ 代表了工业产品的品种数。各种差异化产品对应于区间 $[0,n]$ 上的一个点,因而各产品的市场占有率便为 0。总结一下,工业部门的产品虽然相似但多多少少还有些差别,这些产品被大规模地生产出来。这样就把张伯伦所设想的垄断竞争市场表述出来了。

在给定收入 $y$、农产品价格 $p^a$ 以及各种工业产品价格 $p(i)$ 时,消费者在预算约束

$$p^a A + \int_0^n p(i)q(i)\mathrm{d}i = y$$

下使得效用函数(3-1)达到最大。为导出需求函数,下面分两阶段求解的方法更易于理解。

在第一阶段,给定子效用 $M$,求解它的最小费用问题。

---

① 关于 CES 函数和替代弹性,请参照附录 3.1。

$$\min \int_0^n p(i)q(i)\mathrm{d}i$$
$$\text{s. t.} \left[\int_0^n q(i)^\rho \mathrm{d}i\right]^{\frac{1}{\rho}} = M \tag{3-3}$$

这个最小费用问题的一阶条件是,任意工业产品 $i$ 和 $j$ 之间的边际替代率与价格比相等,即

$$\frac{q(i)^{\rho-1}}{q(j)^{\rho-1}} = \frac{p(i)}{p(j)}$$

由此可以得到

$$q(i) = q(j)\left[\frac{p(j)}{p(i)}\right]^{\frac{1}{1-\rho}}$$

把这个式子代入约束条件(3-3)后,把共同项 $q(j)p(j)^{1/(1-\rho)}$ 提到积分符号前面,再把 $q(j)$ 解出来,就可以得到

$$q(j) = \frac{p(j)^{\frac{1}{\rho-1}}}{\left[\int_0^n p(i)^{\frac{\rho}{\rho-1}} \mathrm{d}i\right]^{\frac{1}{\rho}}} M \tag{3-4}$$

这个式子是(在给定子效用 $M$ 时)产品 $j$ 的补偿需求函数。然后,把式(3-4)代入目标函数后就可以得到最小费用

$$\int_0^n p(j)q(j)\mathrm{d}j = \left[\int_0^n p(i)^{\frac{\rho}{\rho-1}} \mathrm{d}i\right]^{\frac{\rho-1}{\rho}} M$$

把这个式子中右边的[·]项改写为

$$P \equiv \left[\int_0^n p(i)^{\frac{\rho}{\rho-1}} \mathrm{d}i\right]^{\frac{\rho-1}{\rho}} = \left[\int_0^n p(i)^{1-\sigma} \mathrm{d}i\right]^{\frac{1}{1-\sigma}} \tag{3-5}$$

$P$ 表示为了得到一单位的子效用需要的最小费用。因此,可以认为 $P$ 是工业产品的价格指数(price index)。最后,把式(3-5)代入式(3-4),补偿需求函数 $q(j)$ 就可以改写为

$$q(j) = \left[\frac{p(j)}{P}\right]^{\frac{1}{\rho-1}} M \tag{3-6}$$

第二阶段是在给定收入 $y$ 的条件下,求解使得效用达到最大的农产品消费量 $A$ 和复合工业产品消费量(子效用)$M$。

$$\max U = M^\mu A^{1-\mu}$$
$$\text{s. t.} \ PM + p^a A = y$$

这个效用最大化问题的一阶条件是

$$M = \mu \frac{y}{P} \qquad A = (1-\mu)\frac{y}{p^a}$$

代进式(3-6)中,就可以得到差异化产品 $j$ 的需求函数

$$q(j) = \frac{p(j)^{-\sigma}}{P^{1-\sigma}}\mu y \tag{3-7}$$

最后,利用这些结果便可知消费者的间接效用函数为

$$V = \mu^\mu (1-\mu)^{1-\mu} y P^{-\mu} (p^a)^{-(1-\mu)} \tag{3-8}$$

我们来看看需求函数(3-7)的含义。正如附录 3.1 所说的那样,替代弹性为 1 时,CES 函数和柯布-道格拉斯函数一致。事实上,把 $\sigma=1$ 代入式(3-7)后得到 $q(j)=\mu y/p(j)$,变成固定支出占比的需求函数。如果这时开始增大 $\sigma$ 的话,需求函数会出现两个变化。其一是需求的价格弹性会从 1 增加到 $\sigma$,这是由差异化产品之间的替代性增大而引起的。其二是在需求函数中出现了价格指数的影响:价格指数越低,差异化产品的需求就越小。这就是所谓的**竞争效应**,即产业内的竞争(企业的进入和价格竞争等)越激烈,每个产品的需求就会越小。如果所有的差异化产品的价格都是同样的 $p$,那么根据式(3-5),价格指数可以写为

$$P = (np^{1-\sigma})^{\frac{1}{1-\sigma}} = n^{\frac{1}{1-\sigma}} p$$

由此,我们知道各种产品的价格 $p$ 的下降和品种数目 $n$ 的增加会带来价格指数的下降(竞争更为激烈)。

## 3.3 导入运费

考虑两个国家(国家 1 和国家 2),工业产品如果在自己国家销售,就不需要运费;如果销往他国,就需要冰块型运输费用 $\tau$(参见附录 1.1)。因为 $\tau$ 是为了使一单位产品到达目的地需要发送的产品量,所以如果在国家 $i$ 生产的工业产品在本国售价为 $p_i$ 的话,在国家 $j$ 的售价就变成 $p_{ij}=p_i\tau$,根据式(3-5),各国的价格指数是

$$P_1 = [n_1 p_1^{1-\sigma} + n_2 (p_2 \tau)^{1-\sigma}]^{\frac{1}{1-\sigma}} \qquad P_2 = [n_1 (p_1 \tau)^{1-\sigma} + n_2 p_2^{1-\sigma}]^{\frac{1}{1-\sigma}} \tag{3-9}$$

其中,$n_1$、$n_2$ 分别是国家 1、国家 2 生产的工业产品的种类。另外,根据式(3-7),

国家 $j$ 对国家 $i$ 生产的产品的消费需求是 $q_{ij} = \mu Y_j (p_i \tau)^{-\sigma} P_j^{\sigma-1}$，加上冰块型运输费用的量后国家 $i$ 的总需求是

$$q_i = q_{ii} + \tau q_{ij} = \mu p_i^{-\sigma} \left( \frac{Y_i}{P_i^{1-\sigma}} + \frac{\phi Y_j}{P_j^{1-\sigma}} \right) \tag{3-10}$$

这里，$Y_i$ 是国家 $i$ 的总收入，$Y_j$ 是国家 $j$ 的总收入。另外，$\phi \equiv \tau^{1-\sigma}$ 被称为贸易自由度。从定义可知，贸易自由度 $\phi$ 在 $(0,1)$ 中取值，其值越大表明运输费用越低。另外还有需要注意的一点是，因为假定的是冰块型运输，所以为了满足国外的需求，需要生产其 $\tau$ 倍的产品。

## 3.4 决定企业行为和企业数量

接下来让我们来看看在国家 $i$ 选址的企业生产行为。工业生产具有报酬递增技术。为了简化模型，我们假定所有企业有同样的生产技术。其固定费用 $C^f$ 和边际费用 $C^m$ 为常数。如果出厂价（mill price）为 $p_i$ 的话，企业利润是

$$\Pi_i = p_i q_i - (C^f + C^m q_i) \tag{3-11}$$

因为企业生产的是差异化产品，所以在给定总需求表达式（3-10）的条件下，设定价格 $p_i$ 使得利润式（3-11）达到最大。并且，从全体企业的集合来看，单个企业的影响力微乎其微，可以忽略不计。所以，企业在制定自己的价格 $p_i$ 时，假定它对价格指数没有影响。需求关于价格的微分便成为

$$\frac{\mathrm{d} q_i}{\mathrm{d} p_i} = -\sigma \mu p_i^{-\sigma-1} \frac{Y_i}{P_i^{1-\sigma}} - \sigma \mu p_i^{-\sigma-1} \frac{\phi Y_j}{P_j^{1-\sigma}} = -\sigma \frac{q_i}{p_i}$$

由此，根据利润最大化的一阶条件，均衡价格是

$$p_i = \frac{\sigma}{\sigma-1} C^m = \frac{1}{\rho} C^m \tag{3-12}$$

这个式子表明价格和边际费用的比率为 $\sigma/(\sigma-1) = 1/\rho$，是常数。如果定义企业 $i$ 的加成率为 $(p_i - C^m)/p_i$，企业 $i$ 若采用垄断价格，一般来说加成率和"需求的价格弹性的倒数"相等。在本章的模型中，因为需求的价格弹性等于 $\sigma$（可以从式（3-10）得到确认），加成率即为常数 $1/\sigma$。通常认为进入的企业数增加时，加成率会降低，但在基于 CES 效用函数的迪克西特-斯蒂格利茨模型中，加成率是固

定的,这可以简化分析。[②]

把上面的结果代入利润(3-11)后可以得到

$$\Pi_i = \frac{C^m}{\sigma-1}q_i - C^f \tag{3-13}$$

此外,因为企业可以自由进入,所以利润式(3-13)为零。那么,可以得到下面这个自由进入条件

$$C^f = \frac{C^m q_i}{\sigma-1} = \frac{1}{\sigma}p_i q_i \tag{3-14}$$

这个式子表明企业的固定投入正好是销售额的$1/\sigma$。也就是说,假定了固定的加成率和自由进入的迪克西特-斯蒂格利茨模型有以下特征。

**引理 3.4.1(固定的费用结构比)** 在迪克西特-斯蒂格利茨的垄断竞争模型中,企业的固定费用是销售额的$1/\sigma$,边际费用是销售额的$(\sigma-1)/\sigma$。

现在让我们考虑一下生产要素只有劳动力的情形。把工资记为$w$,固定劳动投入量为$F$,边际劳动投入量为$m$,就有$C^f = Fw$,$C^m = mw$。把这些代入式(3-14)中,可以解出生产量

$$q_i = \frac{F(\sigma-1)}{m} \tag{3-15}$$

这表示,只要有正的利润存在,新的企业就会不断进入,最终会使各个企业进行一定量的生产。同时,各个进入的企业都有$F+mq=F\sigma$的劳动投入量。因此,如果向工业部门提供的总劳动供给是$L$的话,进入的总企业数量由

$$n = \frac{L}{F\sigma}$$

给出。从这些式子可以看出,产品间的替代性减弱($\sigma$减小)时,因为消费者需要更多的产品,所以企业数量增加,每个企业的生产量就会减少。另外,固定投入$F$小的时候,设立新的企业很容易,所以企业数目增时,每个进入企业的生产量减少。

---

[②] 如果采用在8.2节要介绍的Ottaviano et al.(2002)的准线性效用函数,那么可以得出进入企业数增加会降低加成率的结论。

# 附录 3.1  CES 函数

本章中采用了被称为 CES 函数的函数形式来表现工业产品的子效用。式(3-2)把工业产品全体看作连续体,用积分的形式表示。如果把它用离散的形式表示出来,就成为

$$M = \left[\sum_{i=1}^{n} q(i)^{\rho}\right]^{\frac{1}{\rho}}$$

本附录限定只有两种产品,由此看看 CES 函数的含义。

如果有某个常数[③] $\alpha \in (0,1)$,$\rho < 1$,消费者关于两种产品的效用函数为

$$u(\boldsymbol{x}) = \left[\alpha x_1^{\rho} + (1-\alpha) x_2^{\rho}\right]^{\frac{1}{\rho}}$$

时,效用最大化的一阶条件(边际替代率=价格比)可以写成如下形式:

$$\frac{\alpha x_1^{\rho-1}}{(1-\alpha) x_2^{\rho-1}} = \frac{p_1}{p_2} \Leftrightarrow \frac{x_1}{x_2} = \left(\frac{1-\alpha}{\alpha} \frac{p_1}{p_2}\right)^{\frac{1}{\rho-1}}$$

通过这个式子可以求出相对价格变化时两种产品的需求量比例的弹性。

$$-\frac{\dfrac{p_1}{p_2} \partial\left(\dfrac{x_1}{x_2}\right)}{\dfrac{x_1}{x_2} \partial\left(\dfrac{p_1}{p_2}\right)} = \frac{1}{1-\rho} = \sigma$$

它被称为(这两种产品间的)**替代弹性**。从上面的结果可以看出,替代弹性并不依赖于各种产品的消费量,而一直是 $\sigma$。由于这个原因,这个函数被称为常数替代弹性(CES)函数。$\rho$ 越接近 1($\sigma$ 越接近 $\infty$),差异化的产品就越倾向于替代品;相反,$\rho$ 越接近 $-\infty$($\sigma$ 越接近 0),差异化的产品就越倾向于互补品。

作为特例,CES 函数包含有在经济学中经常用的以下函数。

首先,在 $\rho=1$ 的情况下,CES 函数变成线性函数 $u(\boldsymbol{x}) = \alpha_1 x_1 + \alpha_2 x_2$。这是两种完全替代品产品的情况。

其次,在 $\rho \to 0$ 的情况下,因为

---

[③] 在本章使用的式(3-2)中,所有的差异化产品都是对称的。仅有两种产品时相当于 $\alpha=1/2$ 的对称情形。

$$\lim_{\rho\to 0}\ln u(\boldsymbol{x}) = \lim_{\rho\to 0}\frac{\ln[\alpha x_1^\rho + (1-\alpha)x_2^\rho]}{\rho} = \lim_{\rho\to 0}\frac{\alpha x_1^\rho \ln x_1 + (1-\alpha)x_2^\rho \ln x_2}{\alpha x_1^\rho + (1-\alpha)x_2^\rho}$$

$$= \frac{\alpha \ln x_1 + (1-\alpha)\ln x_2}{\alpha + 1 - \alpha} = \ln x_1^\alpha x_2^{1-\alpha}$$

所以有

$$\lim_{\rho\to 0} u(\boldsymbol{x}) = x_1^\alpha x_2^{1-\alpha}$$

它被称为柯布-道格拉斯函数。

最后,在本章的正文中我们假设了 $\rho > 0$,有意思的是,当 $\rho \to -\infty$ 时,CES 函数变为里昂惕夫函数 $\min\{x_1, x_2\}$。为了证明这个式子,我们不失一般性地假定 $x_1 \leqslant x_2$,此时,根据

$$\alpha x_1^\rho \leqslant \alpha x_1^\rho + (1-\alpha)x_2^\rho \leqslant (\alpha + 1 - \alpha)x_1^\rho = x_1^\rho$$

可得到

$$\alpha^{\frac{1}{\rho}} x_1 \geqslant u(\boldsymbol{x}) \geqslant x_1$$

进一步,因为 $\alpha^{\frac{1}{\rho}} \to 1$,所以得出 $\lim_{\rho\to -\infty} u(\boldsymbol{x}) = x_1 = \min\{x_1, x_2\}$。

## 附录 3.2　迪克西特-斯蒂格利茨模型的推广

最近的研究推广了迪克西特-斯蒂格利茨模型(Zhelobodko et al.,2012)。具体来说就是,在产品消费量为 $x_i$ 时,效用函数为

$$U = \int_0^n u(x_i)\mathrm{d}i \tag{3-16}$$

这里,如果 $u(x_i) = x_i^\rho$,式(3-16)就变成了 CES 函数(3-2)。我们可以把 $u(\cdot)$ 作为一般的递增凹函数来处理。消费者对差异化的偏好程度可以用

$$r_u(x) = -\frac{xu''(x)}{u'(x)} > 0$$

来表示。它被称作 Arrow-Pratt 相对风险厌恶度。此时,产品间的替代弹性为 $\sigma(x) = 1/r_u(x)$。在 CES 函数的情形下,$r_u(x)$ 和 $\sigma(x)$ 是不依赖于 $x$ 的常数。但在更一般的情形下,$r_u(x)$ 和 $\sigma(x)$ 都依赖于消费量 $x$。

当支出额为 $E$、产品 $i$ 的价格为 $p_i$ 时,消费者根据

$$\max U$$
$$\text{s. t.} \int_0^n p_i x_i \mathrm{d}i = E$$

决定需求量。这个最大化问题的拉格朗日函数是

$$U + \lambda \left( E - \int_0^n p_i x_i \mathrm{d}i \right)$$

根据最大化的一阶条件,$u'(x_i) = \lambda p_i$ 成立。把它代入预算约束式就可以得到关于拉格朗日乘数

$$\lambda = \frac{1}{E} \int_0^n x_i u'(x_i) \mathrm{d}i$$

的式子。进一步,逆需求函数是

$$p_i(x_i) = \frac{u'(x_i)}{\lambda}$$

接下来我们考虑企业的行为。因为固定费用为 $C^f$、边际费用为 $C^m$ 的企业的最大利润可以写为

$$\max_{x_i} \Pi(x_i; \lambda) = \left[ \frac{u'(x_i)}{\lambda} - C^m \right] L x_i - C^f$$

这里,$L$ 为消费者数量。如果把产品 $i$ 的均衡生产量记作 $\bar{x}_i$ 的话,因为达到最大的条件是

$$u'(\bar{x}_i) + \bar{x}_i u''(\bar{x}_i) = \lambda C^m$$

所以 3.4 节所定义的加成率可以按照下式计算

$$\frac{p_i - C^m}{p_i} = 1 - \frac{\lambda C^m}{u'(\bar{x}_i)} = -\frac{\bar{x}_i u''(\bar{x}_i)}{u'(\bar{x}_i)} = r_u(\bar{x}_i)$$

在不是 CES 函数的情况下,$r_u$ 不是常数,所以加成率也不是常数。比如,在使用定常绝对风险厌恶度(constant absolute risk aversion, CARA)的效用函数时,加成率不是固定的(Behrens and Murata, 2007)。而且,和引理 3.4.1 不同,营业额里面固定费用和可变费用的占比也不是定值。

根据产品的对称性,我们令 $\bar{x}_i = \bar{x}$,$\bar{p}_i = \bar{p}$,那么有

$$\bar{x} = \frac{E}{n \bar{p}}, \quad \bar{p} = \frac{C^m}{1 - r_u(\bar{x})}$$

进一步,根据企业的自由进入条件,均衡利润为零。所以可以得出式子 $(\bar{p} - C^m) L \bar{x} = C^f$。根据这三个方程可以决定内生变量 $(\bar{x}, \bar{p}, n)$。

这样的话,就算是一般的函数 $u(x_i)$,也可以比较容易地得到决定内生变量的方程。

**习题 3.1**　如果家庭和企业同质,在迪克西特-斯蒂格利茨模型中可以用下面的式子表示福利最大化:
$$\max_{n,q} M^{\mu} A^{1-\mu} = (qn^{\frac{1}{\rho}})^{\mu} [L - n(F+mq)]^{1-\mu}$$
求解这个问题,得出最优的企业数 $n^0$ 和最优的生产量 $q^0$。

# 第4章
# 单要素模型:本地市场效应和福利

## 4.1 引言

在这一章,我们将运用前面所讲过的迪克西特-斯蒂格利茨模型来展示两个国家一种要素经济的贸易模型,而导入了资本后的双要素经济的贸易模型将会在下一章予以讲解。本章所介绍的模型的出发点是克鲁格曼在1980年所发表的论文(Krugman,1980)。在这篇论文中,克鲁格曼不仅指出了布瑞恩斯坦姆·林德(Burenstam Linder,1961)所主张的**本地市场效应**是正确的,而且还揭示了产生本地市场效应的原因比布瑞恩斯坦姆·林德想象的要简单得多,即是由于规模经济和运输费用的存在。在工业部门(差异化产品产业),如果企业水平的规模经济存在,那么每个企业都会专注于生产一种产品。如果两个国家间无法进行贸易,那么就会形成与市场规模成比例的企业分布形态。这是因为一旦企业选址偏向于某个国家,那么由于竞争,该国的利益就会减少。但是,如果考虑运输费用,贸易的情况又会是怎样的呢?这种情况下,由于消费的多样性,为了在没有建厂的国家也能够销售,企业会尽量选择在市场较大的国家生产,得以节省运输费用。这样一来,"拥有较大市场的国家,也就拥有了超过市场份额的(该)工业部门,同时也成为(该)工业的净出口国"的本地市场效应就出现了。

**定义4.1.1** 本地市场效应是指那些拥有相对较大国内市场的国家成为净出口国的现象。

本章首先在4.2节对两个国家的工资水平相同的简单情形进行探讨。这种情况下,企业的选址是由**市场规模**和竞争度两者间的平衡所决定的。结果表明这种平衡会导致本地市场效应的产生。接下来在4.3节中考虑两个国家工资水平不同的情形。我们会看到,两个国家在只有人口数量不同的情况下,大国的工资水平较高。而且在这种情况下,企业的选址是由市场规模、竞争度和**价格优势**(劳工费的优势)三者间的平衡所决定的。在某些情况下本地市场效应有时也不会产生。4.4 节用 4.3 节的模型来分析运输费用的下降和福利之间的关系。

## 4.2 两国工资水平相同的情形

### 4.2.1 由两个对称的工业部门组成的模型

这个模型最初是克鲁格曼为演示本地市场效应的理论基础而提出的。模型中有两个国家(国家 1 和国家 2),在本国销售产品时不需要支付运输费用,而向其他国家输出产品时需要支付冰块型运输费用。存在两个工业部门($x$ 部门和 $y$ 部门),两者都拥有同样的报酬递增技术。另外,该经济中有两种类型的消费者($x$ 型消费者和 $y$ 型消费者),其人数都是 $L$,$x$ 型消费者只消费 $x$ 部门的产品,$y$ 型消费者只消费 $y$ 部门的产品,两者的效用用 CES 函数

$$U^x = \int_0^n q^\rho(i^x) \mathrm{d}i^x \quad U^y = \int_0^n q^\rho(i^y) \mathrm{d}i^y$$

来表示。两种类型的消费者在两个国家的分布见表 4.1。两国的人口总数相等。假设 $\theta \in (1/2, 1)$,表示在国家 1 中 $x$ 型消费者数量较多,在国家 2 中 $y$ 型消费者数量较多。虽然两种消费者的构成比例根据国家不同而有所不同,但因为两国的人口总数相同,两个产业的技术水平又一样,所以两个国家的工资水平也是相同的。这是在现实中不可能存在的极端假设,但它回避了工资差的存在,可以用更加简单的形式来验证本地市场效应的存在,是个好办法。①

---

① 克鲁格曼在诺贝尔经济学奖获奖演说中说,"新贸易理论看似糊涂到把焦点对准特殊情况,但是敢于虎头虎脑是我在研究方面的信念"(Krugman, 2009)。

表 4.1　消费者的分布

|  | 国家 1 | 国家 2 |
|---|---|---|
| $x$ 型消费者 | $L_1^x = \theta L$ | $L_2^x = (1-\theta)L$ |
| $y$ 型消费者 | $L_1^y = (1-\theta)L$ | $L_2^y = \theta L$ |
| 总人口 | $L$ | $L$ |

两国的工资用 $w$ 来表示，各企业的固定劳动投入为 $F$，边际劳动投入为 $\rho$[②]。从第 3 章的结果可以看出，$j$ 国的 $x$ 型消费者对 $i$ 国 $x$ 部门生产的各种产品的需求 $q_{ij}^x$ 为

$$q_{ii}^x = \frac{(p_i^x)^{-\sigma}}{(P_i^x)^{1-\sigma}} w \qquad (4-1)$$

$$q_{ij}^x = \frac{(\tau p_i^x)^{-\sigma}}{(P_j^x)^{1-\sigma}} w = \frac{\phi}{\tau} \frac{(p_i^x)^{-\sigma}}{(P_j^x)^{1-\sigma}} w, \quad i,j=1,2, \quad i \neq j$$

其中，$p_i^x$ 是这种产品的生产价格，$\tau \in (1,\infty)$ 是两个企业共同的冰块型运输费用。另外，$P_i^x$ 是 $i$ 国 $x$ 产业的价格指数，当 $i$ 国 $x$ 部门的企业数为 $n_i^x$ 时，价格指数由下式给出：

$$P_i^x = \left[\int_0^{n_i^x}(p_i^x)^{1-\sigma}\mathrm{d}s + \phi\int_0^{n_j^x}(p_j^x)^{1-\sigma}\mathrm{d}s\right]^{\frac{1}{1-\sigma}}$$

$$= p_i^x(n_i^x + \phi n_j^x)^{\frac{1}{1-\sigma}}, \quad i,j=1,2, \quad i \neq j \qquad (4-2)$$

另外，因为两个国家的工资是相同的，所以根据式(3-12)有 $p_i^x = p_j^x$，由此得到最后的等式。

对于 $y$ 部门也是同样的。根据第 3 章的结果，在 $i$ 国选址的企业的均衡价格和均衡生产量为

$$p_i^x = p_i^y = w \qquad q_i^x = q_i^y = F\sigma, \quad i=1,2 \qquad (4-3)$$

因此，根据式(4-1)、式(4-2)、式(4-3)，在国家 1 生产的 $x$ 部门产品的市场出清条件和在国家 2 生产的 $x$ 部门产品的市场出清条件分别为

$$\frac{\theta L}{n_1^x + \phi n_2^x} + \phi \frac{(1-\theta)L}{\phi n_1^x + n_2^x} = q_1^x \qquad (4-4)$$

$$\phi \frac{\theta L}{n_1^x + \phi n_2^x} + \frac{(1-\theta)L}{\phi n_1^x + n_2^x} = q_2^x = q_1^x \qquad (4-5)$$

---

[②] 记号 $\rho$ 是用来表示"多样性偏好程度"的参数，适当选取劳动的单位可以让它与边际劳动投入相等。这样的话后面的式子都会变得简单一些。

用式(4-4)减去式(4-5),然后再除以 $1-\phi \in (0,1)$,可以得到下面的结果:

$$\frac{\theta L}{n_1^x + \phi n_2^x} = \frac{(1-\theta)L}{\phi n_1^x + n_2^x} \tag{4-6}$$

由此可以导出

$$\frac{n_1^x}{n_1^x + n_2^x} = \theta + (2\theta - 1)\frac{\phi}{1-\phi} > \theta \tag{4-7}$$

式(4-7)左边表示的是 $x$ 部门在国家 1 的企业份额。因此,只有在右边小于或等于 1 的情况下等式才会成立。如果右边大于 1 的话,$n_1^x/(n_1^x+n_2^x)=1$。也就是说,$x$ 部门全部集聚在国家 1。产生这种情况的条件是 $\phi \geqslant (1-\theta)/\theta$,也可写成 $\theta \geqslant 1/(1+\phi)$,即当贸易自由度非常高或者说消费者类型结构比较偏倚时,完全集聚就容易发生。此外,各部门的企业遍布于两国的均衡称为**内点均衡**或**内点解**,像完全集聚那样,企业仅在一个国家选址的均衡叫作**端点均衡**或**端点解**。

图 4.1 以 $\theta$ 为横轴,示意了式(4-7)给出的 $x$ 部门在国家 1 的份额。因为假设国家 1 有较多的 $x$ 型消费者($\theta > 1/2$),所以企业份额的图形会在 45 度线上部。这说明了在 $x$ 型消费者较多的国家 1,在 $x$ 部门有超过市场份额的企业在此选址。同样的结论也适用于在国家 2 的 $y$ 部门。

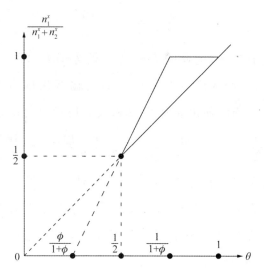

图 4.1　$x$ 部门的区位

接下来计算国际收支。国家 1 中 $x$ 部门的净出口额为

$$B^x = n_1^x \phi \frac{w(1-\theta)L}{\phi n_1^x + n_2^x} - n_2^x \phi \frac{w\theta L}{n_1^x + \phi n_2^x} = \frac{\phi w(1-\theta)L}{\phi n_1^x + n_2^x}(n_1^x - n_2^x) \tag{4-8}$$

其中,第二个等式是根据式(4-6)得到的。因为贸易取得平衡③,在 $y$ 部门有 $B^y = -B^x$。那么由式(4-7)及式(4-8)可知,(只要 $\phi>0$)在 $x$ 部门国家 1 为净出口国,在 $y$ 部门国家 2 是净出口国。因此可以得出结论,$x$ 型($y$ 型)消费者较多的国家 1(国家 2)是 $x$ 部门($y$ 部门)的净出口国。这样就产生了本地市场效应。另外,根据式(4-8),在这种情况下,本地市场效应的产生和"**拥有较大市场的国家也会拥有高于市场份额的(该)工业部门**"是等价的。

最后,让我们来思考一下是什么样的机制导致了这种现象。我们知道,各部门的选址是由**市场规模**和**竞争度**的平衡所决定的。也就是说,企业为了节约运输费用会尽量选取市场较大的地方。但是如果很多企业都集中在一个地方,便会引发激烈的低价竞争,最终会导致利益的减少。式(4-6)就表示了这两者的均衡。分子是各国的市场规模,分母是各国的价格指数的倒数(竞争度),这意味着在两个国家这种相对的力度是均等的。

$$\frac{国家1的市场规模}{国家1的竞争度} = \frac{国家2的市场规模}{国家2的竞争度}$$

接下来考虑一下当运输费用无穷大时贸易无法进行的情况($\phi \to 0$)。这时,式(4-6)会变成

$$\frac{\theta L}{n_1^x + 0} = \frac{(1-\theta)L}{0 + n_2^x}$$

因此,要使上面的式子成立,企业的份额就必须等于人口的份额($\theta:1-\theta$)。也就是说,当 $\phi \to 0$ 时本地市场效应不会发生。而运输费用取有限值时,可以进行贸易的状况又如何呢?此时,如果企业份额和人口份额相等的话,那么就有

$$\frac{国家1的市场规模}{国家1的竞争度} = \frac{\theta L}{\theta + \phi(1-\theta)} > \frac{(1-\theta)L}{\phi\theta + (1-\theta)} = \frac{国家2的市场规模}{国家2的竞争度}$$

如果贸易能够进行,在对方国家也会产生竞争对手。对于原本拥有更多企业的国家 1 来说,新的竞争带来的影响较小,而对于原本企业较少的国家 2 来说,则影响较大。因此,国家 1 的市场规模大于竞争度,所以它的企业份额增加,那么最终高于人口份额的企业会选择在此生产。这就是本地市场效应发生的原因。

---

③ 在单要素的模型中,贸易收支一定是平衡的。一方面,一个国家的收入和国内产品的生产额是相等的,另一方面,消费是国内产品的消费额和进口产品的消费额的总和。因此,当"收入=支出"成立时,"出口额(国内生产额-国内消费额)=进口额"在整个国家范围里是成立的,这也就是贸易收支平衡。

## 4.2.2 包含农业部门(同质产品)的模型

从产生机制来看,克鲁格曼所阐述的本地市场效应是拥有报酬递增技术的工业部门(不同质产品)所固有的现象。赫尔普曼和克鲁格曼(Helpman and Krugman,1985,第 10.4 节)为了强调这一点,在一个工业部门的基础上,添加了规模报酬不变技术的农业(同质产品)部门。假定两个国家的差异只有人口规模的不同。如果本地市场效应是工业部门所固有的,那么拥有较多人口(较大市场)的国家就会吸引更多的工业部门,成为工业的净出口国家。接下来,我们会根据他们的模型来证明这个观点是正确的。

国家 1 的人口总数是 $\theta L$,国家 2 的人口总数是 $(1-\theta)L$。假设国家 1 是人口较多的国家,即 $\theta \in (1/2, 1)$。消费者同时消费工业产品和农产品,效用函数仍为式(3-1)。农业部门是完全竞争的,每个工人都生产 1 单位的产品。而且,农产品的需求足够大(工业产品支出份额 $\mu$ 足够小),两个国家都进行农业生产。假定农产品不花费运输费用。根据以上的假设,我们可以知道,两个国家的农产品价格和两国的工资都是相等的。因此,如果把农产品当作计价物,那么两国的工资就是 1。

与之前相同,工业生产的固定劳动投入为 $F$,边际劳动投入为 $\rho$。根据前面的计算可知,均衡处出厂价为 $p_1 = p_2 = 1$,均衡生产量为 $q_1 = q_2 = F\sigma$。两国的工业产品价格指数分别为

$$P_1 = (n_1 + \phi n_2)^{\frac{1}{1-\sigma}} \quad P_2 = (\phi n_1 + n_2)^{\frac{1}{1-\sigma}}$$

$j$ 国消费者对 $i$ 国生产的工业产品的需求 $q_{ij}$ 为

$$q_{11} = \frac{\mu}{n_1 + \phi n_2} \quad q_{12} = \frac{\phi}{\tau} \frac{\mu}{\phi n_1 + n_2}$$

$$q_{22} = \frac{\mu}{\phi n_1 + n_2} \quad q_{21} = \frac{\phi}{\tau} \frac{\mu}{n_1 + \phi n_2}$$

工业部门的市场出清条件与式(4-4)、式(4-5)相同,可写为

$$\frac{\mu}{n_1 + \phi n_2}\theta L + \frac{\phi \mu}{\phi n_1 + n_2}(1-\theta)L = F\sigma$$

$$\frac{\phi \mu}{n_1 + \phi n_2}\theta L + \frac{\mu}{\phi n_1 + n_2}(1-\theta)L = F\sigma$$

因此，市场规模和竞争度的均衡式与式(4-6)相同：

$$\frac{\theta}{n_1 + \phi n_2} = \frac{1-\theta}{\phi n_1 + n_2} \tag{4-9}$$

另外，国家 1 的企业份额由下面的式子决定：

$$\frac{n_1}{n_1 + n_2} = \theta + (2\theta - 1)\frac{\phi}{1-\phi} > \theta \tag{4-10}$$

这个式子说明，拥有较多人口的国家 1，也拥有高于其人口份额的工业部门。另外，与 4.2.1 相同，这也说明拥有较多人口的国家 1 是工业部门的出口国，与本地市场效应是等价的。[④] 另外，对本地市场效应产生的机制也可以给出与 4.2.1 相同的说明。

从式(4-10)可以看出，国家 1 的企业份额是工业产品的贸易自由度 $\phi$ 的增函数。这被称为本地市场效应的**二次扩大效应**（secondary magnification effect，SME）。也就是说，如果进行工业部门的市场一体化（减少运输费用）就会导致小国的去工业化。即使两国的技术水平和既有资源相同，仅因为人口规模较小也会导致工业的缩小。这个结果很有震撼力，吸引了很多研究者的关注。

## 4.3　两国工资水平不同的情形

前面所介绍的都是不存在两国间工资差异的模型。但是，正如 1.2 节所阐述的那样，在影响企业的选址因素中，最重要的就是"人工费用便宜"。换言之，从现实角度考虑，前文所介绍的不考虑**人工费用**差异的模型并不完善。于是，本节推广 4.2.2 的模型，创建一个把工资差异作为内生变量导出的模型。我们有几种办法可以比较自然地推广模型来内生决定工资率。第一种方法是，在模型中加入农业部门的运输费用。在这种情况下，农产品进口国的农产品价格就等于农产品出口国的生产价格加上运输费用。因此，农产品进口国的工资就会高于农产品出口国的工资。第二种方法是，考虑各国生产不同的农产品的情况。这时，对于大量工业企业集聚的国家来说，生产农产品的劳动力就会变少，导致该国农产品的价格上升，从而使该国的工资上涨。第三种方法是舍弃农业部门。

---

[④]　这在更一般的情况下也成立（参照引理 4.3.1）。

在 4.2.2 的模型中,工资均等的理由在于农业部门(及运输费用)。一旦排除了农业部门,工资就会产生差异。这里要用到第一种方法。[⑤]

假设农业部门和工业部门都要支付冰块型运输费用,工业部门的运输费用为 $\tau^m \in (1, \infty)$,农业部门的运输费用为 $\tau^a \geqslant 1$。同时,$\phi^m \equiv (\tau^m)^{1-\sigma}$ 和 $\phi^a \equiv (\tau^a)^{1-\sigma}$ 分别表示工业部门和农业部门的贸易自由度。除此之外的所有假设都和 4.2.2 相同。

把国家 2 的劳动视作计价物,该国的工资为 1。如果国家 1 的工资为 $w$,那么两国的农产品的价格分别为

$$p_1^a = w \quad p_2^a = 1 \tag{4-11}$$

因为工资是各国居民收入的唯一来源,所以各国的总收入分别为

$$Y_1 = \theta L w \quad Y_2 = (1-\theta) L \tag{4-12}$$

根据第 3 章的结果,在 $i$ 国生产、$j$ 国销售的工业产品的均衡价格 $p_{ij}$ 为

$$p_{11} = w \quad p_{22} = 1 \quad p_{21} = \tau^m \quad p_{12} = w\tau^m \tag{4-13}$$

所以,各国工业产品的价格指数分别为

$$P_1 = (w^{1-\sigma} n_1 + \phi^m n_2)^{\frac{1}{1-\sigma}} \quad P_2 = (w^{1-\sigma} \phi^m n_1 + n_2)^{\frac{1}{1-\sigma}} \tag{4-14}$$

从需求函数(3-7)可得,$j$ 国消费者对在 $i$ 国生产的工业产品的需求 $q_{ij}^m$ 为

$$q_{11}^m = \frac{\mu w^{1-\sigma}}{w^{1-\sigma} n_1 + \phi^m n_2} \theta L \quad q_{12}^m = \frac{\phi^m}{\tau^m} \frac{\mu w^{-\sigma}}{w^{1-\sigma} \phi^m n_1 + n_2} (1-\theta) L \tag{4-15}$$

$$q_{22}^m = \frac{\mu}{w^{1-\sigma} \phi^m n_1 + n_2} (1-\theta) L \quad q_{21}^m = \frac{\phi^m}{\tau^m} \frac{\mu w}{w^{1-\sigma} n_1 + \phi^m n_2} \theta L \tag{4-16}$$

各国对农产品的需求为

$$q_1^a = (1-\mu) \theta L \quad q_2^a = (1-\mu)(1-\theta) L \tag{4-17}$$

此外,由引理 3.4.1 可知,各企业的均衡生产量为

$$q_1 = q_2 = F\sigma \tag{4-18}$$

各企业所必须投入的劳动量为

$$l_1 = l_2 = F\sigma \tag{4-19}$$

根据式(4-15)、式(4-16)、式(4-18),工业部门的市场出清条件可写作

---

[⑤] Crozet and Trionfetti (2008) 尝试了第二种方法,由于模型非常复杂,因此必须依赖于数值模拟。而 Krugman(1980,第Ⅱ节)采用了第三种方法。就像后面所说的,第三种方法只是第一种方法的一个特例。关于第一种方法,Davis (1998) 证明了如果工业部门和农业部门的运输费用一样,那么本地市场效应就不会存在。而本节所讲述的内容来源于 Takatsuka and Zeng (2012a) 对两种产品运输费用取一般值的分析。

$$\mu a w^{-\sigma}\left[\frac{\theta L w}{w^{1-\sigma}n_1+\phi^m n_2}+\frac{\phi^m(1-\theta)L}{w^{1-\sigma}\phi^m n_1+n_2}\right]=F\sigma \qquad (4\text{-}20)$$

$$\mu\left[\frac{(1-\theta)L}{w^{1-\sigma}\phi^m n_1+n_2}+\frac{\phi^m w\theta L}{w^{1-\sigma}n_1+\phi^m n_2}\right]=F\sigma \qquad (4\text{-}21)$$

一旦决定了国家 1 的工资 $w$（在后文中讲述如何决定 $w$），就和前一部分的模型一样，企业的选址可由上面的两个方程式来决定。用式(4-20)减去式(4-21)，整理后可以得到

$$\frac{(\theta w)(w^{-\sigma}-\phi^m)}{w^{1-\sigma}n_1+\phi^m n_2}=\frac{(1-\theta)(1-w^{-\sigma}\phi^m)}{w^{1-\sigma}\phi^m n_1+n_2} \qquad (4\text{-}22)$$

该式是在 4.2.2 中介绍的市场规模和市场竞争度的均衡式(4-9)在有工资差异情况下更一般的表达式。其中，分母代表**竞争度**，分子的第一项代表**市场规模**，第二项代表国内产品相对于进口产品的**价格优势**。⑥ 上面的式子意味着，两国间的这些力量以如下方式持平：

$$\frac{\text{国家 1 的市场规模} \times \text{国家 1 的价格优势}}{\text{国家 1 的竞争度}}$$

$$=\frac{\text{国家 2 的市场规模} \times \text{国家 2 的价格优势}}{\text{国家 2 的竞争度}}$$

重要的一点是**人工费用**（工资 $w$）对企业区位选择的影响。工资不仅会影响产品的价格优势，也会影响市场竞争度和市场规模。让我们一点一点地来进行分析。一方面，如果工资上升，工业产品的价格就会上升。那么很明显，此时本国产品的价格优势就减弱了。但是，因为产品价格上升在国内的其他企业也会发生，所以该国的竞争度就会减弱。另一方面，工资的上升会导致收入增加，从而会扩大市场规模。综上所述，工资的上升既会带来减弱价格优势的不利之处，也会带来减弱市场竞争度的有利之处。这些要素综合作用，影响企业的区位选择。

下面来看一个特例，假设工业部门的运输费用无限大，导致贸易无法进行（$\phi^m\to 0$）。这时，式(4-22)可以变换成

$$\frac{(\theta w)w^{-\sigma}}{w^{1-\sigma}n_1}=\frac{(1-\theta)1}{n_2}$$

---

⑥ 如果回去看需求函数(3-7)，读者很快就会明白此处我们为何这样解释。在需求函数(3-7)中，产品的价格以 $p^{-\sigma}$ 的形式出现。和式(4-13)一样，国家 1 的国内产品价格为 $w$，进口产品价格为 $\tau^m$。根据需求函数形式，国家 1 的价格优势可以简单地表示为 $w^{-\sigma}-(\tau^m)^{-\sigma}$，但当采用冰块型运输形式进口时，需求就会增加 $\tau^m$ 倍。考虑到这一点，国家 1 的价格优势就可以表示成 $w^{-\sigma}-\tau^m(\tau^m)^{-\sigma}=w^{-\sigma}-\phi^m$。

此时,可以看出工资改变所带来的有利影响和不利影响都会被完全抵消。所以企业份额等于人口份额($\theta:1-\theta$)。除此之外的情况会在后文中详细讲解。

在进入具体的区位分析之前,让我们先来导出一个方便的引理。4.2.1 中说到的"拥有较大市场的国家会拥有多于其人口份额的(该)工业部门"与本地市场效应(定义 4.1.1)是等价的。这个结论对于本节的两部门模型也成立。

**引理 4.3.1** 大国拥有其人口份额以上的工业部门的现象等价于本地市场效应。

**证明** 各国工业部门的工人数量分别为 $L_1^m$ 和 $L_2^m$。投入各个企业的工人数量由式(4-19)给出,在两个国家是相同的。所以国家 1 拥有其人口份额以上的工业部门可以用下面的关系式来表达:

$$L_1^m > \frac{\theta}{1-\theta} L_2^m$$

上面的不等式也可以改写成下面的形式:

$$L_1 - L_1^m < \frac{\theta}{1-\theta}(L_2 - L_2^m)$$

这说明了农业部门的劳动力比例在国家 1 要少于国家 2。另外,由式(4-17)可以得到

$$\frac{q_1^a}{q_2^a} = \frac{(1-\mu)\theta L}{(1-\mu)(1-\theta)L} = \frac{\theta}{1-\theta}$$

它表明,两国的农业需求的比例与人口比例是相同的。因此,国家 1 一定是农产品的净进口国。而由贸易均衡可知国家 1 是工业产品的净出口国。这也就是本地市场效应。

下面,让我们进入企业选址的分析。首先来看农业部门的运输费用非常高而导致**两国间贸易无法进行的情况**。由于各国的农业必须要自给自足,农业部门工人的数量分别为 $(1-\mu)\theta L$,$(1-\mu)(1-\theta)L$,那么工业部门工人的数量分别为 $\mu\theta L$,$\mu(1-\theta)L$。由式(4-19)可以得到各国的企业数分别为

$$n_1 = \frac{\mu\theta L}{F\sigma} \qquad n_2 = \frac{\mu(1-\theta)L}{F\sigma} \tag{4-23}$$

这揭示了在农产品的贸易不存在的情况下,企业份额和人口份额相等,不会出现本地市场效应。将式(4-23)代入式(4-21),整理可得

$$F(w) \equiv (w^{1-\sigma} - w\phi^m)\theta - (w^\sigma - \phi^m)(1-\theta) = 0 \tag{4-24}$$

因此，当不存在农产品贸易时，国家 1 的均衡工资为式(4-24)的解。很明显，$F(w)$ 是 $w$ 的减函数，并且有

$$F(1) = (1-\phi^m)(2\theta-1) > 0$$
$$F((\tau^m)^{\frac{\sigma-1}{\sigma}}) = -\left(\frac{1}{\phi^m} - \phi^m\right)(1-\theta) < 0$$
(4-25)

因此，$F(w)=0$ 的解是唯一的，落在区间 $(1,(\tau^m)^{\frac{\sigma-1}{\sigma}})$ 内。也就是说，此时大国的工资更高。[7] 我们用 $\tilde{w}$ 表示均衡工资。

相反，当农业部门的运输费用为 0 时，由 4.2.2 的分析可知大国进口农产品。当农业部门的运输费用不是 0 但非常小时，结论也同样成立。大国进口农产品，国内农产品的价格和进口农产品的价格肯定相同，所以有 $w=\tau^a$。接下来，就来探讨一下农业部门的运输费用从 $0(\tau^a=1)$ 开始一点点增加的情况。此时，大国的农产品价格以及工资会上升，从小国的进口量便会减少。由刚才的讨论可知，当 $\tau^a$ 上升到和 $\tilde{w}$ 相等时，农产品的贸易便会消失。当农产品贸易不存在时，$\tau^a$ 对于均衡来说没有任何影响。所以尽管 $\tau^a > \tilde{w}$，均衡也不会改变(参考图 4.2)。

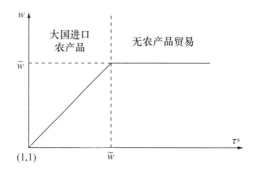

图 4.2 农产品的运输费用和大国工资

这个事实可以得到严格的证明。[8] 也就是说，$\tau^a < \tilde{w}$ 时大国进口农产品，是工业产品的净出口国，而 $\tau^a \geq \tilde{w}$ 时农产品的贸易消失，本地市场效应不会发生。$\tilde{w}$ 是决定农产品贸易存在与否的农产品运输费用的临界值，这里重新用 $\tilde{\tau}^a$ 来表示。考虑到引理 4.3.1 的结论，上面的结果可以总结为下面的命题。

**命题 4.3.1** (i) $\tau^a < \tilde{\tau}^a$ 时存在农产品的贸易，$\tau^a \geq \tilde{\tau}^a$ 时不存在农产品的贸易。(ii) $\tau^a < \tilde{\tau}^a$ 时本地市场效应产生，大国拥有多于其人口份额的企业份额；

---

[7] 上面的分析对于农业部门不存在($\mu=1$)的情况也成立。Krugman (1980，第Ⅱ节)分析了这种情况。
[8] 本节和下节中命题的证明可参考 Takatsuka and Zeng (2012a)。

$\tau^a \geqslant \tilde{\tau}^a$ 时本地市场效应不会产生,各国的企业份额和人口份额相同。

图 4.3 以 $\tau^m$ 为横轴,以 $\tau^a$ 为纵轴,下方的斜线部分表示产生本地市场效应的范围。4.2.2 的模型(Helpman and Krugman,1985)是 $\tau^a = 1$ 的情况,包含在这个范围内。另外,戴维斯(Davis,1998)证明了当工业产品和农产品的运输费用相同时,本地市场效应不会产生。这种情况对应的是 $\tau^a = \tau^m$ 这条 45 度线,不包含在斜线范围内。⑨

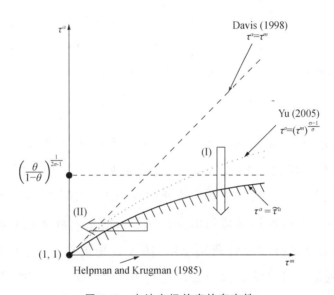

**图 4.3 本地市场效应的存在性**

接下来的命题所阐述的是当运输费用 $\tau^m$ 和 $\tau^a$ 下降时,企业的选址是如何变化的。

**命题 4.3.2** 在有农产品贸易的内点均衡中,(i) 随着 $\tau^a$ 的下降,大国的企业数会单调增加,小国的企业数会单调减少。(ii) $\tau^a > 1$ 时,随着 $\tau^m$ 的下降,大国的企业数呈倒 U 形变化,小国的企业数呈 U 形变化。$\tau^m \to \infty$ 时,企业份额和人口份额相同。

如果将命题 4.3.2(i)反过来说,就是"农产品的运输费用增加会带来大国的企业数减少,小国的企业数增加"。农产品运输费用上升所产生的工资差异不仅扩大了大国的市场规模,而且缓和了市场竞争,因而促进了大国的集聚。但同时也有导致大国的价格优势减弱这样一种相反的作用。命题 4.3.2(i)表明,综合

---

⑨ Yu(2005)指出农产品不存在的条件是 $\tau^a \geqslant (\tau^m)^{\frac{\sigma-1}{\sigma}}$,从图中可以看出这个条件只是充分条件。

起来后者的影响力更大,也就意味着工资差异的扩大会减弱企业向大国的集聚。图 4.3 的箭头(Ⅰ)说明了农产品的运输费用下降会减小工资差异。图 4.5 上方的图形用数值例子揭示了这种农产品运输费用的变化所带来的企业数的变化情况。

此外,命题 4.3.2(ii)说明了 4.2.2 的模型所阐述的本地市场效应的二次扩大效应在一般情况下是不成立的。也就是说,工业部门的运输费用减少的确可能会导致大国工业的扩大(小国工业的缩小),但是如果运输费用持续下降,会使大国工业开始缩小。这是因为在工业部门运输费用非常低的情况下,工资差异对企业选址发挥着支配性的作用。这从式(4-22)中可以得到验证。我们接下来看一下 $\phi^m \to 1$ 这种极端情况。这时,式(4-22)可以改写为

$$\frac{(\theta w)(w^{-\sigma}-1)}{w^{1-\sigma}n_1+n_2} = \frac{(1-\theta)(1-w^{-\sigma})}{w^{1-\sigma}n_1+n_2}$$

两国的竞争度(分母)是相同的。通过简单的计算可知,只要 $w>1$,在小国选址是有利的(等式右边较大)。这会导致小国的企业数增加,也会降低大国的相对工资。这种变化会一直持续到工资均等化时($w=1$)。图 4.4 上方的图形用数值例子揭示了这种工业产品运输费用的变化所带来的企业数变化的情况。

综上所述,工业部门的运输费用下降(图 4.3 中的箭头(Ⅱ))并不一定会导致小国的去工业化。但是农业部门的运输费用降低(图 4.3 中的箭头(Ⅰ))一定会导致小国工业的萎缩。不过,我们并不能说工业部门的扩大就是好的,缩小就是不好的。对国家是否有利还要根据福利水平进行判断。在下一节我们将把焦点对准福利问题。

## 4.4 运输费用的减少和福利的变化

将式(4-13)和式(4-14)代入间接效用函数式(3-8)中,各国的福利水平(实际工资)可以分别表示为[10]

$$V_1 = (n_1 + n_2\phi^m w^{\sigma-1})^{\frac{\mu}{\sigma-1}} \qquad V_2 = \left(\frac{\phi^m n_1}{w^{\sigma-1}} + n_2\right)^{\frac{\mu}{\sigma-1}} \qquad (4\text{-}26)$$

---

[10] 这里省略了式(3-8)中的系数 $\mu^\mu(1-\mu)^{1-\mu}$,因此式(4-26)表示的是工资 $w_i$ 除以价格指数 $p_i^\mu(p_i^a)^{1-\mu}$($i=1,2$)得到的实际工资。

从上面的等式可以看出,各国的福利水平是由**工业部门的贸易自由度** $\phi^m$(或运输费用 $\tau^m$)、**各国的企业数** $n_i$ 和**大国的相对工资** $w$ 三个要素共同决定的。很明显,前面两个因素对两国的福利会产生正的影响。而最后一个因素,对大国的影响是正的,对小国的影响是负的。一方面,工资的增加会导致该国产品价格的上升,那么作为进口国的小国,其福利就会降低。另一方面,工资的增加会导致该国收入的增加。在大国,正的影响会超过国内产品价格上升所带来的负的影响,最终大国的福利会增加。

在大国,尽管国内产品的价格高,但是国内能够提供的产品种类丰富,工资水平高,所以比小国的实际工资高。

**命题 4.4.1** 大国的实际工资总比小国的实际工资高。

**证明** 根据前一节的分析,农产品的贸易存在时 $w=\tau^a$,农产品的贸易不存在时 $w=\tilde{\tau}^a$。由式(4-25)和 $\tilde{\tau}^a$ 的定义可知,无论在哪种情况下,$w<(\tau^m)^{\frac{\sigma-1}{\sigma}}<\tau^m$ 都成立,这也意味着有 $w^{1-\sigma}>\phi^m>\phi^m w^{1-\sigma}$。由此,可以得到下面的关系式:

$$\frac{n_1}{n_2}>1>\frac{w^{1-\sigma}-\phi^m}{w^{1-\sigma}-\phi^m(w^{1-\sigma})^2}=\frac{w^{1-\sigma}-\phi^m}{w^{1-\sigma}(1-\phi^m w^{1-\sigma})}$$

其中,第一个不等关系用到了命题 4.3.1(ii)中的结果。由上面的不等式可以得

$$n_1 w^{1-\sigma}(1-\phi^m w^{1-\sigma})>n_2(w^{1-\sigma}-\phi^m)$$

与式(4-26)结合可知,$V_1>V_2$。

接下来我们来探讨运输费用的变化对福利水平的影响。

## 4.4.1 工业部门运输费用减少的情况

在分析式(4-26)时,我们必须注意到,不论是企业数量($n_1$,$n_2$),还是相对工资($w$),都依赖于工业部门的运输费用 $\tau^m$(或贸易自由度 $\phi^m$)。那么首先来看一下农产品存在贸易的情况。这时根据前一节的分析,$w=p^a=\tau^a$ 成立。根据这个事实以及式(4-20)和式(4-21),我们可以得知各国的企业数分别为

$$n_1=\frac{\tau^a \mu L}{F\sigma}\frac{(1-\theta)(\tau^a)^{-\sigma}(\phi^m)^2-[1+(\tau^a-1)\theta]\phi^m+\theta\phi^a}{(\phi^a-\tau^a\phi^m)(\tau^a-\phi^a\phi^m)} \quad (4\text{-}27)$$

$$n_2=\frac{\tau^a\phi^a\mu L}{F\sigma}\frac{\theta\tau^a(\phi^m)^2-[1+(\tau^a-1)\theta](\tau^a)^{-\sigma}\phi^m+1-\theta}{(\phi^a-\tau^a\phi^m)(\tau^a-\phi^a\phi^m)} \quad (4\text{-}28)$$

上面的式子只有在等式右边非负的情况下才成立,否则将会得到以下的端点解。[11]

$$n_1 = \frac{\mu(\theta\tau^a + 1 - \theta)L}{F\sigma\tau^a} \quad n_2 = 0 \qquad (4\text{-}29)$$

将这些式子代入式(4-26),然后对 $\phi^m$ 进行微分,可以得到下面的结论。

**命题 4.4.2** 农产品贸易存在时 ($\tau^a \in (1, \bar{\tau}^a)$):(i) 随着工业部门的运输费用减少,小国的福利水平得到改善,实际工资比 ($V_1/V_2$) 变小。(ii) 在内点解处,如果 $\tau^a > \tau^\#$,工业部门的运输费用减少,会改善大国的福利水平;而当 $\tau^a < \tau^\#$ 时,大国的福利水平呈倒 U 形变化。其中,$\tau^\#$ 是在区间 $(1, [\theta/(1-\theta)]^{1/(\sigma-1)})$ 内的一个常数。(iii) 在端点解处,大国的福利水平与工业部门的运输费用无关。

随着工业部门运输费用的减少,小国的企业数呈现倒 U 形变化(命题 4.3.2 (ii))。但是,命题 4.4.2(i)表明小国的福利单调上升。这是因为进口工业产品的价格降低所带来的正的影响超越了企业数减少所带来的负的影响。更有趣的是,对大国来说该结论不一定对,当农业部门的运输费用较小时,工业部门运输费用的减少也可能会导致福利的降低。对此可以进行如下直观的说明。当农业部门的运输费用较小时,工资差异较小,这与 4.2.2 的情况相近,多数(也可能是全部)企业都会集聚在大国。但是,当工业部门的运输费用足够小时,农业部门的运输费用相对增大,农产品的贸易将无法进行(参考图 4.3 中的箭头(Ⅱ))。从命题 4.3.1 可知,这意味着企业份额会更靠近人口份额,所以大国的企业份额会急剧下降。在这种情况下,企业数减少所带来的负的影响会超越进口工业产品的价格下降所带来的正的影响,大国的福利水平便会下降。

4.2.2 中的模型相当于 $\tau^a = 1$ 的情况。这时的结论如下:(i) 在内点解处,随着工业部门的运输费用减少,两个国家的福利水平得到改善,实际工资比 ($V_1/V_2$) 不变。(ii) 在端点解处,大国的福利水平与工业部门的运输费用无关,小国的福利上升,实际工资比 ($V_1/V_2$) 变小。从上述结论可以看出,这种情况下两个国家的福利都不会下降。[12] 之所以会出现这种不同,是因为忽略农业部门的运输费用就捕捉不到大国的倒 U 形选址变化。

---

[11] 根据前一节的分析可知,不存在集聚在国家 2 的端点解。

[12] Baldwin and Robert-Nicoud(2000)采用在下一章说明的双要素经济模型(农产品的运输费用为 0),也得到了同样的结果。

接下来我们看看没有农产品贸易的情况。从命题 4.3.1 可知,这时企业份额与人口份额相同,各国的企业数由式(4-23)给出。另外,大国的工资是式(4-24)的解 $\tilde{w}$。需要注意 $\tilde{w} = \tilde{\tau}^a \in (1, (\tau^m)^{\frac{\sigma-1}{\sigma}})$ 以及 $\tilde{w}$ 是 $\tau^m$ 的增函数($\phi^m$ 的减函数)[13]。再来分析式(4-26)就可以得到以下的结论。

**命题 4.4.3** 当不存在农产品贸易时($\tau^a \geqslant \tilde{\tau}^a$),随着工业部门的运输费用减少,两国的福利水平均会得到改善,实际工资比($V_1/V_2$)变小。

从图 4.3 中可以看出 $\tilde{\tau}^a(=\tilde{w})$ 的图形呈向右上升的走势,也就是说,当工业部门的运输费用减少时,大国的工资会减少。此外需要注意企业数是不变的。所以对小国来说,进口工业产品的价格下降带来的只有好处,福利水平会得到改善。而对大国来说,一方面,工资水平降低会导致收入减少,另一方面,国内的工业产品和进口的工业产品价格都会下降。而后者的好处会超过前者的坏处,使得福利得到改善。[14]

图 4.4 显示了在 $\sigma=5$、$\mu=0.4$ 和 $\theta=0.7$ 的情况下,随着工业部门的运输费用(贸易自由度)的变化,各国的企业数(上面的图 a1、b1)和福利(下面的图 a2、b2)是如何变化的。左侧的图 a1、a2 是农业部门的运输费用较小($\tau^a=1.02<\tau^\#$)的情况,右侧的图 b1、b2 则是农业部门的运输费用较大($\tau^a=1.05>\tau^\#$)的情况。注意到正如命题 4.3.1 所述的,当工业部门的运输费用足够小时农产品将无法进行贸易。企业数和福利的变化情况与迄今为止的分析结果是一致的。

## 4.4.2 农业部门运输费用减少的情况

农业部门的运输费用 $\tau^a$(或贸易自由度 $\phi^a$)会对企业数($n_1$, $n_2$)和相对工资比产生影响,从而引起福利水平(式(4-26))的变化。把式(4-27)、式(4-28)、式(4-29)代入式(4-26)中,然后对 $\tau^a$ 进行微分,可以得到以下的结论。

**命题 4.4.4** 农产品贸易存在时($\tau^a \in (1, \tilde{\tau}^a)$)(i) 随着工业部门的运输费用减少,大国的福利水平得到改善。(ii) 在内点解处,农业部门的运输费用减少,小

---

[13] 可以对式(4-24)运用隐函数定理得出。
[14] 命题 4.4.3 在没有农业部门的情况($\mu=1$)下也成立。Krugman(1980)相当于这一情形。

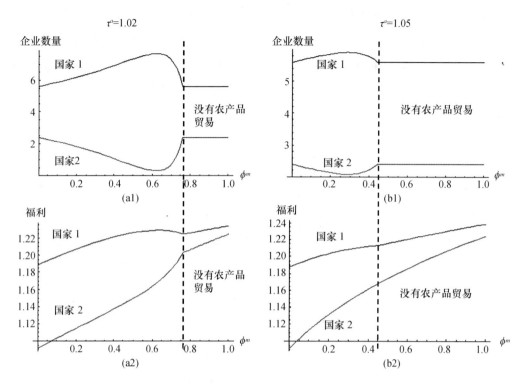

**图 4.4　工业部门的贸易自由度和企业区位及福利水平**

国的福利水平下降,实际工资比 $V_1/V_2$ 变大。(iii)在端点解处,随着农产品的运输费用降低,小国的福利水平得到改善,实际工资比 $V_1/V_2$ 变小。

农业部门的运输费用减少时,相对工资($w=\tau^a$)下降,大国的企业数增加,小国的企业数减少(命题 4.3.2(i))。所以对大国来说,会产生工资(收入)的降低所带来的坏处以及国内企业数量增加所带来的好处。命题 4.4.4 告诉我们后者的效应超出了前者。而对小国来说,会产生进口工业产品价格的降低所带来的好处以及国内企业数量减少所带来的坏处,而后者的效应超出了前者。

小国是农产品的出口国,所以命题 4.4.4(ii)中说到"农业部门的运输费用减少(出口价格降低)会使小国的福利水平下降"听起来有些奇怪。这是因为我们考虑到了企业数量的变化(产业结构的变化)。如果不考虑企业数量的变化,农产品的出口价格降低会导致小国的农业需求增加,农业部门内所需要的工人数量也会增加。如果不考虑工人在部门间的移动,就会导致在该国农业工人的工资上升。因为小国的农业工人比率原本就比较高,所以这样的工资变化会提高该国的福利水平。也就是说,如果不允许企业数目变化,农业部门的运输费用减少会改善小国的福利水平。

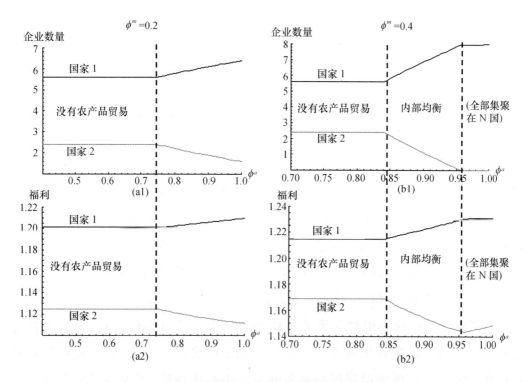

图 4.5 农业部门的贸易自由度和企业区位及福利水平

图 4.5 与图 4.4 用了相同的参数值（除了 $\phi^m$ 和 $\phi^a$）进行数值模拟。描述了随着农业部门的运输费用（贸易自由度）的变化，各国的企业数（上面的图 a1、b1）和福利（下面的图 a2、b2）是怎样变化的。左侧的图 a1、a2 是工业部门运输费用较大的情况（$\phi^m=0.2$），相对应的右侧的图 b1、b2 是工业部门的运输费用较小的情况（$\phi^m=0.4$）。如命题 4.3.1 所述，农产品的运输费用非常大时农产品的贸易将不会出现。企业数和福利的变化与迄今为止分析的结果一致。

### 4.4.3 启示

命题 4.3.1 至命题 4.4.4 中关于内点解的结论总结为表 4.2。在这个表中，工业部门运输费用的减少用"$\phi^m \uparrow$"表示，农业部门运输费用的减少用"$\phi^a \uparrow$"表示。

表 4.2　内点解处运输费用下降的影响

|  |  |  |  | $n_1$ | $n_2$ | $w$ | $V_1$ | $V_2$ | $V_1/V_2$ |
|---|---|---|---|---|---|---|---|---|---|
| $\phi^m \uparrow$ | 农产品有贸易 | 小 $\phi^m$ | | + | − | 0 | + | + | − |
| | | 大 $\phi^m$ | $\phi^a$ 小 | − | + | 0 | + | + | − |
| | | | $\phi^a$ 大 | − | + | 0 | − | + | − |
| | 农产品无贸易 | | | 0 | 0 | − | + | + | − |
| $\phi^a \uparrow$ | | | | + | − | − | + | − | + |

注：+表示增加，−表示减少，0表示无变化。

农业部门运输费用的减少，对福利的影响与工业部门运输费用的减少形成鲜明的对比。事实上，工业部门运输费用减少时，小国的福利水平得到改善，实际工资差异缩小。而农业部门运输费用减少时，小国的福利水平恶化，实际工资差异扩大。总之，对小国来说威胁并不是工业部门的市场一体化，而是农业部门的市场一体化。但对大国来说，农业部门的市场一体化会提高福利水平，而工业部门的市场一体化有可能降低福利水平。

这里所说的运输费用包含了关税以及贸易中技术壁垒的费用，因而可以通过政策的调节使运输费用减少。那么从表 4.2 中我们可以看出，两国间的贸易自由化政策可能会带来两国间的利益冲突。更具体地说，工业部门的市场一体化只会在两国间的贸易成本很小时带来利益的冲突，但是农业部门市场一体化无论何时都一定带来利益冲突。

正因为如此，如果单方产业实施自由化政策可能得不到两国的支持。为了缓解这种利益冲突，两个部门都适当实施自由化政策就比较有效。这样就算大国（小国）由于工业（农业）部门的自由化遭受了福利上的损失，也可在农业（工业）部门的自由化方面改善福利。换言之，虽然单方的自由化可能会导致福利水平下降，但只要其他部门也降低些贸易成本，对方国家的福利水平就会比自由化前更好，同时自己国家的福利损失也能得到改善。

据金德尔伯格（Kindleberger，1975）所说，19 世纪英国的一些政治经济学者提出，作为抑制欧洲其他国家的工业化进程的手段，可实施农业部门的贸易自由化。其想法即是，废除谷物法（1846）后，其他国家就必须对农业部门进行投资，那么就不得不延缓工业化进程。这个故事与前一节和这一节所讲的理论是吻合的。事实上，虽然废除谷物法后并没有立即产生影响（Grigg，1989），但在 1870 年以后，英国的农业呈现衰退趋势，而工业集聚向前迈进了。

此外，在近年来的自由贸易协定（Free Trade Agreement，FTA）中，针对从发达国家向新兴国家转移工业这一现象也存在着对立的声音。发达国家为了避免这一情况的发生，极力反对工业产品的贸易自由化。例如，2010年11月美国和韩国签订了自由贸易协定，但是围绕汽车自由化方面的谈判一直不顺利。最终，应美方的要求，允许美国在签约后5年一直收取2.5%的进口关税。在上一节和这一节讲述的模型中，当运输费用很小时，由于工资差异是影响企业选址的主要因素，因此工业从大国撤出，福利水平下降。上述美国的要求可以理解为为了避免工业空洞化导致福利下降而采取的措施。

## 4.5 小结

本章根据迪克西特-斯蒂格利茨的模型，讲述了两个国家单个要素经济的贸易模型。特别是，以在垄断竞争市场运用规模报酬递增技术生产的工业部门和在完全竞争市场运用规模报酬不变技术生产的农业部门所组成的模型为中心进行分析，得到了以下的结论。第一，企业的选址是由各国的市场规模、竞争度和价格优势三者的平衡所决定的。第二，没有农产品贸易时本地市场效应就不会发生，其他情况下本地市场效应都会产生。第三，工业产品和农产品的贸易成本下降会导致区位份额的变化，有时也会给各国带来利益冲突。

本章考虑的模型是单要素的，因此即使企业区位份额有变化，实际上也不会出现生产要素的移动。在各个国家内部，因工人在部门间移动，企业的数量也会相应地发生变化。在下一章，我们将会导入在国家间能够移动的资本，来分析这会对我们的结果产生怎样的影响。

**习题 4.1** 由式（4-9）导出式（4-10）。

**习题 4.2** 根据式（4-20）和（4-21）来证明均衡的工资在 $((\phi^m)^{\frac{1}{\sigma}},(\phi^m)^{-\frac{1}{\sigma}})$ 区间之内。

**习题 4.3** 证明隐函数方程式（4-24）的解 $w$ 是 $\phi^m$ 的减函数。

**习题 4.4** 查找最近的自由贸易协定的事例，讨论一下双方的争论点是什么。

# 第 5 章
# 双要素模型：资本移动和企业区位

## 5.1 引言

前一章我们讲述了劳动力作为唯一生产要素的单要素经济的贸易模型。在本章我们将研究导入资本后的双要素经济的贸易模型，探讨可以在国家间自由移动的资本对企业区位有怎样的影响。在很多发达国家，劳动力在国家间的移动是受到严格限制的，但是资本的移动却是广泛存在的。特别是 20 世纪 70 年代初，布雷顿森林体系瓦解后，国家间的资本移动更是呈现出飞速增长的趋势。另外，近 30 年间的海外直接投资（Foreign Direct Investment，FDI）也逐年增加。如图 5.1 所示，1980 年发达国家的 FDI 内流存量还不足 0.4 兆美元，但 2013 年已经超过 16 兆美元。因此，考虑到现实世界的内流存量经济，比起前一章的单要素模型，导入资本后的双要素模型更加合适。

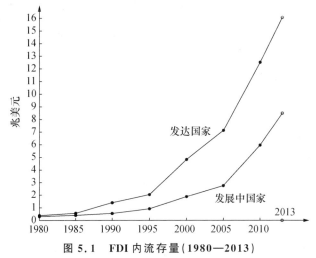

图 5.1　FDI 内流存量（1980—2013）

资料来源：UNCTAD（2003，p. 257；2006，p. 303；2011，p. 191；2014，p. 209）。

与前一章相同,在 5.2 节,我们将讲述两个国家工资水平相同的简单模型。在这种情况下,和企业选址相关的结论与单要素经济模型大致相同。5.3 节中,我们会讲述因农业部门的运输费用导致两国的工资水平不同的情形。在这种情况下,与单要素模型不同,无论运输费用取什么值,本地市场效应都会产生。本地市场效应意味着在工业部门存在不均衡现象,但在双要素模型中,资本在国家间的移动起到了吸收这种不均衡的作用。5.4 节介绍了舍弃农业部门的模型。在这个模型中,我们可以看到,本地市场效应、工资差距以及随着市场一体化出现的倒 U 形发展趋势等,迄今为止的理论研究和实证研究所得到的结果都可以从非常简单的模型中得出。

## 5.2 两国工资水平相同的情形

本节在 4.2.2 的单要素经济中导入可以在国家间移动的资本。[①] 如 1.4 节中所阐述的那样,这里也尽量不考虑第一自然,而主要考察第二自然的效果。因此,国家 1 和国家 2 的不同之处仅在于人口规模的不同,而不考虑李嘉图和赫克歇尔-俄林的比较优势。每个劳动者提供 1 单位的劳动力和 $\kappa$ 单位的资本,这些都是非弹性供给。因此,劳动者的收入就是工资收入加上资本收入。资本不仅可以在本国自由投资,也可以在其他国家没有额外费用的条件下自由投资。这时,资本会向资本租金较高的国家汇集,所以如果两国都有投资的话,两国的资本租金就相等。在工业部门,资本作为固定投入、劳动作为可变投入进行生产。具体来说,固定资本的投入为 1,边际劳动的投入为 $\rho$。每个企业都采用报酬递增的技术,在垄断竞争市场下进行生产。其余的假设都与 4.2.2 相同。农产品仍为计价物,它的运输费用为 0,所以两个国家的工资都为 1。遵循之前的计算,$i$ 国的均衡生产价格为 $p_i=1$,资本租金为 $r_i$,根据式(3-14)可以得到均衡产量为 $q_i=\sigma r_i$。

每个劳动者都拥有 $\kappa$ 单位的资本,那么整个经济体的资本总量为 $K=\kappa L$。其中,$K_1=kK$ 投资到国家 1,其余的 $K_2=(1-k)K$ 投资到国家 2。这里,国家 1 所

---

① 本节所介绍的模型被称为 FC 模型(footloose capital model)。在最早由 Martin and Rogers (1995)给出的分析中,也考虑了国内的运输费用。他们着重考察了基础设施建设在增强国际和国内运输能力方面的效果。而本节中所讲的国内运输费用为零的简单模型是 Baldwin et al. (2003)和 Ottaviano and Thisse (2004)的分析中用到的。

投入的资本份额 $k$ 与该国的企业份额相等,但并不一定要等于该国所拥有的资本份额 $\theta$。根据假设,各国的企业数量可以表示为下面的式子:

$$n_1 = kK = k\kappa L \quad n_2 = (1-k)K = (1-k)\kappa L \tag{5-1}$$

各国的总收入为

$$Y_1 = \theta L(1 + \kappa \bar{r}) \tag{5-2}$$

$$Y_2 = (1-\theta)L(1 + \kappa \bar{r}) \tag{5-3}$$

其中,$\bar{r} = \max\{r_1, r_2\}$。根据式(3-7)、式(3-9)、式(5-2)和式(5-3),以及 $p_i = 1$,$q_i = \sigma r_i$,我们可以得到工业产品的市场出清条件:

$$\mu \left[ \frac{\theta L(1 + \kappa \bar{r})}{n_1 + \phi n_2} + \frac{\phi(1-\theta)L(1 + \kappa \bar{r})}{\phi n_1 + n_2} \right] = \sigma r_1 \tag{5-4}$$

$$\mu \left[ \frac{\phi \theta L(1 + \kappa \bar{r})}{n_1 + \phi n_2} + \frac{(1-\theta)L(1 + \kappa \bar{r})}{\phi n_1 + n_2} \right] = \sigma r_2 \tag{5-5}$$

当 $k \in (0,1)$ 时,即在内点均衡,我们有 $r_1 = r_2 = \bar{r}$ 成立。这个式子与式(5-1)、式(5-4)和式(5-5)一起可以解出国家 1 的企业份额 $k$,进而得到下面的均衡企业份额

$$k^* = \theta + (2\theta - 1)\frac{\phi}{1-\phi} \tag{5-6}$$

这个式子只表示 $k^* \in (0,1)$ 时国家 1 的企业份额。如果 $k^* \geqslant 1$,所有的企业都将集聚在国家 1 而形成端点均衡。如果 $k^* \leqslant 0$,所有企业都集聚在国家 2 形成端点均衡。

式(5-6)与 4.2.2 中的单要素经济模型所得到的均衡企业份额式(4-10)相同,都表示大国拥有多于其人口份额的企业份额。这个结论还像在下一节针对更加一般的情况进行证明(引理 5.3.1)的那样,与大国是工业产品的净出口国家(即本地市场效应)等价。因此,不论是单要素经济模型还是双要素经济模型,只要两个国家的工资水平相同,那么关于企业区位的以下结论就是共同的。

**命题 5.2.1** 两国的工资水平相同的话,本地市场效应必然会出现。而且,本地市场效应与"大国拥有多于其人口份额的企业份额"是等价的。

**命题 5.2.2** 两国的工资水平相同的话,大国的人口份额 $\theta$ 越大,大国拥有的企业份额也越大。

**命题 5.2.3** 两国的工资水平相同的话,工业产品的贸易自由度 $\phi$ 越高,大国拥有的企业份额也越大。

为什么从单要素经济模型到双要素经济模型会得到完全相同的结果呢？如果工资差距不存在的话，两国差异化产品之间的价格差也不会产生。因此，如4.2.1和4.2.2所讲述的那样，企业的区位选择是由市场规模和竞争度的平衡所决定的。在模型中导入资本后，受影响的将会是市场规模。这是因为各国的收入在工资收入的基础上加上了资本收入。但是，两国的工资原本是相等的，加上的资本收入也是相等的，那么相对的市场规模就不会有变化（与人口规模成比例）。实际上，我们从式(5-4)、式(5-5)可以得到

$$\frac{\theta L(1+\kappa \bar{r})}{n_1+\phi n_2} = \frac{(1-\theta)L(1+\kappa \bar{r})}{\phi n_1+n_2}$$

因为个人收入$(1+\kappa \bar{r})$是相同的，所以这个式子与式(4-6)本质上是一样的。

$$\frac{国家1的市场规模}{国家1的竞争度} = \frac{国家2的市场规模}{国家2的竞争度}$$

这一平衡决定了企业的区位选择。所以，双要素经济模型能够得出与单要素经济模型的情形完全相同的结论。

但是，反过来说，如果存在工资差距，导入资本后的结果就有可能发生变化，这是因为相对的市场规模会发生变化。在下一节，我们将考虑包含农业部门运输费用的双要素经济模型，来探讨一下这个问题。

## 5.3 两国工资水平不同的情形：农产品的运输费用

这一节推广前一节的模型，考虑存在内生工资差距的模型。[②] 具体来说，与4.3节相同，假设农产品有运输费用，由此产生了工资差距的情况。其余的假设都与前一节相同。

与4.3节相同，将国家2的劳动作为计价物（工资为1），国家1的工资为$w$。农产品的价格、工业产品的价格以及工业产品的价格指数都与4.3节相同，分别用式(4-11)、式(4-13)和式(14-4)来表示。另外，从式(3-14)可以得到均衡生产量为

$$q_1 = \frac{\sigma r_1}{w} \quad q_2 = \sigma r_2 \tag{5-7}$$

---

[②] 这一节的分析是在Takatsuka and Zeng (2012b)的基础上进行的。关于命题的详细证明，可以参考这篇论文。

这表明了工资对供给面的影响。也就是说,在其他条件不变的情况下,工资越高,企业所设定的价格就越高,生产规模就会变小。

各国的总收入等于式(4-12)加上人均资本收入 $\kappa\bar{r}$。从上面的关系以及需求函数式(3-7)可以得到工业部门的市场出清条件如下:

$$\mu w^{-\sigma}\left[\frac{\theta L(w+\kappa\bar{r})}{w^{1-\sigma}n_1+\phi''' n_2}+\frac{\phi'''(1-\theta)L(1+\kappa\bar{r})}{w^{1-\sigma}\phi''' n_1+n_2}\right]=\frac{\sigma r_1}{w} \quad (5\text{-}8)$$

$$\mu\left[\frac{(1-\theta)L(1+\kappa\bar{r})}{w^{1-\sigma}\phi''' n_1+n_2}+\frac{\phi'''\theta L(w+\kappa\bar{r})}{w^{1-\sigma}n_1+\phi''' n_2}\right]=\sigma r_2 \quad (5\text{-}9)$$

与之前相同,从这两个等式就可以看出企业区位选择的基本机制。暂时限定考虑内点均衡,这样会有 $r_1=r_2=\bar{r}(\equiv r)$ 成立。在式(5-8)的两边分别乘以 $w$,再减去式(5-9),整理可得以下的等式:

$$\frac{[\theta(w+\kappa r)](w^{1-\sigma}-\phi''')}{w^{1-\sigma}n_1+\phi''' n_2}=\frac{[(1-\theta)(1+\kappa r)](1-w^{1-\sigma}\phi''')}{w^{1-\sigma}\phi''' n_1+n_2} \quad (5\text{-}10)$$

这个等式的直观解释与考虑了工资差距的单要素经济模型中的式(4-22)大致相同,即分母是竞争度,分子的第一项是市场规模,分子的第二项是国内产品对进口产品而言的价格优势。

$$\frac{国家1的市场规模 \times 国家1的价格优势}{国家1的竞争度}$$

$$=\frac{国家2的市场规模 \times 国家2的价格优势}{国家2的竞争度}$$

但是,接下来的两点与式(4-22)不同。第一点是在表示市场规模的那一项上加入了资本收入。在工资一定的情况下,这样会缓和市场规模差异。因为两国的人均资本收入是相同的。第二点是在价格优势差异这一方面得到的缓和。这从表示优势的 $w^{-\sigma}$ 变成 $w^{1-\sigma}$ 这一项中可以看出。在双要素经济模型中,工资越高,投入的劳动量就会越少,带来的影响也会减弱。③ 总的来说,导入了资本和在工资水平较高的国家里,既存在缩小市场规模差异的缺点,又存在缩小价格优势差异的优点。最终对企业的区位选择会有怎样的影响我们将在后面进行详述。

另外,在双要素经济模型中,贸易的收支并不一定要平衡。但是,贸易收支

---

③ 因为在这个模型中可变的投入只有劳动,所以尽管导入了资本,工业产品式(4-13)仍然不变。但是,从式(5-7)中可以看出,工资水平高的国家生产规模会缩小,对于工业部门的区位选择来说,这与缓和优势差异的效果相同。

的不平衡必须要通过资本收支来补偿,"贸易收支+资本收支=0"在各国成立。④ 此外,在4.3节成立的引理4.3.1在双要素经济模型中也成立。

**引理5.3.1** 在双要素经济模型中,(i)本地市场效应和(ii)大国拥有多于其人口份额的工业部门也是等价的。

**证明** 情形(a):所有的企业都集聚在大国。这时,(i)和(ii)同时成立。情形(b):所有的企业都集聚在小国。这时,(i)和(ii)都不成立。情形(c):在两个国家都有企业,且农产品无贸易。这时,根据贸易和资本的收支平衡,可以得知工业产品的净出口国就是资本的流入国。情形(d):在两个国家都有企业,大国进口农产品。这时,有 $w=\tau^a \geqslant 1$,故从式(5-7)可以得到 $x \leqslant x^*$。如果(ii)不成立,那么有 $n/n^* \leqslant \theta/(1-\theta)$,两国间在工业产品上投入的劳动力之比为 $nx/(n^* x^*) \leqslant \theta/(1-\theta)$。所以,大国在农业部门投入的劳动力应该是小国的 $\theta/(1-\theta)$ 倍以上。但是,如果计算对农产品需求之比的话,会得到

$$\frac{d_1^a}{d_2^a} = \frac{\frac{(w+\kappa r)L_1}{w}}{(1+\kappa r)L_2} = \frac{\frac{\kappa r}{w}+1}{\kappa r+1} \frac{\theta}{1-\theta} \leqslant \frac{\theta}{1-\theta}$$

这说明了大国不会进口农产品。这个矛盾表明(ii)是成立的。根据贸易和资本的收支平衡,(i)也成立。情形(e):企业在两个国家都有,大国出口农产品。与情况(d)的证明方法相同,可以证明(ii)不成立。这时,根据贸易和资本的平衡,(i)也不成立。

与4.3节相同,我们来探讨一下农产品的运输费用过高,以至于**两国间无法进行贸易的情况**。这个讨论只限定在内点均衡下进行。⑤ 因为各国的农业都是自给自足的,所以各国的农业劳动者数与各国的农业需求

$$d_1^a = \frac{(1-\mu)(w+\kappa r)\theta L}{w} \quad d_2^a = (1-\mu)(1+\kappa r)(1-\theta)L \quad (5-11)$$

应该相等。所以,工业的劳动者数表示如下:

$$\rho q_1 n_1 = \theta L - \frac{(1-\mu)(w+\kappa r)\theta L}{w} = \frac{[\mu w - (1-\mu)\kappa r]\theta L}{w}$$

$$\rho q_2 n_2 = (1-\theta)L - (1-\mu)(1+\kappa r)(1-\theta)L = [\mu-(1-\mu)\kappa r](1-\theta)L$$

---

④ 在双要素经济模型中,一个国家的收入与国内生产额是不相等的。要加上国内资本在海外投资所得到的回报,再减去海外资本在国内投资所流出的部分。这正是资本收支。所以"贸易收支+资本收支=0"成立。

⑤ 与4.3节中的单要素经济模型不同,即使农产品的贸易不存在,端点均衡(所有的企业都集聚在大国)也会产生。

从上面的两个式子与式(5-7)可以得到

$$\frac{n_1}{\theta L} = \frac{\mu - (1-\mu)\frac{\kappa r}{w}}{\frac{\kappa r(\sigma-1)}{w}} \qquad \frac{n_2}{(1-\theta)L} = \frac{\mu - (1-\mu)\kappa r}{\kappa r(\sigma-1)} \tag{5-12}$$

再结合式(5-1),知道资本租金可以由下式所决定:

$$r = \frac{\mu(\theta w + 1 - \theta)}{\kappa(\sigma - \mu)} \tag{5-13}$$

将上式代入式(5-12),可以计算出大国的企业份额为

$$k = \theta + \frac{\theta(1-\theta)(\sigma-\mu)(w-1)}{[1+(w-1)\theta](\sigma-1)}$$

这个式子说明了 $k > \theta$(从引理 5.3.1 知道,这和本地市场效应等价)与大国的工资比小国的工资高($w > 1$)是等价的。把式(5-12)和式(5-13)代入式(5-10),可以求出工资 $w$ 的方程式。对此进行分析可知,$w$ 是唯一的[6],$w = \tilde{\tau}^a$($>1$)。与 4.3 节的 $\tilde{\tau}^a$ 相同,$\tilde{\tau}^a$ 是能够切断贸易的最小农产品运输费用。也就是说,当 $\tau^a > \tilde{\tau}^a$ 时,农产品贸易无法进行;当 $\tau^a < \tilde{\tau}^a$ 时,贸易可以进行。于是,在后者的情形下,大国进口农产品,本地市场效应便会出现。[7]

以上的结论可以总结为下面的命题:

**命题 5.3.1** (i)当 $\tau^a < \tilde{\tau}^a$ 时,大国进口农产品;而当 $\tau^a \geq \tilde{\tau}^a$ 时,不存在农产品贸易。(ii)不论农产品的贸易是否存在,本地市场效应总会产生。

这与 4.3 节的单要素经济模型有明显的不同。也就是说,在双要素经济模型中,即使没有农产品贸易,仍会产生本地市场效应。单要素经济下,各国的农业呈现自给自足的状态,这意味着工业产品的贸易是平衡的。但是在双要素经济下,由于资本在国家间的移动,工业部门的贸易也就有可能不平衡了。

接下来我们来考虑一下为什么大国是工业的净出口国。如果大国比小国的工资要高,从式(5-7)我们可以知道,大国对每个企业的劳动投入会变小。此外,高工资意味着高的农产品价格和高收入,那么大国的相对收入($Y_1/Y_2 = (w+\kappa r)/(1+\kappa r)$)没有相对工资($w$)高,这是因为收入中也包含了两个国家相同的资本收入。所以,从式(5-11)可以看出,在大国,农业需求相对较小,对农业

---

[6] 参考 Takatsuka and Zeng(2012b,附录 A.4)。
[7] 参考 Takatsuka and Zeng(2012b,附录 A.2)。

部门的劳动投入也会变少。总的来说,大国的**每个企业的劳动投入少**(式(5-12)的分母)且**工业部门的劳动比例大**(式(5-12)的分子)。所以,大国的企业份额要大于人口份额,且当农产品是自给自足的状态时也会产生本地市场效应。与此相比,在单要素经济下,两个国家对每个企业的劳动投入是相同的,所以在农业自给自足的状态下,工业部门的劳动比例也是相同的,这样会导致企业份额等于人口份额。

## 5.4 两国工资水平不同的情形:舍弃农业部门

最后我们来看一下通过舍弃农业部门来产生工资差距的模型。这个模型有以下两个优点。第一,与带有农业部门的模型相比更加简单,更容易分析。存在农业部门时,会有很多种情况出现。是否存在农产品的贸易?是否为内点均衡?因此,分析变得很复杂。与此相比,当不存在农业部门时,就不需要考虑农产品的贸易,均衡也一定是内点均衡。第二,尽管如此,仍然可以得到本地市场效应、工资差距以及市场一体化所带来的倒 U 形发展趋势等迄今为止通过理论研究和实证研究得出的结论。

本节的模型只在 5.2 节的模型(或上一节的模型)中舍弃了农业部门。因此,与 $\mu=1$ 的情况相同,消费者的效用函数为

$$U = \left[\int_0^n q(i)^{\frac{\sigma-1}{\sigma}} di\right]^{\frac{\sigma}{\sigma-1}} \tag{5-14}$$

其余的假设都与 5.2 节相同。

因为没有了农业部门,所以各国的劳动市场出清条件可写为

$$\rho q_1 n_1 = \theta L \quad \rho q_2 n_2 = (1-\theta)L$$

这两个等式与式(5-1)、式(5-7)一起可以得到

$$r = \frac{\theta w + 1 - \theta}{\kappa(\sigma - 1)} \tag{5-15}$$

$$k = \frac{\theta w}{\theta w + 1 - \theta} \tag{5-16}$$

式(5-16)说明了企业份额和相对工资之间存在着非常简单的关系式。首先,两者是正相关的,企业份额增加,相对工资也一定会增加。其次,因为两国的工资

相等,所以企业份额和人口份额也一定会相等。式(5-16)还可以写成下面的式子:

$$k - \theta = \frac{\theta(1-\theta)(w-1)}{\theta w + 1 - \theta}$$

从这个式子可以看出,大国拥有比人口份额 $\theta$ 更多的企业份额 $k$ 和大国是工资较高的国家是等价的。而且关于前者,从贸易和资本的收支平衡可知它正是本地市场效应。以上的内容可以总结为下面的引理。

**引理 5.4.1** 在一部门双要素经济模型中,(i) 企业份额和相对工资正相关;(ii) 大国的工资率较高、大国拥有多于其人口份额的企业份额、本地市场效应,这三者是等价的。

引理 5.4.1(i)是以前的模型中没有的新性质。首先,关于一个部门单要素经济模型已经由 Krugman(1980)进行了分析。但如 4.3 节所述,虽然随着贸易自由度的变化工资也会变化,可是由于贸易平衡,企业的份额是不变的。所以,两者之间是没有关系的。其次,在带有农业部门的两部门单要素经济模型中,企业份额随着贸易自由度的变化而变化,但工资并不一定会随之而变化。如果没有农业部门,企业份额增加,那么工业劳动的需要也会增加,工资就会上升。但是,如果存在农业部门,当劳动力不足时,可以通过农业部门来调整劳动力供给,由此减少的农产品的供给可以依靠进口来补充。因此,当农产品有贸易时,工资水平也不会上升。

另外,引理 5.4.1(ii)的结论在前一节的模型中也是成立的。根据引理 5.3.1 和命题 5.3.1,只要农业部门的运输费用是正的,那么这三者就总是成立的。

## 5.4.1 工资方程式的性质

将式(5-1)、式(5-15)和式(5-16)代入式(5-10),可以得到如下的决定工资的方程式[8]

$$F(w) \equiv Q_0(w) + Q_1(w)\phi + Q_2(w)\phi^2 = 0 \tag{5-17}$$

其中,

---

[8] 式(5-10)中的 $\phi^m$ 在这里只简单地用 $\phi$ 来表示。

$$Q_0(w) \equiv (w-1)\theta(1-\theta)$$
$$Q_1(w) \equiv w^{2-\sigma}[(1-\theta)w^{2\sigma-3}-\theta]\sigma$$
$$Q_2(w) \equiv \theta(\sigma-1+\theta)w-(1-\theta)(\sigma-\theta)$$

我们把式(5-17)称为**工资方程式**。

工资方程式(5-17)是 $w$ 的隐函数,而且含有 $w$ 的指数项。所以,对于一般的 $\sigma$,没有 $w$ 的显式解。在 $\sigma=2$ 的特殊情况下,可解出 $w$:

$$w^* = 1 + \frac{2(2\theta-1)(1-\phi)\phi}{2\phi(1-\theta)+\theta(1-\theta)+\theta(1+\theta)\phi^2}$$

图 5.2 呈现的是大国的工资曲线。横轴是贸易自由度 $\phi$。图中展示了 $\theta=0.6$ 和 $\theta=0.8$ 两种情况。从图中我们可以看出:第一,当 $\phi\in(0,1)$ 时,$w>1$ 成立。每个家庭的资本收入都是相等的。工资收入高也就意味着大国的居民收入更高。第二,随着贸易自由度变大,工资会呈现出倒 U 形的变化。具体表现为 $w$ 在 $\phi\in(0,\phi^\#)$ 时单调递增,在 $\phi\in(\varphi^\#,1)$ 时单调减少。其中,

$$\phi^\# \equiv \frac{\sqrt{2\theta(1-\theta)}-\theta(1-\theta)}{2-\theta+\theta^2}$$

以上的性质对于一般的 $\sigma$ 也成立。[⑨]

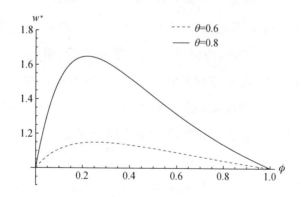

**图 5.2 大国相对工资的倒 U 形曲线**

**引理 5.4.2** (i) 工资方程式(5-17)有唯一的解 $w^*$,对于任意的 $\phi\in(0,1)$,都有 $w^*\in(1,\infty)$。进一步,$\partial F(w^*)/\partial w>0$ 也成立。(ii) 当 $\phi=0,1$ 时,$w^*=1$。(iii) 存在一个 $\phi^\#\in(0,1)$,当 $\phi\in(0,\phi^\#)$ 时,$w^*$ 是 $\phi$ 的增函数,当 $\phi\in(\phi^\#,1)$ 时,$w^*$ 是 $\phi$ 的减函数。

---

⑨ 证明参照 Takahashi et al.(2013,附录 A-C)。

## 5.4.2 均衡的特征

从引理 5.4.2 立即可以得出几个结论。第一,从引理 5.4.2(i)可以得出以下的命题。

**命题 5.4.1** 如果 $\phi \in (0,1)$,本地市场效应总会产生,而且这时大国的工资总是更高。

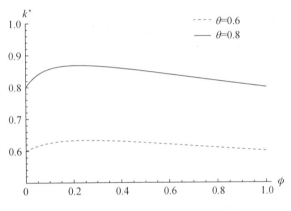

图 5.3 大国企业份额的倒 U 形曲线

这个结论可以进行如下的直观说明。如果工业产品的贸易无法进行($\phi \to 0$),企业份额与人口份额相等,两国的工资也是相等的(引理 5.4.2(ii))。但是,如果贸易能够进行的话,在对方国家也会出现竞争对手。在企业原本较多的大国,新的竞争所带来的影响较弱,但在企业较少的小国,这个影响就会比较强。因此,在大国选址对企业来说是有利的。在大国选址的企业越多,对劳动的需求也会增加,那么大国的工资就会变高。与前一节的结论(命题 5.3.1)相结合,我们知道在双要素经济模型中,不论农业部门是否存在,这个结论都成立,可以认为它是非常一般的结果。

在这里,我们来介绍一下 OECD(经济合作与发展组织)各个国家的法人税的数据。[10] OECD 的各个国家中,我们把人口在 2 000 万人以下的国家称为"小国"(具体说来,有奥地利、比利时、芬兰、希腊、爱尔兰、荷兰、挪威、葡萄牙、瑞典、瑞士),把人口在 2 000 万以上的国家称为"大国"(具体说来,有澳大利亚、加拿大、

---

[10] 数据来源于 Devereux et al. (2002)。

法国、德国、意大利、日本、西班牙、美国）。表 5.1 列出的是从 1982 年到 2005 年 OECD 中大国和小国的平均法人税率。其中的 Δ 是"大国的平均税率－小国的平均税率"。我们可以看出，在所有年份大国税率都在小国税率之上。这可以通过命题 5.4.1 给出如下的解释。在不考虑税的情况下，大国拥有多于其人口份额的企业份额将导致资本从小国流向大国。这是因为在大国选址所得到的利润要高于在小国得到的利润。这个利润的差称为**集聚租**（agglomeration rent）（参考 Baldwin and Krugman，2004 以及本书的 13.2 节）。如果这种集聚租存在，就算大国的税率比小国的要高一些，企业也不会离开大国。正因为集聚租的存在，大国会出现汇率增高的倾向。

表 5.1　OECD 国家的平均法人税率　　　　　　　　　　（%）

| 年份 | 大国 | 小国 | Δ | 年份 | 大国 | 小国 | Δ |
| --- | --- | --- | --- | --- | --- | --- | --- |
| 1982 | 48 | 47 | 1 | 1994 | 40 | 31 | 9 |
| 1983 | 49 | 47 | 2 | 1995 | 42 | 31 | 11 |
| 1984 | 49 | 46 | 3 | 1996 | 42 | 32 | 10 |
| 1985 | 48 | 46 | 2 | 1997 | 42 | 32 | 10 |
| 1986 | 47 | 45 | 2 | 1998 | 40 | 31 | 9 |
| 1987 | 46 | 43 | 3 | 1999 | 39 | 31 | 8 |
| 1988 | 44 | 43 | 1 | 2000 | 38 | 31 | 7 |
| 1989 | 43 | 40 | 3 | 2001 | 36 | 31 | 5 |
| 1990 | 42 | 38 | 4 | 2002 | 36 | 31 | 5 |
| 1991 | 42 | 36 | 6 | 2003 | 36 | 30 | 6 |
| 1992 | 42 | 33 | 9 | 2004 | 36 | 30 | 6 |
| 1993 | 41 | 32 | 9 | 2005 | 35 | 28 | 7 |

5.2 节中得到的命题 5.2.2 的结论在这里也成立。

**命题 5.4.2**　大国的企业份额和相对工资是它的人口份额的递增函数。

**证明**　在式(5-8)和式(5-9)中，根据 $r_1 = r_2 = \bar{r} = r$，$\mu = 1$ 可以得到

$$\frac{\theta(w+r)L}{w^{1-\sigma}n_1 + \phi n_2} = \frac{\sigma r(w^{\sigma-1} - \phi)}{1 - \phi^2} \qquad \frac{(1-\theta)(1+r)L}{w^{1-\sigma}\phi n_1 + n_2} = \frac{\sigma r(1 - \phi w^{\sigma-1})}{1 - \phi^2}$$

因为两个等式的左边都是正的，所以可以得出工资的范围：

$$\phi < w^{\sigma-1} < \frac{1}{\phi} \tag{5-18}$$

另外，函数 $F(w)$ 与大国的人口份额也是相关的，所以把 $F(w)$ 写成 $F(w,\theta)$。函数 $F(w,\theta)$ 关于 $\theta$ 的偏微分是

$$\frac{\partial F(w^*,\phi)}{\partial \theta} = -(2\theta-1)(w^*-1)(1-\phi^2) -$$
$$\sigma\phi[w^{*\sigma-1} - \phi + w^*(w^{*1-\sigma} - \phi)] < 0$$

其中的不等式可以由式(5-18)得到。根据引理 5.4.2(i)和隐函数定理可得

$$\frac{\partial w^*}{\partial \theta} = -\frac{\frac{\partial F(w^*,\theta)}{\partial \theta}}{\frac{\partial F(w^*,\theta)}{\partial w}} > 0$$

另外,根据式(5-16),在其他条件不变的情况下,大国的企业份额是相对工资和人口份额的增函数。所以大国的企业份额是人口份额的递增函数。

接下来根据引理 5.4.2(ii)我们可知,在完全没有运输费用和运输费用无限大(不存在贸易)的情况下,两国的工资是均等的。从引理 5.4.1(ii)可以看出,本地市场效应也是不存在的。也就是说,本地市场效应产生的条件是,运输费用是正的,并且是有限的。传统的国际经济学往往局限于分析不需要运输费用或者完全没有贸易的情形。这里的结果告诉我们,这些情形都过于特别了。

最后,引理 5.4.2(iii)讲述了在运输费用下降时,本地市场效应是如何变化的。与式(5-16)结合可以得到以下的结论。

**命题 5.4.3** 大国的企业份额和相对工资随着贸易自由度的增大而呈现出倒 U 形变化。

这与 5.2 节中得到的命题 5.2.3 形成了对比。当 $\sigma=2$ 时,图 5.2 和图 5.3 分别显示出大国的相对工资和企业份额的变化。

命题 5.4.1 说明了为什么贸易存在时本地市场效应会产生。如果贸易存在,小国的竞争就会变得激烈,所以大国的企业就会增加,工资也会上升。但是当运输费用足够小时,在任何一个国家选址的企业的竞争程度都是相同的。所以人工费(工资)代替运输费用成了决定企业区位选择的重要因素。企业回到小国(工资较低的国家)也是出于这个原因。与此同时,大国的工资也开始呈现出下降的趋势。

随着经济的发展,收入的区域差异呈现出倒 U 形的变化得到很多实证分析的支持。威廉姆森(Williamson,1965)是其中的代表。他用美国各州的收入数据,说明了随着该国经济的发展,区域间的收入差距呈倒 U 形变化。引起这种收入差距变化的原因有很多。可以说本模型所示的由运输费用降低所导致的机制

便是其中之一。

此外,也存在支持企业的区位选择呈现倒 U 形变化的实证研究(Barrios and Strobl,2009)。另外还有其他基于新贸易理论和新经济地理学的有关企业区位选择的模型。[11] 但是这些模型都是包含农业部门的,结论便与农业部门的各种假设(运输费用、生产技术、产品的差异化等)有关。而本模型的结果表明,即使舍弃了农业部门,只要有可以移动的资本,企业选址和工资差距就都会呈现出倒 U 形的变化。

## 5.5 小结

本章我们在继承前一章新贸易理论模型框架的基础上,导入了在国家间可以移动的资本,阐述了双要素经济模型。表 5.2 对前一章和这一章各节的模型设定进行了整理。

表 5.2 第 4 章和第 5 章模型的整理

|  | 单要素经济模型 | 双要素经济模型 |
| --- | --- | --- |
| 农业部门无运输费用 | 4.2.2 | 5.2 节 |
| 农业部门有运输费用 | 4.3 节,4.4 节 | 5.3 节 |
| 无农业部门 | 4.3 节 | 5.4 节 |

根据以上的分析可以得出以下几点结论:第一,导入了在国家间可以移动的资本之后,不论运输费用的多少,本地市场效应都会产生。特别是,与单要素经济模型不同,不论农产品的贸易是否存在,都会有本地市场效应。第二,根据这个我们可以清晰地看出在国家间可以移动的资本对企业区位选择的影响。资本在国家间的移动会吸收工业产品的贸易不均衡。换言之,资本有促使规模报酬递增产业集聚的作用。第三,反过来,只要导入了可以在国家间移动的资本,就可以很好地说明本地市场效应、工资差距、区位选择和收入的倒 U 形变化等在理

---

[11] 4.3 节所介绍的模型是从农产品运输费用角度进行的分析。Krugman and Venables(1990)、Venables(1996)和 Puga(1999)的模型根据农业部门的规模报酬递减技术进行了分析。另外,Zeng and Kikuchi(2009)分析的是各国的农产品为差异化产品的情况下如何得到这些模式。

论研究和实证研究中所得出的结论。[12]

本章结果是基于 CES 框架得出的。最近 Chen and Zeng（2018）考虑了更为一般的效用形式。结果发现即使在双要素的两国模型里，以企业分布描述的本地市场效应也并不一定会产生。

**习题 5.1** 在本章的模型中，假定了海外直接投资和本国投资相比，不产生其他的费用。但在现实生活中往往会有各种各样其他的费用，列举一下可能会有什么样的费用。

---

[12] 5.4 节所介绍的模型可以推广到更一般的经济空间。例如，Tan and Zeng（2014）分析了生产技术和资源有比较优势的情况。Zeng and Uchikawa（2014）将其推广到多个国家的情形。另外，Zeng（2016）分析了资本的移动费用对企业区位选择和劳动者工资的影响，Takatsuka and Zeng（2016）考虑了贸易费用不对称的情况，分析了非关税贸易保护的效果。

# 第6章
# 新经济地理学和均衡的稳定性

## 6.1 引言

在1.6节中我们曾说到,俄林在他的著作《地区间贸易和国际贸易》(*Interregional and International Trade*,1933)中提到,国际贸易理论原本就是考虑到运输费用和生产要素移动可能性的选址理论。也就是说,可以认为上一章考虑了资本在国家间移动和在企业间移动的模型与俄林本来的贸易理论是很接近的。然而,尽管如此,这些模型也只能说是"国际贸易"(international trade)的模型,却不能被称作"区域间贸易"(interregional trade)的模型,因为在国家内区域之间的工人移动是不可以被忽视的。

但是,规模报酬递增和运输费用带来产业集聚的逻辑在工人可以移动的情况下也是有效的。实际上关于这个想法的分析是由新贸易理论的创始人克鲁格曼开始的(Krugman,1991)。这就是**新经济地理学**(New Economic Geography,NEG)的诞生。克鲁格曼(Krugman,2009)这样说道:

> 为什么地理学会被贸易理论家忽视呢?主要是因为从地理的角度来看,规模报酬递增很明显地发挥了中心作用。事实上,没有人认为硅谷受惠于拥有充足的生产要素,具有李嘉图的比较优势(上帝创造圣克拉拉并不是为了让它生产半导体,而是为了生产杏果)。贸易理论家一直在规模报酬递增的问题上徘徊,对经济地理学则一直不闻不问。

本章首先在以前模型的基础上导入了工人在区域间的移动,以此来观察模型是怎样变化的。其次,考虑到工人的移动可能会带来之前模型中所没有的"多个均衡",为了探讨哪一种均衡比较容易实现,有必要进行稳定性分析。

## 6.2 前方关联效应和后方关联效应

在发展经济学领域，赫希曼（Hirschman，1958）总结了关于产业间相互影响的**前方关联效应**（forward-linkage effect）和**后方关联效应**（backward-linkage effect）。简单地说明一下。在图 6.1 中有 A、B、C 三个产业，A 产业向 B 产业出售产品，B 产业向 C 产业出售产品，产业间存在着相互关联。这时，假定出现了对 B 产业的发展造成影响的外部冲击，这种冲击对其他产业会造成怎样的影响呢？首先是对向 B 产业出售产品的 A 产业造成影响。如果 B 产业扩大生产，那么 A 产业的销售额就会扩大。从 B 产业的角度来看，影响的是处于"后方（上流）"的产业，所以叫作后方关联效应。其次是对从 B 产业购买产品的 C 产业造成影响。如果 B 产业扩大生产，产品的价格就会下降，产品的质量就会提升。这对 C 产业来说是好的影响。从 B 产业的角度看，影响的是处于"前方（下游）"的产业，所以叫作前方关联效应。

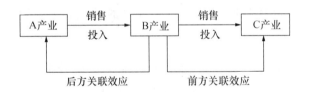

图 6.1　前方关联效应和后方关联效应

同样的想法也适用于企业和家庭（劳动者）。企业要从家庭中雇用劳动力，这就意味着，家庭在企业的上游。但是，家庭从企业购买产品，也可以说企业在家庭的上游。所以企业和家庭的关系如图 6.2 所示，是一种无限循环的关系。

我们从这张图来看一下企业和家庭之间会发生的前方关联效应和后方关联效应。首先看图 6.2 的虚线方框。一方面，如果某地的家庭增加，市场规模就会扩大，那么就会对在该地售卖商品的企业产生有利的影响。这叫作**"从家庭到企业的后方关联效应"**。另一方面，如果家庭增加，劳动力的供给也会增加，工资就会下降，这也会给雇用工人的企业带来有利的影响。这叫作**"从家庭到企业的前方关联效应"**。无论是哪种效应对企业都是有利的，所以该地的企业数量会增加。但需要注意的是，如果企业数量增加了，今后的劳动需求也会增加，工资就

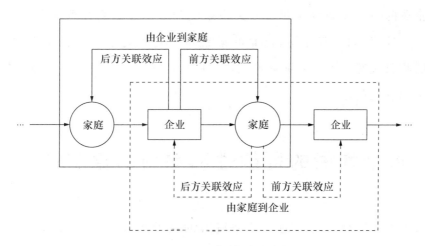

图 6.2 企业和家庭(劳动力)的关系

会上升,那么企业间的竞争就会变得更加激烈,使企业数量减少。

接下来看一下图 6.2 的实线方框。一方面,如果某地的企业数量增加,劳动需求也会增加,工人的工资就会上升,这对在该地工作的家庭来说是有利的影响。这被叫作"**从企业到家庭的后方关联效应**"。另一方面,如果企业数量增加,在该地生产的产品的种类也会增多。这对消费产品的家庭来说是有利的。这被叫作"**从企业到家庭的前方关联效应**"。不论是哪种效应对家庭都是有利的,所以该地的家庭数量会增加。但是家庭数量的增加会带来居住费用和通勤费用等城市费用的上升,这也会导致家庭数量的减少。

现在假设有包括企业和家庭(劳动力)在内的各方面都对称的两个区域。此时有一个外生冲击使一些家庭从一个区域移动到另一个区域。这时,这个冲击会对企业产生前方关联效应和后方关联效应。由此企业数量会增加,同时工资上升,竞争变得更加激烈。而企业数目由这些效应的平衡所决定。从第 4 章、第 5 章我们知道,市场规模、价格优势和竞争度三者间的平衡可以决定企业的区位选择。所以,增加家庭的数目会导致在同一个区域里增加比例更大的企业,这种现象在前面被称为本地市场效应。

如果在这种外生冲击下,并不会进一步引起内生的工人移动,那么故事就到此为止。但是如果内生的工人移动是可能的话,那么企业数量的增加可能会反过来导致今后家庭数量的增加。该地生产的产品种类增加会带来工资的上升,因为产生了"从企业到家庭的前方关联效应和后方关联效应"。这与 1.3 节中所讲述的家庭的选址因素(消费的多样性、工资收入)相对应。这样一来,如果"从家庭到企业的前方关联效应和后方关联效应"和"从企业到家庭的前方关联效应和后方关联效应"同时起作用，企业的集聚和家庭的集聚就会相互强化，可能产生**集聚的积累过程**（滚雪球现象）。这是在新贸易理论中没有涉及的，是新经济地理学所固有的问题。

## 6.3　多个均衡的可能性和均衡的稳定性

　　导入工人在区域间的移动给模型造成的这种影响，会在分析时带来新的问题。这就是多个均衡和均衡选择的问题。

　　首先来看一下工业部门只由一种产业构成的简单情形。企业由可以移动的熟练工人来经营，他们的生产技术是相同的。整个经济体由区域 1 和区域 2 构成，区域 1 的熟练工人份额为 $\lambda$。在区域 $i$ 内可以移动的家庭的效用为工人分布的函数，用 $u_i(\lambda)$ 来表示。① 假设不考虑区域间移动的成本，可以移动的家庭会向效用水平较高的地区移动。所以，在均衡状态下，任何区域都应该享受同样的效用水平 $u^*$。一般情况下，如果 $u^*$ 存在，且满足下面的关系式：

$$如果\ \lambda^* \in (0,1), \quad 那么\ u_i(\lambda^*) = u^*$$
$$如果\ \lambda^* = 1, \quad 那么\ u_2(\lambda^*) \leqslant u_1(\lambda^*) = u^*$$
$$如果\ \lambda^* = 0, \quad 那么\ u_1(\lambda^*) \leqslant u_2(\lambda^*) = u^*$$

工人的分布 $\lambda^*$ 就被称为均衡。这里的不等式表示的是"向没有人的区域移动后的效用比向有人的区域移动后的效用低"。我们知道，如果效用函数 $u_i(\lambda)$ 是连续的，均衡必然会存在（Ginsburgh, Papageorgiou, and Thisse, 1985）。在均衡 $\lambda^*$ 中，如果任何区域都有熟练工人（$\lambda^* \in (0,1)$），这个均衡就被称为**内点均衡**或**内点解**，否则称为**端点均衡**或**端点解**。

　　如果两个区域的性质完全相同，那么工人的分布 $\lambda = 1/2$ 一定是均衡的。但是，如前一节所述，在集聚的积累过程出现时，这个均衡并不一定是唯一的均衡，也就是说，工人偏向于某个区域的分布也有可能成为均衡。因此，为了探讨哪一

---

　　① 当然，正如一般的经济学所教的那样，消费者的间接效用函数是他们购买商品时的价格和收入的函数。但是在这里，如果给定工人的分布，那么根据企业利润的最大化和产品市场的均衡，各个区域的价格和收入也可以立即确定下来，所以说效用仅为工人分布的函数。

个均衡比较容易实现,有必要对均衡的稳定性进行分析。某个均衡是**稳定**的(严格来说是渐近稳定的),是指从稍微偏离这个均衡的状态之处出发,经过足够的时间最终还会回到原本的状态;相反,从稍微偏移均衡状态之处出发后最终不会回到原本状态的均衡被称作不稳定均衡。当然,可以认为稳定均衡比不稳定均衡更容易实现。

一般来说,稳定性依赖于用于描述移动的动态系统。在与人口移动相关的研究中,下面的复制动态(replicator dynamics)被广泛应用:

$$\frac{d\lambda}{dt} = \lambda(1-\lambda)[u_1(\lambda) - u_2(\lambda)] \tag{6-1}$$

这里的符号 $t$ 表示时间。工人为了追求更高的效用,如果区域 1 的效用比区域 2 高,$\lambda$ 便会增加;相反,如果区域 1 的效用比区域 2 低,$\lambda$ 便会减少。动态系统(6-1)就体现出这种移动特性。此外,工人的移动速度也正比于这两个区域的人口份额 $\lambda$ 和 $1-\lambda$。这时,内点均衡 $\lambda^*$ 稳定的条件为[②] $u_1'(\lambda^*) < u_2'(\lambda^*)$。

这种稳定条件是很容易直观理解的。将式(6-1)的右边改写为 $f(\lambda)$:

$$\frac{d\lambda}{dt} = f(\lambda) \tag{6-2}$$

此时,均衡 $\lambda^*$ 为 $f(\lambda)=0$ 的解,上述的稳定性条件可以写为 $f'(\lambda^*)<0$。图 6.3 描绘了有两个均衡 $\lambda^1$ 和 $\lambda^2$ 的情况。首先来看左边的均衡 $\lambda^1$。如果人口分布恰巧从 $\lambda^1$ 变化到 $\lambda^1 - \Delta\lambda$,因为 $f(\lambda^1 - \Delta\lambda)>0$,那么式(6-2)为正,人口份额 $\lambda$ 便会增加;相反,当人口分布从 $\lambda^1$ 变化到 $\lambda^1 + \Delta\lambda$ 时,$f(\lambda^1 + \Delta\lambda)<0$,那么式(6-2)为负,人口份额 $\lambda$ 便会减少。换句话说,有一种力量可以使偶然发生的均衡偏移再次回到均衡状态。这种力量是由 $f'(\lambda^1)<0$ 所产生的。因此,$f'(\lambda^1)<0$ 是均衡 $\lambda^1$ 的稳定性条件。同样地,在右边的均衡 $\lambda^2$ 中,$f'(\lambda^2)>0$ 成立。人口份额 $\lambda$ 增加时,式(6-2)为正,所以人口会进一步增加,越来越远离均衡。也就是说,这个均衡是不稳定的。在图 6.3 中,实心点表示稳定均衡,空心点表示不稳定均衡。

以上的结果可以推广到多产业的情况。现在我们假定在工业部门有 $K \geq 1$ 种产业。各个产业所必需的技术是不同的,熟练工人不能在产业间移动。因此,如果 $\lambda_k \in [0,1]$ 是产业 $k$ 的熟练工人在区域 1 选址的比例,那么 $1-\lambda_k$ 则是相同的熟练工人在区域 2 选址的比例。可能的工人分布集合为

---

② 根据 Tabuchi and Zeng(2004)可知,这种稳定性的条件对于式(6-1)这样更加一般的动态系统也成立。

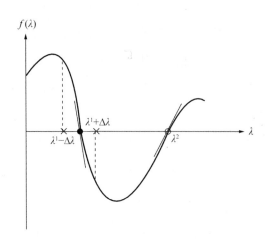

图 6.3 稳定性条件

$$\Lambda = \{\boldsymbol{\lambda} = (\lambda_1, \cdots, \lambda_K)^{\mathrm{T}} \mid 0 \leqslant \lambda_k \leqslant 1\}$$

假设每个区域每个产业的居民效用由工人分布的函数给出,表示为 $u_{ik}(\boldsymbol{\lambda})$。居民向效用水平较高的地区移动。均衡状态下,在任何地区,同一产业的所有人都会享有相同的效用 $u_k^*$。也就是说,如果存在 $u^*$,满足

如果 $\lambda_{ik}^* > 0$, 那么 $u_{ik}(\boldsymbol{\lambda}^*) = u_k^*$

如果 $\lambda_{ik}^* = 0$, 那么 $u_{ik}(\boldsymbol{\lambda}^*) \leqslant u_k^*$

工人分布 $\boldsymbol{\lambda}^* \in \Lambda$ 就被称为均衡。其中,$\lambda_{1k}^* = \lambda_k^*$, $\lambda_{2k}^* = 1 - \lambda_k^*$。即使在这种情况下,我们也知道只要效用函数 $u_k(\boldsymbol{\lambda}^*)$ 是连续的,那么均衡一定是存在的(Ginsburgh, Papageorgiou, and Thisse, 1985)。在均衡 $\boldsymbol{\lambda}^*$ 时,如果任何区域任何产业都有熟练工人($\lambda_k^* \in (0,1)$),这个均衡就被称为**内点均衡**或**内点解**,否则称为**端点均衡**或**端点解**。

将式(6-2)一般化,多产业情况下的工人移动遵循动态系统

$$\frac{\mathrm{d}\boldsymbol{\lambda}}{\mathrm{d}t} \equiv \begin{bmatrix} \dfrac{\mathrm{d}\lambda_1}{\mathrm{d}t} \\ \vdots \\ \dfrac{\mathrm{d}\lambda_K}{\mathrm{d}t} \end{bmatrix} = \begin{bmatrix} f_1(\boldsymbol{\lambda}) \\ \vdots \\ f_K(\boldsymbol{\lambda}) \end{bmatrix} \qquad (6-3)$$

这个微分方程式在均衡 $\boldsymbol{\lambda}^*$ 旁的线性近似可以写为如下形式

$$\frac{\mathrm{d}\boldsymbol{\lambda}}{\mathrm{d}t} = A(\boldsymbol{\lambda} - \boldsymbol{\lambda}^*)$$

其中，矩阵 $A$ 定义为

$$A \equiv \begin{bmatrix} \dfrac{\partial f_1(\boldsymbol{\lambda}^*)}{\partial \lambda_1} & \cdots & \dfrac{\partial f_1(\boldsymbol{\lambda}^*)}{\partial \lambda_K} \\ \vdots & \ddots & \vdots \\ \dfrac{\partial f_K(\boldsymbol{\lambda}^*)}{\partial \lambda_1} & \cdots & \dfrac{\partial f_K(\boldsymbol{\lambda}^*)}{\partial \lambda_K} \end{bmatrix}$$

此时，我们知道有以下的定理。[3]

**定理 6.3.1** 如果矩阵 $A$ 所有特征值的实部都为负，那么动态系统 (6-3) 的均衡 $\boldsymbol{\lambda}^*$ 为渐近稳定。如果矩阵 $A$ 特征值的实部有一个为正，那么均衡 $\boldsymbol{\lambda}^*$ 不稳定。

据此可以得到下面的推论。

**推论 6.3.1** 如果动态系统 (6-3) 的均衡 $\boldsymbol{\lambda}^*$ 是渐近稳定的，那么有 $\mathrm{Tr}(A)<0$，$|A|>0$。而且，在矩阵 $A$ 为 $2\times 2$ 矩阵时，$\mathrm{Tr}(A)<0$ 且 $|A|>0$ 是 $\boldsymbol{\lambda}^*$ 为渐近稳定的充要条件。

**证明** 矩阵 $A$ 的特征方程为

$$t^K - \mathrm{Tr}(A) t^{K-1} + \cdots + (-1)^K |A| = 0$$

另外，如果矩阵 $A$ 的特征值用 $t_1, t_2, \cdots, t_K$ 来表示，那么根据特征值和特征方程的定义可以得到

$$\sum_{k=1}^{K} t_k = \mathrm{Tr}(A) \quad \prod_{k=1}^{K} t_k = (-1)^K |A| \tag{6-4}$$

如果矩阵 $A$ 的所有特征值的实部都为负，就有

$$\sum_{k=1}^{K} t_k < 0 \quad \mathrm{sgn} \prod_{k=1}^{K} t_k = \mathrm{sgn}(-1)^K$$

所以可得 $\mathrm{Tr}(A)<0$，$|A|>0$。最后，当矩阵 $A$ 为 $2\times 2$ 矩阵时，如果 $\mathrm{Tr}(A)<0$ 且 $|A|>0$，根据式 (6-4) 和简单的计算可知矩阵 $A$ 所有特征值的实部都为负。

另外，如果矩阵 $A$ 是对称矩阵，那么特征值全为实数。这些特征值全为负等价于矩阵 $A$ 是负定矩阵（negative definite），也等价于矩阵 $A$ 所有的奇数阶（偶数阶）主子式全为负（正）。[4] 因此，如果矩阵 $A$ 的 $k$ 阶主子式为 $A_k$，由定理 6.3.1 可以得到下面的推论。

---

[3] 证明可以参考小山 (2011)。
[4] 比如，可以参考小山 (2010)。

**推论 6.3.2** 假定矩阵 $A$ 为对称矩阵。这时,当且仅当 $(-1)^k|A_k|>0$($k=1,\cdots,K$)时,动态系统(6-3)的均衡 $\lambda^*$ 为渐近稳定。

**习题 6.1** 总结一下负定矩阵的定义及判定方法。

# 第7章
# 中心-外围模型

## 7.1 引言

  正如前一章所述,克鲁格曼拓展了自己的国际贸易模型(Krugman,1980),建立了一个描述企业在一个国家内进行选址,并研究考虑区域间人口移动的新区域经济模型(Krugman,1991)。这项研究与之前基于技术外部性的区域经济(城市体系)模型(例如 Henderson,1974)相比,在以下两方面大不一样。第一,企业区位选址和人口移动的机制,是基于前一节所述的"关联效应"。具体来说,需求主体倾向于在提供产品和服务的主体聚集的地方选址——"由企业到家庭的关联效应"。与此相反,供给主体往往倾向于在需求主体聚集的地方选址——"从家庭到企业的关联效应"。这两种力量相互强化,成为集聚的力量。在现实世界中,可以认为技术外部性和关联效应是同时存在的(Marshall,1920)。在这个意义上,可以说这两种方法是互补的。第二,在克鲁格曼的方法中,因为没有假设技术外部性,所以经济的均衡状态全部可以由偏好和技术等基本结构参数进行描述。在应用构建的模型进行政策分析时,这一点是很有用的(Fujita and Thisse,2002)。此外,在假设技术外部性的方法中,因为集聚产生的根源可以说是被"黑盒子化",那么由此方法衍生的政策含义有可能是模糊的。

  在这一章中,我们介绍成为新经济地理诞生契机的克鲁格曼的中心外围模型(core-periphery model)。另外,正如下面将要介绍的那样,该模型分析起来比较困难,很多分析必须依赖数值模拟。这一点在不断得到改善,我们也会介绍一个能导出与克鲁格曼模型几乎相同结果的模型——福斯里德和奥塔维亚诺模型。

## 7.2 模型

在这里对 4.2.2 中的模型进行如下的更改。第一,4.2.2 中所有的工人都是同质的,但是在这里有两种工人。具体来说,是"熟练工人"(skilled worker)和"非熟练工人"(unskilled worker),他们各自的总数是外生给定的。第二,工业部门只雇用熟练工人,而农业部门只雇用非熟练工人。但是,与 4.2.2 相同,工业部门是在垄断竞争下使用规模报酬递增技术进行生产,而农业部门是在完全竞争下使用规模报酬不变技术生产。第三,非熟练工人不能在两个区域间移动,而熟练工人可以自由移动。另外,迄今为止我们把两个区域称为"国家",但是今后考虑到工人的移动,我们将其称为"区域"。本章与 4.2.2 的模型一样,假设工业部门的运输要花费冰块型运输费用,而农业部门不需要花费运输费用。因为把农产品作为计价物,所以非熟练工人的工资为 1。农业部门的运输费用将会在后文中进行讨论。

### 7.2.1 克鲁格曼模型

克鲁格曼原始的模型假设工业生产仅由熟练工人进行,而非熟练工人只从事农业生产。由于各种工人的总数是固定的,所以工人不能在部门间移动。与 4.2.2 相同,工业生产的固定劳动投入为 $F$,边际劳动投入为 $\rho$。如果在区域 $r(=1,2)$ 的熟练工人的工资用 $w_r$ 表示,那么根据式(3-12)和式(3-15),区域 $r$ 的均衡出厂价、均衡产量和均衡劳动力投入分别为

$$p_r = w_r \quad q_r = F\sigma \quad l_r = F\sigma \tag{7-1}$$

另外,如果区域 $r$ 的熟练工人数为 $H_r$,那么在此选址的企业数为

$$n_r = \frac{H_r}{l_r} = \frac{H_r}{F\sigma} \tag{7-2}$$

而且,因为总需求量(式(3-10))与企业的生产量 $q_r$ 是相等的,所以可以得到下面的等式

$$w_r^\sigma = \frac{\mu}{F\sigma}(Y_r P_r^{\sigma-1} + Y_s P_s^{\sigma-1}\phi) \tag{7-3}$$

根据式(7-2),由于总的企业数是固定的,假设为 1。总的工人数也设定为 1,其中,$\mu$ 为熟练工人数,$1-\mu$ 为非熟练工人数,因此,由式(7-2)可以得到 $F=\mu/\sigma$,将其代入式(7-1),得到 $q_r=l_r=\mu$。非熟练工人数 $L_r$ 在两个区域是相同的,所以 $L_r=(1-\mu)/2$。另外,如果区域 1 的熟练工人的比例用 $\lambda\in[0,1]$ 表示,那么 $H_1=\mu\lambda$,$H_2=\mu(1-\lambda)$,根据式(7-2),可以得到 $n_1=\lambda$,$n_2=(1-\lambda)$。

根据上面的结果及式(3-9),我们可以得到各区域的区域收入及价格指数分别为

$$Y_1 = \mu\lambda w_1 + \frac{1-\mu}{2} \qquad Y_2 = \mu(1-\lambda)w_2 + \frac{1-\mu}{2} \qquad (7\text{-}4)$$

$$P_1 = [\lambda w_1^{1-\sigma} + (1-\lambda)w_2^{1-\sigma}\phi]^{\frac{1}{1-\sigma}} \qquad P_2 = [\lambda w_1^{1-\sigma}\phi + (1-\lambda)w_2^{1-\sigma}]^{\frac{1}{1-\sigma}} \quad (7\text{-}5)$$

根据式(7-3)可知工资为

$$w_1 = \left(Y_1 P_1^{\sigma-1} + Y_2 P_2^{\sigma-1}\phi\right)^{\frac{1}{\sigma}} \qquad w_2 = \left(Y_1 P_1^{\sigma-1}\phi + Y_2 P_2^{\sigma-1}\right)^{\frac{1}{\sigma}} \quad (7\text{-}6)$$

因此,根据式(3-8),在区域 1 的熟练工人的间接效用函数表示如下

$$V_1 = \mu^\mu (1-\mu)^{1-\mu} w_1 P_1^{-\mu}$$

$$= \mu^\mu (1-\mu)^{1-\mu} \underbrace{(Y_1 P_1^{\sigma-1} + Y_2 P_2^{\sigma-1}\phi)^{\frac{1}{\sigma}}}_{\text{通过工资的选址效应}} \underbrace{[\lambda w_1^{1-\sigma} + (1-\lambda)w_2^{1-\sigma}\phi]^{\frac{\mu}{\sigma-1}}}_{\text{通过生活费用的选址效应}} \quad (7\text{-}7)$$

该间接效用决定了熟练工人的选址。但是在这个模型中,熟练工人的移动也就是企业本身的移动(参见式(7-2))。因此,需要注意的是间接效用也决定了企业的选址。

如果某一区域的企业(熟练工人)增加,这对间接效用,甚至企业(熟练工人)的重新选址有着怎样的影响呢? 根据式(7-7),我们可以把这种影响分成**通过工资的选址效应**和**通过生活费用的选址效应**两方面进行考虑。换句话说,如果企业数量增加了,与其他区域相比会导致工资收入的大幅增加及生活费用的降低,那么企业数量就会进一步增加;但是,如果相反的效应在起作用,那么企业数量便会逐步减少。

短期均衡考虑的是给定了熟练工人的份额 $\lambda$ 后如何确定熟练工人的工资。但是,因为式(7-4)、式(7-5)、式(7-6)中含有 $w_1$ 和 $w_2$ 的指数项,所以无法给出 $w_1$ 和 $w_2$ 的解析解。因此,克鲁格曼不得不依靠大量的数值模拟。在下一节中,我们会对这个模型稍加修改,介绍一个可以明确得出工资解的模型。

## 7.2.2 福斯里德和奥塔维亚诺模型

福斯里德和奥塔维亚诺(Forslid and Ottaviano, 2003)在克鲁格曼模型的基础上只做了一点修改。工业部门不仅要用熟练工人,也要用非熟练工人来生产。具体来说,他们假定固定投入为熟练工人 $F$ 单位,边际投入为非熟练工人 $\rho$ 单位。因此,他们的模型可以认为是在 5.2 节模型的基础上,用熟练工人代替了资本。另外,Baldwin et al. (2003)根据与 5.2 节中的 **FC 模型** 的对应关系,将本节的模型称作 **FE 模型**(footloose entrepreneur model)。

将区域 $r$ 的熟练工人的工资记为 $w_r$,那么固定费用为 $C^f = Fw_r$,边际费用为 $C^m = \rho$。根据引理 3.4.1,有

$$Fw_r = \frac{p_r q_r}{\sigma} \qquad \rho q_r = \rho p_r q_r$$

因此得出:

$$p_r = 1 \qquad q_r = F\sigma w_r \tag{7-8}$$

在这里,工业产品的出厂价是一个与工资无关的常数,这一点至关重要。实际上,将这个出厂价代入式(3-9),价格指数成为

$$P_1 = (n_1 + n_2\phi)^{\frac{1}{1-\sigma}} \qquad P_2 = (n_1\phi + n_2)^{\frac{1}{1-\sigma}} \tag{7-9}$$

可以得到不含有 $w_1$ 和 $w_2$ 的指数项的简单形式。接下来,我们来确认工资如何以显示形式解出。

如果区域 $r$ 的熟练工人数为 $H_r$,那么在此选址的企业数为

$$n_r = \frac{H_r}{F} \tag{7-10}$$

因为总需求量式(3-10)等于企业的生产量式(7-8),所以有

$$F\sigma w_1 = \mu(Y_1 P_1^{\sigma-1} + Y_2 P_2^{\sigma-1}\phi) \qquad \sigma F w_2 = \mu(Y_1 P_1^{\sigma-1}\phi + Y_2 P_2^{\sigma-1})$$

这与式(7-9)一起可以得到熟练工人的工资为

$$w_1 = \frac{\mu}{\sigma F}\left(\frac{Y_1}{n_1 + \phi n_2} + \frac{\phi Y_2}{\phi n_1 + n_2}\right) \qquad w_2 = \frac{\mu}{\sigma F}\left(\frac{\phi Y_1}{n_1 + \phi n_2} + \frac{Y_2}{\phi n_1 + n_2}\right) \tag{7-11}$$

各区域内居住的非熟练工人数分别记为 $L$,熟练工人的总数记为 $H$。如果在区域 1 选址的企业(熟练工人)的份额为 $\lambda$,那么区域 1 的熟练工人数为 $H_1 = \lambda H$,区域 2 的熟练工人数为 $H_2 = (1-\lambda)H$。因此,根据式(7-10),有 $n_1 = \lambda H/F$,

$n_2 = (1-\lambda)H/F$。将此代入式(7-11),得到

$$w_1 = \frac{\mu}{\sigma H}\left[\frac{Y_1}{\lambda + \phi(1-\lambda)} + \frac{\phi Y_2}{\phi\lambda + 1 - \lambda}\right]$$

$$w_2 = \frac{\mu}{\sigma H}\left[\frac{\phi Y_1}{\lambda + \phi(1-\lambda)} + \frac{Y_2}{\phi\lambda + 1 - \lambda}\right]$$

(7-12)

另一方面,各区域的总收入分别为

$$Y_1 = L + w_1\lambda H \quad Y_2 = L + w_2(1-\lambda)H \tag{7-13}$$

式(7-12)和式(7-13)是关于 $w_1$、$w_2$、$Y_1$、$Y_2$ 四个变量的四个方程式。可以解出

$$w_1 = \frac{\frac{\mu}{\sigma}L}{1-\frac{\mu}{\sigma}} \frac{2\phi\lambda + \left[1-\frac{\mu}{\sigma}+\left(1+\frac{\mu}{\sigma}\right)\phi^2\right](1-\lambda)}{\phi[\lambda^2 + (1-\lambda)^2]H + \left[1-\frac{\mu}{\sigma}+\left(1+\frac{\mu}{\sigma}\right)\phi^2\right]\lambda(1-\lambda)H}$$

(7-14)

$$w_2 = \frac{\frac{\mu}{\sigma}L}{1-\frac{\mu}{\sigma}} \frac{2\phi(1-\lambda) + \left[1-\frac{\mu}{\sigma}+\left(1+\frac{\mu}{\sigma}\right)\phi^2\right]\lambda}{\phi[\lambda^2 + (1-\lambda)^2]H + \left[1-\frac{\mu}{\sigma}+\left(1+\frac{\mu}{\sigma}\right)\phi^2\right]\lambda(1-\lambda)H}$$

(7-15)

由此,作为主要的内生变量,工资、区域收入、价格指数都可以显式解出。

最后,根据式(3-8),区域 $r$ 的熟练工人的间接效用(实际工资)可以表示为

$$V_r = \mu^\mu(1-\mu)^{1-\mu}w_r P_r^{-\mu} \tag{7-16}$$

从这个式子可以看出,该模型所分析的在某个区域的企业(熟练工人)数量的增加对选址的影响与克鲁格曼的模型是相同的,可以分为**通过工资的选址效应**和**通过生活费用的选址效应**两方面来考虑。由式(7-9)可知,如果某地的企业数量增加,那么该区域的价格指数(只要 $\phi<1$)就会降低。因此,这个时候通过生活费用的选址效应一定会起到正的作用。这是因为工业部门的边际投入为非熟练工人,且工业产品的出厂价为定值(与工资无关),企业数量的增加一定会降低该地区的工业产品的生活费。这相当于 6.2 节中所讲的"从企业到家庭的前方关联效应"。另一方面,通过工资的选址效应可以是正的也可以是负的。企业(熟练工人)数量的增加既有通过式(7-13)带来增加该区域收入的效应(**市场规模效应**),也有通过式(7-9)降低该区域的价格指数、降低个别企业的需求和利润的效应(**竞争效应**)。事实上,由式(7-14)可以得到

$$\left.\frac{\partial w_1}{\partial \lambda}\right|_{\lambda=\frac{1}{2}} = \frac{4L\frac{\mu}{\sigma}}{\left(1-\frac{\mu}{\sigma}\right)H} \frac{(1-\phi)[(\sigma+\mu)\phi-(\sigma-\mu)]}{(1+\phi)[(\sigma+\mu)\phi+(\sigma-\mu)]}$$

这个式子在运输费用足够大($\phi$趋近于 0)时为负,在运输费用足够小($\phi$趋近于 1)时为正。在前面的情况下竞争效应起支配作用,在后面的情况下市场规模效应起支配作用。这表明企业(人口)的增加能否促进追随者的进一步增加依赖于运输费用。可以将企业(人口)的增加对选址的影响总结为表 7.1。下面具体说明选址的影响是如何依赖于运输费用的。

**表 7.1　企业(人口)的增加对选址的影响(FE 模型)**

|  | 正的子效应 | 负的子效应 |
| --- | --- | --- |
| 通过工资的选址效应 | 市场规模效应 | 竞争效应 |
| 通过生活费用的选址效应 | 工业产品的生活费用效应 |  |

## 7.3　均衡

从本节开始将介绍可以得出显式解的福斯里德和奥塔维亚诺模型。现在考虑熟练工人可以移动的长期均衡。为此,我们将上一章所介绍的复制动态(6-1)作为人口移动的动态系统,应用到式(7-16)中,可以得到以下的结果:

$$\frac{d\lambda}{dt} = \lambda(1-\lambda)(V_1 - V_2)$$

$$= \mu^\mu (1-\mu)^{1-\mu} \lambda(1-\lambda)\left(\frac{w_1}{P_1^\mu} - \frac{w_2}{P_2^\mu}\right)$$

$$= \frac{LF^{\frac{\mu}{1-\sigma}}}{(\sigma-\mu)H^{\frac{1+\mu}{1-\sigma}}} \frac{\mu^{1+\mu}(1-\mu)^{1-\mu}\lambda(1-\lambda)\Delta v(\lambda,\phi)}{\phi[\lambda^2+(1-\lambda)^2]+\left[1-\frac{\mu}{\sigma}+\left(1+\frac{\mu}{\sigma}\right)\phi^2\right]\lambda(1-\lambda)}$$

其中,
$$\Delta v(\lambda,\phi) = \frac{2\phi\lambda + \left[1-\frac{\mu}{\sigma}+\left(1+\frac{\mu}{\sigma}\right)\phi^2\right](1-\lambda)}{[\lambda+\phi(1-\lambda)]^{\frac{\mu}{1-\sigma}}} -$$

$$\frac{2\phi(1-\lambda) + \left[1-\frac{\mu}{\sigma}+\left(1+\frac{\mu}{\sigma}\right)\phi^2\right]\lambda}{[(1-\lambda)+\phi\lambda]^{\frac{\mu}{1-\sigma}}} \quad (7\text{-}17)$$

## 7.3.1 维持点

首先,让我们考虑端点均衡的稳定性。一方面,工业部门(熟练工人)在区域 2($\lambda=0$)或者区域 1($\lambda=1$)集聚为稳定均衡的条件是 $\Delta v(0,\phi)<0$ 或 $\Delta v(1,\phi)>0$。另一方面,因为

$$\Delta v(0,\phi) = -\Delta v(1,\phi) = \frac{1-\dfrac{\mu}{\sigma}+\left(1+\dfrac{\mu}{\sigma}\right)\phi^2}{\phi^{\frac{\mu}{1-\sigma}}} - 2\phi$$

所以 $\Delta v(0,\phi)<0$ 或 $\Delta v(1,\phi)>0$ 成立的充要条件为 $\phi>\phi_s$。其中,$\phi_s$ 是方程式

$$1-\frac{\mu}{\sigma}+\left(1+\frac{\mu}{\sigma}\right)(\phi_s)^2 - 2(\phi_s)^{1+\frac{\mu}{1-\sigma}} = 0 \tag{7-18}$$

的解。$\phi_s$ 是当贸易自由度上升时,端点均衡首次达到稳定时贸易自由度的值,这样的值称为**维持点**。①

## 7.3.2 突破点

接下来,考虑一下对称的内点均衡 $\lambda=1/2$。根据 6.3 节的讨论,这个均衡成为充分稳定的必要条件是 $\partial\Delta v(1/2,\phi)/\partial\lambda<0$。这个条件也可以改写成 $\phi<\phi_b$。其中,

$$\phi_b = \frac{1-\dfrac{\mu}{\sigma}}{1+\dfrac{\mu}{\sigma}} \frac{1-\dfrac{1}{\sigma}-\dfrac{\mu}{\sigma}}{1-\dfrac{1}{\sigma}+\dfrac{\mu}{\sigma}}$$

$\phi_b$ 是当贸易自由度上升时,对称的内点均衡首次变成不稳定时贸易自由度的值,这样的值称为**突破点**。在这里,如果 $\phi_b<0$,对称均衡一直是不稳定的。为了避免这种情况,我们做出如下的假设

$$\mu<\sigma-1 \tag{7-19}$$

这被称作**无黑洞条件**。

---

① 也有不采用贸易自由度,而采用运输费用定义的情形。接下来的突破点也是一样的。

### 7.3.3 分歧模式

根据式(7-17)，可以得到下式：

$$\frac{\partial^2 \Delta v\left(\frac{1}{2}, \phi_b\right)}{\partial \lambda^2} = 0 \quad \frac{\partial^3 \Delta u\left(\frac{1}{2}, \phi_b\right)}{\partial \lambda^3} > 0$$

上式表明 $\Delta v(\lambda, \phi_b)$ 的图形在 $\lambda = 1/2$ 的附近可以描绘成图 7.1 的上半部分那样。在这个图中，实心点表示的是稳定均衡，空心点表示的是不稳定均衡。根据有关突破点的讨论，当 $\phi < \phi_b$ 时，$\lambda = 1/2$ 的解是稳定的。所以当 $\phi$ 比 $\phi_b$ 稍微小点时，将会变成下半部分的图形。这说明当 $\phi$ 比 $\phi_b$ 稍微小点时，尽管 $\lambda = 1/2$ 的附近会出现两个均衡点，但它们都是不稳定的。②

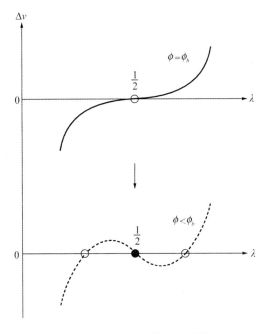

图 7.1 $\Delta v(\lambda, \phi_b)$ 的图形形状

此外，还可以证明内点均衡最多有三个。③ 随着运输费用的减少（贸易自由度 $\phi$ 的增加），均衡选址的变化可如图 7.2 所示。在这里，实线表示的是稳定均

---

② 更严谨的讨论请参照 Grandmont (2008)。
③ 更加详细的说明请参照 Ottaviano (2001)，Forslid and Ottaviano (2003)。

衡,虚线表示的是不稳定均衡。这种稳定均衡的变化称作"战斧型分歧"。在7.2.1的克鲁格曼模型中,用解析方法展示选址的变化是很难的,但我们知道用数值模拟可以得出与此相同的分歧模式。运输费用较大时,因为企业必须在当地市场竞争,所以竞争效应起到很大的作用,呈现分散区位。但是运输费用减小后,竞争效应减弱,可以认为完全集聚现象会出现。

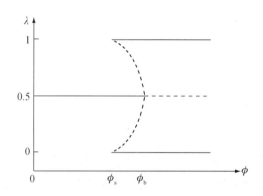

图 7.2　福斯里德和奥塔维亚诺模型的分歧模式

## 7.4　小结

本章所介绍的克鲁格曼模型与福斯里德和奥塔维亚诺模型具有基本相似的特征。但是,后一种模型可以显式解出内生变量,从而可以得到关于稳定均衡变化的解析解结论。尽管如此,因为熟练工人的工资和区域收入通过式(7-12)和式(7-13)互相关联,所得到的工资方程式和间接效用差异都相当复杂。工业需求具有收入效应是其原因之一。因此,如果采用工业需求不具有收入效应的偏好(关于农产品准线性效用函数),可能可以构建出更加简单的模型。我们会在下一章介绍这种模型。

**习题 7.1**　由式(7-12)和式(7-13)导出式(7-14)和式(7-15)。

**习题 7.2**　请阐述 FE 模型中熟练工人的选址原因与 FC 模型中企业的选址原因的相似点和不同点。

# 第 8 章
# 准线性模型

## 8.1 引言

  到目前为止所介绍的模型都是基于第 3 章迪克西特-斯蒂格利茨模型框架。具体来说：(i) 假定工业产品的子效用用 CES 函数(3-2)来表示；(ii) 假定冰块型运输费用。虽然这些假定对于简化分析起了很大作用，但也出现了一些不切实际的结果。第一，加成定价的加成率是恒定的($1/\sigma$)(参照式(3-12)下面的讨论)。在企业数目较多的区域，由于竞争激烈，加成率通常有降低的趋势。但是，在使用 CES 函数的模型中，无法体现这个意义上的竞争效应。第二，运输费用与被运输商品的金额(销售额)成比例。[①] 运输费用通常不是与被运输商品的金额，而是与其数量成比例的，所以这样的结果是不现实的。在 8.2 节中，我们会介绍一个完全不依赖这两个假定的模型。具体来说，模型不基于 CES 函数和柯布-道格拉斯型效用函数，而是基于含有二次式子效用的准线性效用函数。这个模型可以避免上述不现实的结果，并且具有能彻底得出解析解的优势。

  此外，在 8.3 节中介绍的模型虽然用到上述的假定(i)和(ii)，可对于农产品(计价物)却采用准线性效用函数。因为它基于与以往相同的假定，所以在这个模型中，固定加成率及与金额成比例的运输费用的结果也照样成立。但是，通过使用准线性效用函数，可以有更简单的工资方程表达式。另外，由于没有收入效应，劳动的流入会扩大市场规模这种后方关联效应，与之前的模型相比有所减弱。于是可以看出与前一章模型不同的集聚过程。

---

  ① 在冰块型运输费用的假定下，为了输送 1 单位的商品，必须额外生产($\tau-1$)单位的商品。根据引理 3.3.1 可知这个费用是销售额的$[(\sigma-1)/\sigma][(\tau-1)/\tau]$倍。

## 8.2 奥塔维亚诺-田渊-蒂斯模型

### 8.2.1 模型

奥塔维亚诺-田渊-蒂斯模型(Ottaviano et al., 2002)用含有二次式子效用的准线性效用来假设消费者的偏好。

$$U(q^0;q(i),i\in\lceil 0,n\rceil) = \alpha\int_0^n q(i)\mathrm{d}i - \frac{\beta-\gamma}{2}\int_0^n [q(i)]^2 \mathrm{d}i - \frac{\gamma}{2}\left[\int_0^n q(i)\mathrm{d}i\right]^2 + q^0 \tag{8-1}$$

在这里,$n$ 是品种(企业)数,$q(i)$ 是工业产品 $i\in[0,n]$ 的消费量,$q^0$ 是农产品(计价物)的消费量。关于参数,假设 $\alpha>0, \beta>\gamma>0$。$\alpha$ 代表对工业产品偏好的强弱,$\beta>\gamma$ 的假定表示消费者更喜欢多样化的消费。另外,当 $\beta$ 给定时,$\gamma$ 可以解释为各品种间的替代性。

消费者在下面的预算约束条件下,让效用式(8-1)达到最大:

$$\int_0^n p(i)q(i)\mathrm{d}i + q^0 = y + \bar{q}^0 \tag{8-2}$$

其中,$y$ 是个人收入,$\bar{q}^0$ 是计价物的初期保有量。假定 $\bar{q}^0$ 的值足够大,使得计价物的消费量 $q^0$ 恒为正。这时,从效用最大化的一阶条件可以得到

$$\alpha - (\beta-\gamma)q(i) - \gamma\int_0^n q(j)\mathrm{d}j = p(i), \quad i\in[0,n] \tag{8-3}$$

对式(8-3)中的 $i$ 进行积分可以得到

$$\int_0^n q(i)\mathrm{d}i = \frac{\alpha n}{\beta+(n-1)\gamma} - \frac{1}{\beta+(n-1)\gamma}\int_0^n p(i)\mathrm{d}i$$

代入式(8-3),可以得到下面的需求函数

$$q(i) = a - bp(i) + c\int_0^n [p(j)-p(i)]\mathrm{d}j \tag{8-4}$$

其中,

$$a \equiv \frac{\alpha}{\beta+(n-1)\gamma} \quad b \equiv \frac{1}{\beta+(n-1)\gamma} \quad c \equiv \frac{\gamma}{(\beta-\gamma)[\beta+(n-1)\gamma]} \tag{8-5}$$

将这个需求函数代入式(8-1),可以得到间接效用函数

$$V(y; p(i), i \in [0, n]) = S + y + \bar{q}^0 \tag{8-6}$$

其中，$S$ 为消费者剩余，可写成

$$S = \frac{a^2 n}{2b} - a\int_0^n p(i)\,\mathrm{d}i + \frac{b+cn}{2}\int_0^n [p(i)]^2\,\mathrm{d}i - \frac{c}{2}\left[\int_0^n p(i)\,\mathrm{d}i\right]^2$$

生产技术基本上与 7.2.2 是相同的。但是，为了简化，工业生产的边际费用被假定为零。因此，熟练工人只被用作工业生产的固定投入，非熟练工人只被用作农业生产的边际投入。与前一章的模型相同，假设农产品作为计价物，边际劳动投入为 1，运输费用为 0。所以，两个地区的非熟练工人的工资都是 1。

由于企业（品种）是对称的，所以在区域 $r$ 选址的企业面向区域 $s$ 出售的商品价格全部都是相同的，用 $p_{rs}$ 来表示。另外，区域 $s$ 对在区域 $r$ 生产的工业产品品种的需求用 $q_{rs}$ 来表示，那么根据式(8-4)可以得到

$$q_{rr} = a - (b+cn)p_{rr} + cP_r \quad q_{rs} = a - (b+cn)p_{rs} + cP_s \tag{8-7}$$

其中，$P_r$ 和 $P_s$ 为如下定义的工业产品的价格指数：

$$P_r = n_r p_{rr} + n_s p_{sr} \quad P_s = n_r p_{rs} + n_s p_{ss} \tag{8-8}$$

在这里，各个区域的非熟练工人数量分别为 $L$，熟练工人的总数为 $H$。另外，区域 1 的熟练工人的比例用 $\lambda \in [0, 1]$ 来表示。由于在工业生产中作为固定成本投入的熟练工人有 $F$ 人，所以区域 1 和区域 2 的企业数量分别为

$$n_1 = \lambda H/F = \lambda n \quad n_2 = (1-\lambda)H/F = (1-\lambda)n$$

另外，假设工业产品的运输费用不采用冰块型运输费用，而是与运输量成比例的运输费用。也就是说，运输 1 单位的工业产品需要 $\tau$ 单位的计价物。根据以上的假设，在区域 1 选址的企业利润可以写成下面的形式：

$$\Pi_1 = p_{11} q_{11}(L + \lambda H) + (p_{12} - \tau) q_{12}[L + (1-\lambda)H] - Fw_1$$

与以往相同，价格可以在垄断竞争的假设下决定。根据利润最大化的一阶条件，区域 1 的企业均衡价格为

$$p_{11}^* = \frac{a + cP_1}{2(b+cn)} \quad p_{12}^* = \frac{a + cP_2}{2(b+cn)} + \frac{\tau}{2} \tag{8-9}$$

对于在区域 2 选址的企业也可以得到同样的式子，将其代入式(8-8)中，可以解出 $p_{11}^*$、$p_{12}^*$、$p_{22}^*$ 和 $p_{21}^*$：

$$p_{11}^* = \frac{2a + \tau c(1-\lambda)n}{2(2b+cn)} \quad p_{22}^* = \frac{2a + \tau c\lambda n}{2(2b+cn)} \quad p_{12}^* = p_{22}^* + \frac{\tau}{2} \quad p_{21}^* = p_{11}^* + \frac{\tau}{2}$$

$$\tag{8-10}$$

从这些式子我们可以看出以下几点。第一，当销售区域的企业数目增加时，该地区的销售价格就会下降。这是因为企业数量增加，竞争变得激烈，通过式(8-9)进一步导致各个产品的价格下降。这种效应被称作**促进竞争效应**。[②] 该模型中各个产品的价格与 7.2.2 中和销售区域的企业数及价格指数无关的模型相比，结果形成鲜明的对比。因此得到第二点，出厂价根据销售目的地的不同一般会有所不同，运输费用的一部分由生产者负担。事实上，根据式(8-10)我们知道

$$p_{rs}^* - p_{rr}^* \in (0, \tau) \tag{8-11}$$

成立。第三，为了贸易能够进行，必须有 $p_{rs}^* > \tau$。当且仅当

$$\tau < \tau_{\text{trade}} = \frac{2aF}{2bF + cH} \tag{8-12}$$

时，在任意的人口分布下，$p_{rs}^* > \tau$ 成立。以下我们假设式(8-12)成立。

根据均衡价格式(8-10)和利润为零的条件，区域 1 熟练工人的均衡工资为

$$w_1^* = \frac{b+cn}{F}\{(p_{11}^*)^2 (L+\lambda H) + (p_{12}^* - \tau)^2 [L+(1-\lambda)H]\}$$

(在区域 2 也有同样的式子成立)。由式(8-11)可知，因为有 $p_{11}^* > p_{12}^* - \tau$，所以当区域 1 的人口增加时，工资(经营利润)会上升。这是市场规模效应，可使当地的企业数增加。然而，企业数量的增加同时也会产生分散力。这是因为企业数量增加时，竞争也会越来越激烈。具体来说，由于上述促进竞争的作用，当区域 1 的企业数量增加、区域 2 的企业数量减少时，$p_{11}^*$ 降低，$p_{12}^*$ 上升。这种竞争的效应明显削弱了市场规模的效应。

根据间接效用式(8-6)，以及均衡价格式(8-10)，区域间的效用差异为

$$\Delta V(\lambda) \equiv V_1 - V_2 = \underbrace{(S_1 - S_2)}_{\text{通过生活费用的选址效应}} + \underbrace{(w_1^* - w_2^*)}_{\text{通过工资的选址效应}}$$

其中，

$$S_1 - S_2 = \underbrace{(2\lambda - 1)n\tau \frac{(b+cn)^2 \left(a - \frac{b}{2}\tau\right)}{(2b+cn)^2}}_{\text{工业产品的生活费用效应(+)}} \tag{8-13}$$

---

[②] 也存在以前的竞争效应。换句话说，即使不发生由促进竞争效应引起的价格降低，由式(8-8)可知企业数量的增加会降低价格指数，所以根据式(8-7)需求会减少。促进竞争效应存在(企业进行最优定价)时，因为各个产品的价格会降低，所以价格指数的降低幅度会增大。在这种情况下，企业数的增加也会带来需求量的减少。

$$w_1^* - w_2^* = \underbrace{(2\lambda-1)\frac{n(b+cn)}{2(2b+cn)}\left[2a\tau - \left(b+\frac{cH}{2F}\right)\tau^2\right]}_{\text{市场规模效应}(+)} - \underbrace{(2\lambda-1)\frac{n(b+cn)}{2(2b+cn)}\frac{cL}{F}\tau^2}_{\text{竞争效应}(-)}$$

(8-14)

区域间的效用差异决定了企业(熟练工人)的选址,其中,$(S_1-S_2)$表示**通过生活费用的选址效应**,$(w_1^*-w_2^*)$表示**通过工资的选址效应**。根据式(8-12)我们知道通过生活费用的选址效应式(8-13)一定是正的。也就是说,某地企业的数目增加,相对改善了该区域的工业产品的生活成本(消费者剩余)。此外,通过工资的选址效应式(8-14)可以分为**市场规模效应**和**竞争效应**,分别对应式(8-14)中的第1项和第2项。③ 竞争效应为负,而由式(8-12)可知市场规模效应为正。比较式(8-14)的第1项和第2项可知,当$\tau$小于

$$\min\left\{\frac{4aF}{2bF+cH+2cL}, \tau_{\text{trade}}\right\}$$

时,通过工资的选址效应为正,否则为负。换言之,当运输费用很大时,企业(人口)的增加会相对降低当地熟练工人的工资。与前一章的模型相同,这是因为当运输费用很大时,企业必须在当地市场竞争,竞争效应起很大的作用。因此,可以把企业(人口)增加带来的对选址的影响总结为与表7.1相同的表8.1。

**表8.1　企业(人口)增加带来的对选址的影响(准线性模型)**

|  | 正的子效应 | 负的子效应 |
| --- | --- | --- |
| 通过工资的选址效应 | 市场规模效应 | 竞争效应 |
| 通过生活费用的选址效应 | 工业产品的生活费用效应 |  |

进一步,这种效用差距可以用

$$\Delta V(\lambda) = C\tau(\tau^* - \tau)\left(\lambda - \frac{1}{2}\right) \quad (8\text{-}15)$$

来表示。其中,

$$C \equiv [2bF(3bF+3cH+2cL)+c^2H(2L+H)]\frac{H(bF+cH)}{2F^2(2bF+cH)^2} \quad (8\text{-}16)$$

$$> 0$$

---

③ 这个第2项是由品种价格式(8-10)中表示促进竞争效应的部分($p_{11}^*$,$p_{22}^*$各自的分子第2项)而产生的。由于促进竞争效应,价格下降会直接降低销售额及利润(工资)。另一方面,个别产品的降低会使价格指数下降,需求减少,从而引起之前的竞争效应,这也会降低销售额及利润(工资)。第2项就捕捉了这两种效应。

$$\tau^* \equiv \frac{4aF(3bF+2cH)}{2bF(3bF+3cH+2cL)+c^2H(2L+H)} > 0 \qquad (8\text{-}17)$$

## 8.2.2 均衡

作为人口移动的动态系统,这里也用到式(6-1)的复制动态。根据式(8-15),可以得到

对称内点均衡($\lambda = 1/2$)稳定的充分必要条件为 $\tau > \tau^*$

端点均衡($\lambda = 1$ 或 $0$)稳定的充分必要条件为 $\tau < \tau^*$

这意味着维持点和突破点是一致的,这一点与第 7 章的模型结果不同。

在这里,如果 $\tau^* > \tau_{\text{trade}}$,那么对称均衡总不稳定。因此,与第 7 章相同,为了回避这种状况,假设有下面的"无黑洞条件":

$$\frac{L}{H} > \frac{6b^2F^2+8bcFH+3c^2H^2}{cH(2bF+cH)}(>3)$$

最后,图 8.1 描绘了随着运输费用 $\tau$ 的降低,均衡的变化情况。图中实线表示稳定均衡,虚线表示不稳定均衡。可以确认维持点和突破点是相同的,产生多个稳定均衡的区间是不存在的。

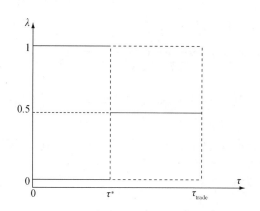

图 8.1　奥塔维亚诺-田渕-蒂斯模型的分歧模式

## 8.2.3 运用到贸易模型

这种基于准线性效用函数的模型框架对新贸易理论也适用。在这里,我们

试着把它用到5.2节的FC模型中。

世界由国家1和国家2组成，假设全世界中有资本家$H$人和劳动者$L$人。另外，与5.2节相同，两者在国家1的份额都是$\theta \in (1/2, 1)$。每个资本家拥有1单位的资本，每个劳动者拥有1单位的劳动。资本在两个国家间可以自由移动，资本家和劳动者不可以移动。

在这个经济中存在工业产品和农产品（计价物）。关于农业部门的生产，各种产品的运输费用和消费者效用函数，我们给出与本节相同的假设。在工业部门，将1单位的资本作为固定成本、$C^m$单位的劳动作为可变成本来进行生产。因此，企业的总数$n$等于$H$。另外，比起企业数目，工人数$L$足够多，使得不论企业的选址如何，在两个国家都存在着农业部门。由农产品的假设可知，两国的工人工资为1。

在国家1和国家2选址的企业利润分别为

$$\Pi_1 = (p_{11} - C^m)[a - (b + cn)p_{11} + cP_1]\theta(L + H) + (p_{12} - C^m - \tau)[a - (b + cn)p_{12} + cP_2](1 - \theta)(L + H) - r_1$$

$$\Pi_2 = (p_{21} - C^m - \tau)[a - (b + cn)p_{21} + cP_1]\theta(L + H) + (p_{12} - C^m)[a - (b + cn)p_{12} + cP_2](1 - \theta)(L + H) - r_2$$

由利润最大化的一阶条件可知：

$$p_{11}^* = \frac{2[a + (b + cn)C^m] + n_2 c\tau}{2(2b + cn)} \quad p_{21}^* = p_{11}^* + \frac{\tau}{2}$$

$$p_{22}^* = \frac{2[a + (b + cn)C^m] + n_1 c\tau}{2(2b + cn)} \quad p_{12}^* = p_{22}^* + \frac{\tau}{2}$$

在这里，我们把焦点对准工业部门可以进行贸易的情况。该条件可以写为

$$\tau < \frac{2(a - bC^m)}{2b + cn} = \tau_{\text{trade}}^{\text{FC}} \tag{8-18}$$

把均衡价格代入利润中，考虑到在内点均衡时$r_1 = r_2$成立，这样我们可以把内点均衡的选址份额表示为

$$\lambda^* = \theta + \frac{4(a - bC^m) - (2b + cn)\tau}{cn\tau}\left(\theta - \frac{1}{2}\right) > \theta \tag{8-19}$$

其中，不等式是根据式(8-18)得到的。在$\tau \geq \tau_{\text{cluster}}$时会达到内点均衡，而在$\tau \in [0, \tau_{\text{cluster}}]$时会得到端点解$\lambda^* = 1$。其中，

$$\tau_{\text{cluster}} = \frac{8(a-bC^m)}{cn+2b(2\theta-1)}\left(\theta-\frac{1}{2}\right)$$

式(8-19)揭示了即使在准线性效用函数下,本地市场效应也会出现。

## 8.3 弗吕格模型

### 8.3.1 模型

弗吕格(Pfluger,2004)用下面的准线性函数代替了第 3 章的柯布-道格拉斯效用函数(3-1)。

$$U = \mu \ln M + A, \quad 0 < \mu < y \tag{8-20}$$

其中,$y$ 是个人收入。假设表示工业产品的子效用的 $M$ 与第 3 章相同,为 CES 型函数(3-2)。因为农产品为计价物,所以消费者的预算约束式可以写为

$$A + \int_0^n p(i)q(i)\mathrm{d}i = y$$

把它代入式(8-20),消费者的效用最大化可以进行如下表示:

$$\max \mu \ln \left[\int_0^n q(i)^\rho \mathrm{d}i\right]^{\frac{1}{\rho}} + y - \int_0^n p(i)q(i)\mathrm{d}i$$

根据其一阶条件,可以得到

$$\mu \left[\int_0^n q(i)^\rho \mathrm{d}i\right]^{-1} q(j)^{\rho-1} - p(j) = 0 \tag{8-21}$$

进一步可以得出

$$\frac{q(i)^{\rho-1}}{q(j)^{\rho-1}} = \frac{p(i)}{p(j)}$$

与第 3 章相同,利用上面的式子以及式(8-21),把 $q(i)$ 消去就可以得到工业产品 $j$ 的需求函数为

$$q(j) = \mu \frac{p(j)^{-\sigma}}{P^{1-\sigma}} \tag{8-22}$$

其中,$P$ 是由式(3-5)所定义的工业产品的价格指数。与使用柯布-道格拉斯效用函数的需求函数式(3-7)不同的只是没有乘以收入 $y$。而且根据这个需求函数可以得出固定的工业产品的支出 $\mu$:

$$M = \frac{\mu}{P} \quad A = y - \mu$$

最后，由此可知消费者的间接效用函数为

$$V = \mu(\ln\mu - 1) + y - \mu\ln P \tag{8-23}$$

关于企业的各种假设都与 7.2.2 相同。也就是说，$F$ 单位的熟练工人为固定投入，$\rho$ 单位的非熟练工人为边际投入。由式(3-12)可知，工业产品的均衡价格为 1。根据需求函数式(8-22)可知，在区域 $r$ 的各企业的总生产量 $q_r$ 为

$$q_r = \frac{\mu(L + H_r)}{n_r + \phi n_s} + \frac{\phi\mu(L + H_s)}{\phi n_r + n_s}$$

其中，各区域的非熟练工人数都为 $L$，区域 $r$ 的熟练工人数为 $H_r$。另外，熟练工人的总数为 $H$，在区域 1 的熟练工人的比例用 $\lambda \in [0,1]$ 来表示。而且，令 $\eta \equiv L/H$，那么根据引理 3.4.1 可知，熟练工人的工资为

$$w_1 = \frac{\mu}{\sigma}\left[\frac{\eta + \lambda}{\lambda + \phi(1-\lambda)} + \frac{\phi[\eta + (1-\lambda)]}{\phi\lambda + (1-\lambda)}\right]$$

$$w_2 = \frac{\mu}{\sigma}\left[\frac{\phi(\eta + \lambda)}{\lambda + \phi(1-\lambda)} + \frac{\eta + (1-\lambda)}{\phi\lambda + (1-\lambda)}\right] \tag{8-24}$$

关于熟练工人的区域间移动，这里也用到复制动态式(6-1)。在这个模型中，由式(8-23)、式(8-24)和式(7-9)可知，间接效用的区域间差异 $\Delta V(\lambda, \phi)$ 可以表示为

$$\Delta V(\lambda, \phi) = \underbrace{\frac{(1-\phi)\mu}{\sigma}\left[\frac{\eta + \lambda}{\lambda + \phi(1-\lambda)} - \frac{\eta + (1-\lambda)}{\phi\lambda + (1-\lambda)}\right]}_{\text{通过工资的选址效应}} + \underbrace{\frac{\mu}{\sigma - 1}\ln\frac{\lambda + \phi(1-\lambda)}{(1-\lambda) + \phi\lambda}}_{\text{通过生活费用的选址效应}}$$

$$\tag{8-25}$$

这个式子的第 1 项表示工资差异，第 2 项表示价格指数(对数)的差异。因此，第 1 项表示**通过工资的选址效应**，第 2 项表示**通过生活费用的选址效应**。与 7.2.2 的模型相同，由于工业产品的出厂价是常数，所以通过生活费用的选址效应一定是正的。但是，通过工资的选址效应在运输费用较小时为正，运输费用较大时为负。与以往相同，前者的情况是市场规模效应占主导地位，后者的情况是竞争效应占主导地位。因此，也可以把企业数(人口)增加所带来的对选址的影响同样总结为表 8.1。

## 8.3.2 均衡

由于间接效用的区域间差距 $\Delta V(\lambda,\phi)$ 可以得到显式解,所以可以进行均衡的稳定性分析。

**维持点**

首先,来考虑一下端点均衡的稳定性。工业部门(熟练工人)集聚在区域 $2(\lambda=0)$ 或集聚在区域 $1(\lambda=1)$ 的稳定条件为 $\Delta V(0,\phi)<0$ 或 $\Delta V(1,\phi)>0$。此外,因为

$$\Delta V(0,\phi) = -\Delta V(1,\phi) = \frac{(1-\phi)\mu}{\sigma}\left[\frac{\eta}{\phi}-(\eta+1)\right]-\frac{\mu}{1-\sigma}\ln\phi$$

所以 $\Delta V(0,\phi)<0$ 或 $\Delta V(1,\phi)>0$ 成立的充分必要条件为 $\phi>\phi_s$。其中,$\phi_s$ 为下面方程式的解

$$\frac{1}{1-\sigma}\ln\phi = \frac{1}{\sigma}\left[(\eta+1)\phi+\eta\phi^{-1}-(2\eta+1)\right]$$

与以往相同,$\phi_s$ 被称为维持点。

**突破点**

接下来,考虑一下对称内点均衡 $\lambda^* = 1/2$ 的情况。这个均衡稳定的充分必要条件为

$$\frac{\partial \Delta V\left(\frac{1}{2},\phi\right)}{\partial \lambda} < 0$$

这个条件也可以写成 $\phi<\phi_b$。其中,

$$\phi_b = \frac{\sigma(2\eta-1)-2\eta}{\sigma(2\eta+3)-2(\eta+1)}$$

和以往一样,也称 $\phi_b$ 为突破点。在这里,如果 $\phi_b<0$,那么对称均衡总是不稳定的。与前面的模型相同,为了避免这种情况的发生,假设下面的"无黑洞条件":

$$\frac{\sigma}{\sigma-1} < 2\eta$$

**分歧模式**

图 8.2 描绘了随着运输费用的降低($\phi$ 的上升),均衡是如何变化的。图中的实线表示稳定均衡,虚线表示不稳定均衡。这种稳定均衡的变化被称为"叉形分

歧",与第 7 章以及前一节的结果不同。实际上,根据式(8-25)可以得到:

$$\frac{\partial^2 \Delta V\left(\frac{1}{2}, \phi_b\right)}{\partial \lambda^2} = 0 \quad \frac{\partial^3 \Delta V\left(\frac{1}{2}, \phi_b\right)}{\partial \lambda^3} < 0$$

这意味着 $\Delta V(\lambda, \phi_b)$ 的图形在 $\lambda = 1/2$ 附近会变成图 8.3 上方的图形。根据突破点的讨论,在 $\phi > \phi_b$ 时 $\lambda = 1/2$ 的解是不稳定的,所以只要 $\phi$ 大于 $\phi_b$ 一点,就会呈现图 8.3 下方的图形所示的变化。这揭示了如果 $\phi$ 稍微大于 $\phi_b$,在 $\lambda = 1/2$ 的附近就会产生两个稳定的均衡。④ 因此在这个模型中,$\phi_b < \phi_s$。

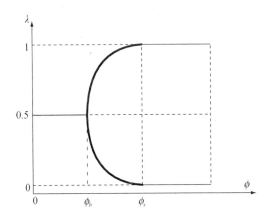

图 8.2 弗吕格模型的分歧模式

弗吕格模型稳定均衡的分歧之所以与第 7 章不同,是因为工业产品的需求不存在收入效应。收入效应存在时,劳动流入扩大市场规模的这种关联效应(后方关联效应)会随着劳动流入的积累变得更大。市场规模的扩大会增加熟练工人的收入,加上人口的增加,收入增加会进一步扩大市场规模。但是由于本章的模型中没有收入效应,因此这种"收入增加扩大市场规模"的效应不会发生。这意味着与克鲁格曼模型(Krugman,1991)和福斯里德和奥塔维亚诺模型(Forslid and Ottaviano,2003)相比,后方关联效应较小。就是由于这个原因,集聚的过程不是突变性的,而是逐渐产生的。

---

④ 更严谨的讨论可参照 Grandmont(2008)。

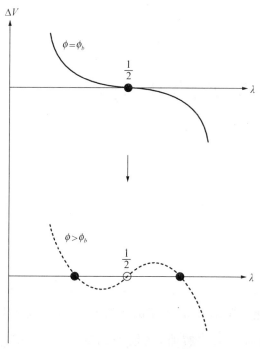

图 8.3 $\Delta V(\lambda, \phi)$ 的图形形状

## 8.4 小结

本章首先介绍了不假定 CES 函数及冰块型运输费用的模型。具体来说，假设存在含有二次项子效用的准线性效用函数和与运输量成比例的运输费用，介绍了包含维持点和突破点在内的所有内生参数都能显式解出的模型。在这个模型中，维持点和突破点完全相同，呈现了与以往不同的选址变化(分歧)。而且还有一点值得指出的是，在准线性效用函数下，可以合理地把个人的效用之和定义为社会福利，这在福利分析时很有用。

另外，本章还介绍了不改变 CES 函数和冰块型运输费用的假定，将 7.2.2 的模型中的上位效用函数变为准线性的模型。这样一来，工资方程式和间接效用差异表达式变得简单。而且，这种情况下出现了与以往模型不同的选址变化，可以得到非对称稳定的内点均衡。

**习题 8.1** (i) 根据效用函数式(8-1)和约束条件式(8-2)，导出需求函数式(8-4)。(ii) 导出间接效用函数式(8-6)。

# 第 9 章
# 人工费用带来的再分散

## 9.1 引言

第 7 章和第 8 章介绍了关于新经济地理学的几个基本模型。在这些模型中,虽然企业选址的变化会随着运输费用的下降而有所不同,但大多都揭示了"从分散到集中"这一共同的结果。然而,运输费用的下降并不都会带来选址的集聚。我们来回顾一下 4.3 节和 5.4 节的模型。这些模型中,在不允许人口移动的情况下,工业产品运输费用的下降(在大国)会带来企业选址的倒 U 形变化。这是因为虽然运输费用的下降会(在更靠近市场的区域)带来集聚,但是也会导致该区域的工资上升,所以在运输费用足够低时,工资差异会对选址起决定性的作用。这种机制在有人口移动的区域经济里也有效。

例如,亨德森等(Henderson et al., 2001)介绍了巴西的例子。在巴西,随着大圣保罗区工资的上升,廉价劳动力涌向农村,加剧了工业区域分散。具体来说,沿着交通的主轴线,廉价劳动力先向圣保罗州,然后向铁矿资源丰富的内陆区域米纳斯吉拉斯州分散,最后也分散到其他州。这就导致州与州之间(产业内部)的贸易增加。显然在这种分散化的背后,区域间交通基础设施的发展起到了很大作用。[①]

本章用模型来展示这种由劳动市场产生的再分散过程,然后阐明由此得出的政策含义。正如本章的模型所揭示的那样,再分散的力量来源于两个渠道。第一是前文所提到的工资的急剧上升。这减少了企业的利润,有助于再分散。第二是由工资上升导致的产品价格的急剧上升。这增加了工人的生活费用,进

---

① Gallup et al. (1999) 和 Henderson (2000)也阐述了这种分散过程。

而造成再分散。

本章首先运用 8.2 节所介绍的准线性模型进行分析（Picard and Zeng, 2005）。具体来说，增加了下述假定：(i) 工业部门也投入非熟练工人；(ii) 各区域的农产品有差异；(iii) 农产品运输费用为正。根据假定(i)和假定(ii)，集聚通过工资上涨给企业选址带来了负的影响。如果熟练工人数增加，企业数增加，那么工业部门的非熟练工人需求就会增加。这会减少同区域的农业生产。由于各区域的农产品是有差异的，所以不能被其他区域的农产品替代，因此，该区域的农产品需求过大，非熟练工人的工资上涨，成为对企业选址产生负的影响的原因。此外，根据假定(iii)，集聚也会通过生活费用上升对选址带来负的影响。非熟练工人的工资上涨、同区域的农产品价格上升的时候，如果农产品的运输费用为零，就不会产生生活费用的区域间差异。但是，当运输费用为正时，在企业数量增加、工资上涨的区域，生活费用就会相对变高。这是因为在该区域，当地农产品价格高，而且外来农产品价格也因为运输费用的原因变高。在 9.3 节中我们将证明利用基于第 7 章的 CES 效用函数也可以得到上述再分散的结论。

## 9.2 基于准线性模型

### 9.2.1 消费

我们导入区域间差异化农产品，推广 8.2 节中用到的效用函数如下：

$$U(q^0, q^m, q^a)$$

$$= \alpha^m \int_0^n q^m(j) \mathrm{d}j - \frac{\beta^m - \gamma^m}{2} \int_0^n [q^m(j)]^2 \mathrm{d}j - \frac{\gamma^m}{2} \left[\int_0^n q^m(j) \mathrm{d}j\right]^2 +$$

$$\alpha^a [q^a(1) + q^a(2)] - \frac{\beta^a - \gamma^a}{2} \{[q^a(1)]^2 + [q^a(2)]^2\} -$$

$$\frac{\gamma^a}{2} [q^a(1) + q^a(2)]^2 + q^0 \tag{9-1}$$

这里，上标 $m$ 代表工业部门，$a$ 代表农业部门。另外，$q^a(1)$ 是在区域 1 生产的农产品的消费量，$q^a(2)$ 是在区域 2 生产的农产品的消费量。$q^0$ 是计价物的消费量。而且，这个计价物是不同于农产品的其他产品，在初期每个人保有一定的数量,其间不进行生产(例如天然的稀少贵金属等)。此外,在 $\alpha^a = \beta^a = \gamma^a = 0$ 时,这个效用函数与式(8-1)相等。

各个消费者的预算约束式为

$$\int_0^n p^m(j)q^m(j)\mathrm{d}j + p^a(1)q^a(1) + p^a(2)q^a(2) + q^0 = y + \bar{q}^0$$

其中,$p^a(\cdot)$ 和 $p^m(\cdot)$ 是消费者的买入价格,$y$ 是个人收入。假设计价物的初期保有量 $\bar{q}^0$ 足够大,在均衡中能消费所有产品。与8.2节相同,计价物的运输成本为零。

在区域 $r \in \{1,2\}$ 生产、在区域 $s \in \{1,2\}$ 消费的产品的价格和产量分别用 $p_{rs}^{\cdot}(\cdot)$ 和 $q_{rs}^{\cdot}(\cdot)$ 来表示。假设在农业部门,区域1生产大米(农产品1),区域2生产土豆(农产品2)。因为区域1不生产土豆,区域2不生产大米,所以有 $q_{11}^a(2) = q_{12}^a(2) = q_{21}^a(1) = q_{22}^a(1) = 0$。因此,可仅用 $q_{11}^a$、$q_{12}^a$ 来记各区域大米的消费量,用 $q_{22}^a$、$q_{21}^a$ 来记土豆的消费量。由消费者效用函数的一阶条件可以得到区域1各农产品的需求函数:

$$q_{11}^a = a^a - (b^a + 2c^a)p_{11}^a + c^a(p_{11}^a + p_{21}^a) \quad (大米)$$

$$q_{21}^a = a^a - (b^a + 2c^a)p_{21}^a + c^a(p_{11}^a + p_{21}^a) \quad (土豆)$$

其中,参数

$$a^a = \frac{\alpha^a}{\beta^a + \gamma^a} \quad b^a = \frac{1}{\beta^a + \gamma^a} \quad c^a = \frac{\gamma^a}{(\beta^a - \gamma^a)(\beta^a + \gamma^a)}$$

分别表示对农产品需求的大小、对价格的敏感度和两种农产品之间的替代性。当 $c^a \to \infty$ 时,大米和土豆可以互相完全替代。区域2的需求可用类似的式子表示。

工业产品的种类都是对称的,所以在区域 $r$ 生产、在区域 $s$ 消费的产品消费量用 $q_{rs}^m$ 来表示。与式(8-7)相同,由效用最大化的一阶条件可知,在区域1消费的产品需求 $q_{r1}^m(r \in \{1,2\})$ 为

$$q_{11}^m = a^m - (b^m + nc^m)p_{11}^m + c^m P_1^m \tag{9-2}$$

$$q_{21}^m = a^m - (b^m + nc^m)p_{21}^m + c^m P_1^m \tag{9-3}$$

其中,

$$a^m = \frac{\alpha^m}{\beta^m + (n-1)\gamma^m}$$

$$b^m = \frac{1}{\beta^m + (n-1)\gamma^m}$$

$$c^m = \frac{\gamma^m}{(\beta^m - \gamma^m)[\beta^m + (n-1)\gamma^m]}$$

分别代表对工业产品需求的大小、对价格的敏感度和工业产品间的替代性。$P_1^m$ 是区域 1 的工业产品的价格指数，可以写成如下形式

$$P_1^m = \lambda n p_{11}^m + (1-\lambda) n p_{21}^m \tag{9-4}$$

这里，$\lambda \in [0,1]$ 是在区域 1 的企业份额。区域 2 的需求可用类似的式子表示。

最后，在区域 1，由消费工业产品和农产品获得的消费者剩余分别为

$$S_1^m = \frac{(a^m)^2 n}{2b^m} - a^m n[\lambda p_{11}^m + (1-\lambda) p_{21}^m] + \frac{b^m + c^m n}{2} n[\lambda (p_{11}^m)^2 + (1-\lambda)(p_{21}^m)^2] - \frac{c^m}{2} n^2 [\lambda p_{11}^m + (1-\lambda) p_{21}^m]^2$$

$$S_1^a = \frac{(a^a)^2}{b^a} - a^a(p_{11}^a + p_{21}^a) + \frac{b^a + 2c^a}{2}[(p_{11}^a)^2 + (p_{21}^a)^2] - \frac{c^a}{2}(p_{11}^a + p_{21}^a)^2 \tag{9-5}$$

间接效用函数可写作 $V_1 = S_1^m + S_1^a + y + \bar{q}$。关于区域 2 也有类似的式子。

## 9.2.2 生产

如前文所述，各区域的非熟练工人的数量都为 $L$，熟练工人的总数用 $H$ 来表示。工业部门也雇用非熟练工人。$\phi^m$ 单位的熟练工人和 $\phi^a$ 单位的非熟练工人都是必需的固定投入。② 但是，如果与 8.2 节相同，假设熟练工人只在工业部门工作，边际投入为零，企业的总数量就会是 $n = H/\phi^m$。而且，在区域 1 选址的熟练工人的比例与区域 1 的企业份额 $\lambda$ 相等。

因此，区域 1 的各个企业的利润为

$$\Pi_1^m = p_{11}^m q_{11}^m (L + \lambda H) + (p_{12}^m - \tau^m) q_{12}^m [L + (1-\lambda) H] - \phi^m w_1^m - \phi^a w_1^a$$

$$\tag{9-6}$$

其中，$\tau^m$ 是工业产品每单位的运输费用，$w_1^m$ 和 $w_1^a$ 分别是区域 1 的熟练工人和非熟练工人的工资。在区域 2 也可用类似的式子表示。

把区域 1 和区域 2 的需求函数式(9-2)和式(9-3)代入企业的利润函数中，

---

② 符号 $\phi^m$ 和 $\phi^a$ 在 4.3 节中分别表示工业部门和农业部门的贸易自由度，但在这里表示不同的意思。

求出利润最大化的一阶条件,再用到式(9-4),可以得到下面的均衡价格:

$$p_{11}^m = \frac{2a^m + \tau^m c^m (1-\lambda)n}{2(2b^m + c^m n)} \quad p_{21}^m = p_{11}^m + \frac{\tau^m}{2} \qquad (9\text{-}7)$$

$$p_{22}^m = \frac{2a^m + \tau^m c^m \lambda n}{2(2b^m + c^m n)} \quad p_{12}^m = p_{22}^m + \frac{\tau^m}{2} \qquad (9\text{-}8)$$

由此可以写出各企业的利润

$$\Pi_1^m = (b^m + c^m n)\{(L+\lambda H)(p_{11}^m)^2 + [L+(1-\lambda)H](p_{12}^m - \tau^m)^2\} - \phi^m w_1^m - \phi^a w_1^a \qquad (9\text{-}9)$$

如 8.2 节所述,{ }内的$(L+\lambda H)$和$[L+(1-\lambda)H]$表示各个区域的市场规模,我们知道区域 1 的人口增加会给利润带来正的影响。另一方面,随着区域 1 的人口增加(企业数量增加),{ }内的$(p_{11}^m)^2$会下降,$(p_{12}^m - \tau^m)^2$会上升(促进竞争效应)。这削弱了人口增加给利润带来的市场规模效应。

与以往相同,农业部门采用规模报酬一定的技术(1 单位的非熟练工人生产 1 单位的农产品)在完全竞争下进行生产。在区域 1(区域 2)的工业部门,因为雇用了$\lambda n \phi^a$单位($(1-\lambda)n\phi^a$单位)的非熟练工人,所以农产品的市场出清条件如下:

$$L - \lambda n \phi^a = q_{11}^a (L+\lambda H) + q_{12}^a [L+(1-\lambda)H] \quad (\text{大米})$$

$$L - (1-\lambda) n \phi^a = q_{21}^a (L+\lambda H) + q_{22}^a [L+(1-\lambda)H] \quad (\text{土豆})$$

另外,同一种农产品的区域间价格差异为运输费用$\tau^a$,所以$p_{12}^a = p_{11}^a + \tau^a$,$p_{21}^a = p_{22}^a + \tau^a$。由这些式子、$n = H/\phi^m$及各农产品的需求函数可以得到各农产品的均衡价格和消费量。具体来说,大米的价格为

$$p_{11}^a = \frac{a^a(2L+H) - L - b^a \tau^a [L + H(1-\lambda)]}{b^a(2L+H)} + \frac{\phi^a (\lambda b^a + c^a) H}{\phi^m b^a (b^a + 2c^a)(2L+H)} \qquad (9\text{-}10)$$

$$p_{12}^a = p_{11}^a + \tau^a$$

类似地,也可以得到土豆的价格。如果农产品的需求相对于供给来说足够小,那么价格可能为零。在这里,我们假定对于任意的$\lambda$,$r \in \{1,2\}$,$p_{rr}^a > 0$能够成立的条件是

$$b^a \tau^a \left(\frac{H}{L} + 1\right) < 2a^a - 1 + \frac{H}{L}\left(a^a + \frac{\phi^a}{\phi^m} \frac{c^a}{b^a + 2c^a}\right)$$

由式(9-10)可以立即得到

$$\frac{dp_{11}^a}{d\lambda} = \frac{H}{2L+H}\left[\frac{\phi^a}{\phi^m(b^a+2c^a)} + \tau^a\right] > 0 \qquad (9\text{-}11)$$

这表明当人口和企业数量增加时，该区域的农产品价格会上升。价格上升是由两种原因造成的。一是工业部门的扩大。工业部门的扩大增加了同部门熟练工人的需求，就会缩小当地农产品的生产。因此会导致需求过大，随之带来价格的上升。故工业部门的非熟练工人需求（$\phi^a/\phi^m$）越大，农产品的替代性（$c^a$）越小时，这种倾向就越显著。这体现在式（9-11）中[ ]里的第一项。二是当地农产品需求的增加。如果人口增加的话，当地的农产品需求就会增大。这是因为进口的农产品需要花费运输费用而使价格显得相对偏高。这种倾向在农产品运输费用（$\tau^a$）越大时会越显著。这体现在式（9-11）中[ ]里的第二项。因为农产品市场是完全竞争的，所以价格等于边际费用（$p_{11}^a = w_1^a$，$p_{22}^a = w_2^a$）。因此，非熟练工人的区域间的工资差异为

$$w_1^a - w_2^a = p_{11}^a - p_{22}^a = (2\lambda-1)\frac{H}{2L+H}\left[\tau^a + \frac{\phi^a}{\phi^m(b^a+2c^a)}\right] \qquad (9\text{-}12)$$

当 $\phi^a = \tau^a = 0$ 时，两地的工资相等。其他情况下，人口较多的地方工资较高。理由正如上面所述。

另外，与 8.2 节的式（8-12）相同，为了能让工业产品和农产品在任意的 $\lambda$ 时都会有贸易，我们假设

$$\tau^m < \tau_{\text{trade}}^m \equiv \frac{2a^m}{2b^m + \frac{c^m H}{\phi^m}} \qquad \tau^a < \frac{L - H\frac{\phi^a}{\phi^m}}{(H+L)(b^a+2c^a)}$$

### 9.2.3 均衡分析

根据间接效用函数式，区域间的效用差异可以写成如下的形式：

$$V_1 - V_2 = \underbrace{(S_1^m - S_2^m)}_{\text{工业产品生活费用效应}} + \underbrace{(S_1^a - S_2^a)}_{\text{农产品生活费用效应}} + \underbrace{(w_1^m - w_2^m)}_{\text{通过工资的选址效应}} \qquad (9\text{-}13)$$

（通过生活费用的选址效应）

与 8.2 节的情形相比，该式有以下两点大不相同。第一个不同是在通过生活费用的选址效应中加入了**农产品的生活费用效应**（消费者剩余差异）（$S_1^a - S_2^a$）这一项。用式（9-5）进行计算，可以得到

$$S_1^a - S_2^a = -(2\lambda - 1)\tau^a \underbrace{\frac{n\phi^a + (b^a + 2c^a)H\tau^a}{2L + H}}_{\text{农产品生活费用效应(一)}} \qquad (9\text{-}14)$$

随着区域1的企业数量($\lambda$)的增加,这一项会减少。正如式(9-11)所述,这是因为在区域1生产的农产品的价格上升了。因此,在到目前为止通过生活费用的正选址效应(工业产品生活费用效应)基础上,现在新加了负的效应。第二个不同是关于通过工资的选址效应。由式(9-9)和零利润条件可以得到

$$w_1^m - w_2^m = (2\lambda - 1)\underbrace{\frac{n(b^m + c^m n)}{2(2b^m + c^m n)}\left\{2a^m\tau^m - \left(b^m + \frac{c^m H}{2\phi^m}\right)(\tau^m)^2\right\}}_{\text{市场规模效应(+)}} -$$

$$(2\lambda - 1)\underbrace{\frac{n(b^m + c^m n)}{2(2b^m + c^m n)}\frac{cL}{\phi^m}(\tau^m)^2}_{\text{竞争效应(一)}} - \underbrace{\frac{\phi^a}{\phi^m}(w_1^a - w_2^a)}_{\text{人工费用效应(一)}} \qquad (9\text{-}15)$$

与8.2节情形的不同在于最后一项。根据式(9-12),随着区域1的人口的增加,这一项会减少。如果在区域1生产的农产品价格上升,同区域的非熟练工人的工资也会上升,所以对熟练工人的利益分配会减少。因此,与以往的收入效应(市场规模效应和竞争效应)相比,新加入了人工费用(非熟练工人工资)上升的负效应(**人工费用效应**)。至此,可以将企业(人口)的增加所带来的对选址的影响总结为表9.1。

**表 9.1** 企业(人口)的增加带来的对选址的影响(人工费用模型)

| | 正的子效应 | 负的子效应 |
| --- | --- | --- |
| 通过工资的选址效应 | 市场规模效应 | 竞争效应、人工费用效应 |
| 通过生活费用的选址效应 | 工业产品生活费用效应 | 农产品生活费用效应 |

式(9-13)可以进一步写成下面的形式

$$V_1 - V_2 = (1 - 2\lambda)V(\tau^m)$$

其中,

$$V(\tau^m) \equiv (\tau^m)^2 V_a - \tau^m V_b + V_c$$

$$V_a \equiv \frac{(b^m + c^m n)n}{2(2b^m + c^m n)^2}\left[3b^m(b^m + c^m n) + \frac{(c^m n)^2}{2} + \frac{Lc^m}{\phi^m}(2b^m + c^m n)\right] > 0$$

$$V_b \equiv \frac{a^m(b^m + c^m n)n}{(2b^m + c^m n)^2}(3b^m + 2c^m n) > 0$$

$$V_c \equiv \frac{H}{(2L+H)(b^a + 2c^a)}\left[\frac{\phi^a}{\phi^m} + \tau^a(b^a + 2c^a)\right]^2 > 0 \qquad (9\text{-}16)$$

根据附录 9.1 可以得到以下的命题。

**命题 9.2.1** 当 $\phi^a$ 足够大时,企业(熟练工人)在两地对称选址。否则的话,会存在一个临界值 $\tau^{a*}>0$,(i) $\tau^a \geqslant \tau^{a*}$ 时,企业(熟练工人)在两地对称选址。(ii) $\tau^a<\tau^{a*}$ 时,关于工业产品的运输费用存在一个区间 $[\tau_1^{m*}, \tau_2^{m*}]$ ($0<\tau_1^{m*}<\tau_2^{m*}$),工业产品的运输费用在这个区间内时,企业(熟练工人)在某一区域内完全集聚,否则便是对称选址。(iii) $\tau^a$ 或者 $\phi^a$ 变大时,区间 $[\tau_1^{m*}, \tau_2^{m*}]$ 缩小,如果 $\phi^a = \tau^a = 0$,则有 $\tau_1^{m*}=0$。

这个命题揭示了开头所说明的"通过工资和生活费用对集聚带来负的效应"。首先,当 $\phi^a$ 或 $\tau^a$ 足够大时,只会出现对称选址。正如式(9-11)所述,这是因为人口增加会使同区域的农产品价格和非熟练工人的工资显著上升。

其次,当 $\phi^a$ 和 $\tau^a$ 的取值都不太大时,便会出现新的选址变化。如图 9.1 所示,随着工业产品的运输费用降低,会出现"**分散→集中→再分散**"的模式。需要注意的是,与 8.2 节中的图 8.1 不同,当工业产品的运输费用足够低时会产生再分散。产生这种选址模式的原因是,运输费用的下降削弱了竞争效应,虽然一度造成了完全集聚,但是因为它提高了该区域的工资及生活费用,所以当运输费用足够低时,它们的差异会对选址起到决定性作用。在不允许人口移动的情况下,4.3 节和 5.4 节的模型揭示了倒 U 形的企业选址模式,其背后的机制也在这里出现了。

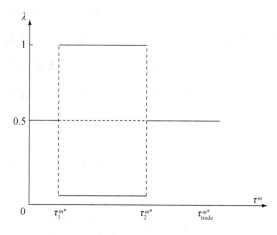

**图 9.1　由农业部门产生的再分散**

最后,如果 $\phi^a = \tau^a = 0$,那么选址将会回到前面得到的"分散→集中"的模式。也就是说,不会产生再分散。这也可以从式(9-11)看出。尽管熟练工人的数量增加了,但工业部门不雇用非熟练工人,农产品也不花费运输费用,故农产品的价格不会上升,非熟练工人的工资也不会上升。

农产品和工业产品的运输费用和 $V(\tau^m)$ 的关系如图 9.2 所示。当且仅当 $\tau^m \in [\tau_1^{m*}, \tau_2^{m*}]$ 时,$V(\tau^m) < 0$ 成立。这时完全集聚成为稳定均衡。由于 $V_c$ 是 $\tau^a$ 和 $\phi^a$ 的递增函数,所以当这些参数变大时,意味着 $V(\tau^m)$ 的图形向上移动。相反,如果固定 $V(\tau^m)$ 的图形,$\tau^a$ 和 $\phi^a$ 的增加相当于让横轴向下移。横轴下移到 $\tau^a > \tau^{a*}$ 时,对于任意的 $\tau^m$ 对称选址都是稳定均衡。

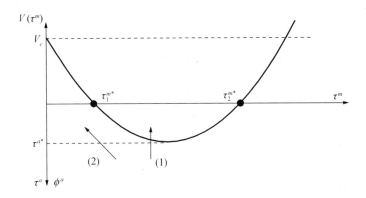

图 9.2　农业和工业运输费用的关系

因此,农产品的运输费用降低会导致对称选址的不稳定,容易引起集聚(图 9.2 的箭头(1))。如果农产品的运输费用低,在工业集中的区域,农产品的不足可以依赖廉价进口农产品来缓解。但是,如图 9.2 的箭头(2)所示,当农产品和工业产品的运输费用同时下降时,经济活动并不一定会趋向于集聚。

到此为止,我们已经看过了运输费用对 $V(\tau^m)$ 及选址的影响,最后我们来看一下农产品替代性($c^a$)的影响。根据式(9-16),我们可以得到以下的关系

$$\frac{dV_c}{dc^a} \gtrless 0 \Leftrightarrow \tau^a(b^a + 2c^a) \gtrless \frac{\phi^a}{\phi^m}$$

上式意味着,如果农产品的运输费用($\tau^a$)很大(很小),或者企业的非熟练工人投入量($\phi^a$)很小(很大),$V(\tau^m)$ 受 $c^a$ 的影响很大(很小),农产品替代性的上升就会带来选址的分散化(集聚)。这将会在下文得到解释。

如前一节所述,考虑到区域农产品的差异化,会产生两种新的分散力。一个是式(9-14)中表示的农产品生活费用效应,另一个是式(9-15)中表示的人工费用效应。

如果农产品的替代性变大,由式(9-11)我们可以看出,企业增加时农产品价格的上升幅度会变小。虽然该区域的农业供给减少,但是其他区域的农产品可以进行某种程度的替代。因此,由于非熟练工人的工资上升幅度较小,基于人工费用效应的分散力也较小。另外,这种影响在非熟练工人的投入量($\phi^u$)越大时越显著。

此外,如式(9-14)所示,农产品替代性的上升扩大了农产品生活费用的差距。即使某个区域的农产品价格上升,如果替代性很低,那么两种产品会有同等程度的消费,所以无论生活在哪个区域在生活费用上都不会产生较大的差距。然而,在高替代性的情况下,农产品价格低廉的区域能够完全消费自己区域的农产品,这样两地的生活费用就会产生很大的差距。因此,基于农产品生活费用效应的分散力会变大。农产品的运输费用($\tau^a$)越大时这种影响越大。

总的来说,农产品替代性的上升扩大了农产品生活费用的差距,缩小了人工费用的差异。如果农产品的运输费用很大,或者说企业的非熟练工人的投入量很小,那么前者起到决定性作用,使选址分散开来。否则,后者起到决定性作用,使选址集聚起来。

## 9.2.4 对农业政策的启示

接下来,我们运用本节的模型来分析农业部门的生产力的影响和农业补贴政策的影响。

**农业部门的生产力的影响**

在过去的一个世纪中,农业生产力大幅提高。例如,在 20 世纪 80 年代的欧洲和美国,其小麦的生产量是 20 世纪 50 年代的两倍、19 世纪 30 年代的 5 倍(Grigg,1989)。此外,发展中国家的农业生产力也显著提高,在中国,经历了 1978 年到 1981 年的农业改革后,生产力提高了 61%(Perkins,1988)。在巴西,1988 年到 1998 年间的农业改革使整个农业的平均生产力提高了 22%,尤其是棉花的生产力提高了 58%(Werner,2001)。农业的生产力以比人口增加率更快的速度得到提高。

为了分析农业部门的生产力对选址的影响,这里我们假设 1 单位的非熟练工人生产 $\rho$ 单位的农产品。这时,区域 1 和区域 2 的农产品的供给量分别为 $\rho(L-$

$\phi^a\lambda n$)和 $\rho(L-\phi^a(1-\lambda)n)$。生产力的提高（$\rho$ 增加）降低了农产品的价格，同时也扩大了非熟练工人的工资差距和农产品消费者剩余的差异：

$$w_1^a - w_2^a = (2\lambda - 1)H \frac{\rho\frac{\phi^a}{\phi^m} + \tau^a(b^a + 2c^a)}{(b^a + 2c^a)(2L+H)}$$

$$S_1^a - S_2^a = -(2\lambda - 1)\tau^a \frac{\rho n\phi^a + (b^a + 2c^a)H\tau^a}{2L+H}$$

因此，农业生产力提高使 $V(\tau^m)$ 增大，促进了分散选址。

**命题 9.2.2** 提高农业的生产力会促进工业选址的分散。

这个命题揭示了运输费用的下降和农业生产力的提高都是促使工业选址分散的原因。事实上，在中国和巴西的农业生产力显著提高的时期，有人观察到了工业选址的分散（Townroe，1983；Au and Henderson，2002）。在工业集聚的区域非熟练工人的工资本来就高，农业生产力的提高会进一步提升工资，所以会促进分散。

**对农民补助带来的影响**

为了保护受到农产品价格变动影响的低收入农民，很多国家都对农民进行各种各样的补助。在这里我们考虑这种补助对选址的影响。具体来说，我们考虑定额收入转移、按照销售额的收入转移和农产品的出口补助这三种政策。补助金来源于向全体居民统一征收的税收。另外，为了保持模型的对称性，假定两个区域采取的补助政策是相同的。

**（1）定额收入转移** 这时，区域 $r \in \{1,2\}$ 农民的收入不是 $p_{rr}^a$，而是 $w_{rr}^a = p_{rr}^a + t$，其中，$t \geq 0$，表示收入转移的金额。这种政策不会影响非熟练工人的工资差异，也不影响农产品的消费者剩余差异，所以不会影响企业选址。

**（2）按照销售额的收入转移** 对农民实行销售额 $\times (\sigma-1)$ 倍的收入转移（$\sigma > 1$）。这时，区域 $r \in \{1,2\}$ 的农民收入为 $w_{rr}^a = \sigma p_{rr}^a$。这种补助政策不会影响农产品消费者剩余的差异，但扩大了非熟练工人的工资差异 $w_1^a - w_2^a = \sigma(p_{11}^a - p_{22}^a)$，因此促进了分散选址。

**（3）农产品的出口补助** 考虑降低农产品贸易费用的出口补助政策。这无非是前一节所考察的降低 $\tau^a$ 的情况。如前一节所述，$\tau^a$ 的降低会增加 $V(\tau^m)$，使对称选址不稳定，容易引起集聚（图 9.2 的箭头（1））。

**命题 9.2.3** 假定对两地居民采取同样的补助政策。定额收入转移不会改变选址。但按照销售额的收入转移会促进工业选址的分散，而农产品出口补助会促进工业选址的集聚。

因此，在这些政策中，按照销售额的收入转移可以给工业化进程较慢的区域带来双重效果；其不仅能提高农民的收入，还能促使企业在当地选址。但需要注意的是，如果只在工业化进程较慢的区域实行这种补助政策，并不会产生后者的效果。这时会缩小与工业化进程较快的区域的工资差异，所以企业的选址反倒会进一步趋向集聚。

## 9.3 基于 CES 函数模型

在新地理经济学模型中，藤田等（Fujita et al. 1999，第 7 章）首次分析了农产品的运输费用和差异化农产品的影响。他们在 7.2.1 克鲁格曼模型的基础上进行分析。在这里，我们用 7.2.2 的 FE 模型进行分析。基本结果与前一节及 Fujita et al.（1999）的结论相同。

### 9.3.1 模型

如果考虑农产品的运输费用，那么两个区域的非熟练工人的工资要内生决定。我们分别用 $w_1^a$ 和 $w_2^a$ 来表示。这里先推广 7.2.2 中的 FE 模型，然后导出熟练工人的工资。

工业生产中，固定投入为 $F$ 单位的熟练工人，边际投入为 $\rho$ 单位的非熟练工人。所以区域 $r$ 的工业产品的均衡价格和均衡产量分别为

$$p_r = w_r^a \quad q_r = \frac{F\sigma w_r}{w_r^a}$$

区域 1 的企业份额为 $\lambda$，两区域的企业数由式（7-10）给出，所以工业部门的价格指数分别为

$$P_1 = \left(\frac{H}{F}\right)^{\frac{1}{1-\sigma}} [\lambda(w_1^a)^{1-\sigma} + (1-\lambda)(w_2^a)^{1-\sigma}\phi]^{\frac{1}{1-\sigma}}$$

$$P_2 = \left(\frac{H}{F}\right)^{\frac{1}{1-\sigma}} [\lambda(w_1^a)^{1-\sigma}\phi + (1-\lambda)(w_2^a)^{1-\sigma}]^{\frac{1}{1-\sigma}}$$

两个区域的总收入分别为

$$Y_1 = w_1^a L + w_1 \lambda H \quad Y_2 = w_2^a L + w_2(1-\lambda)H \tag{9-17}$$

求解工业产品的市场出清条件式

$$\frac{F\sigma w_1}{w_1^a} = \frac{\mu}{(w_1^a)^\sigma}(Y_1 P_1^{\sigma-1} + Y_2 P_2^{\sigma-1}\phi) \quad \frac{\sigma F w_2}{w_2^a} = \frac{\mu}{(w_2^a)^\sigma}(Y_1 P_1^{\sigma-1}\phi + Y_2 P_2^{\sigma-1})$$

可以得到两个区域的熟练工人的工资为

$$w_1 = \frac{L(w_2^a)^{\sigma-1}\mu}{H(\sigma-\mu)} \times$$

$$\frac{(w_2^a)^{\sigma-1}(w_1^a + w_2^a)\lambda\sigma\phi + (w_1^a)^{\sigma-1}[w_2^a\sigma\phi^2 + w_1^a(\sigma-\mu+\mu\phi^2)](1-\lambda)}{[(w_1^a)^{2(\sigma-1)}(1-\lambda)^2 + (w_2^a)^{2(\sigma-1)}\lambda^2]\sigma\phi + (w_1^a w_2^a)^{\sigma-1}\lambda(1-\lambda)[\sigma-\mu+(\sigma+\mu)\phi^2]}$$

(9-18)

$$w_2 = \frac{L(w_1^a)^{\sigma-1}\mu}{H(\sigma-\mu)} \times$$

$$\frac{(w_1^a)^{\sigma-1}(w_1^a + w_2^a)(1-\lambda)\sigma\phi + (w_2^a)^{\sigma-1}[w_1^a\sigma\phi^2 + w_2^a(\sigma-\mu+\mu\phi^2)]\lambda}{[(w_1^a)^{2(\sigma-1)}(1-\lambda)^2 + (w_2^a)^{2(\sigma-1)}\lambda^2]\sigma\phi + (w_1^a w_2^a)^{\sigma-1}\lambda(1-\lambda)[\sigma-\mu+(\sigma+\mu)\phi^2]}$$

(9-19)

## 9.3.2 同质农产品

如果两区域生产同质的农产品,那么两国的非熟练工人的工资由农产品的贸易模式来决定。如果区域 $r$ 进口区域 $s$ 的农产品,两地的非熟练工人的工资比率 $w_r^a/w_s^a$ 就等于 $\tau^a$。其中,$\tau^a$ 是农产品的冰块型运输费用。如果农产品是自给自足的,如 4.3 节所述,工资是由工业产品的贸易平衡决定的,工资比率落在区间 $[1/\tau^a, \tau^a]$ 内。最后,区域 $r$ 的熟练工人的间接效用函数(实际工资)可以用下式来表示:

$$V_r = \mu^\mu (1-\mu)^{1-\mu} w_r P_r^{-\mu} (w_r^a)^{\mu-1} \tag{9-20}$$

下面首先求一下维持点。如果所有的企业都集聚在区域 1,那么 $\lambda=1$,区域 1 从区域 2 进口农产品。所以 $w_1^a = \tau^a w_2^a$ 成立。根据前面导出的式(9-18)、式(9-19)和式(9-20),可以导出

$$\frac{V_1}{V_2} = \frac{\sigma(\tau^a)^{\mu-\sigma}(1+\tau^a)\phi^{1-\frac{\mu}{\sigma-1}}}{\sigma-\mu+(\sigma\tau^a+\mu)\phi^2} \tag{9-21}$$

完全集聚是稳定的条件为 $V_1/V_2 \geq 1$。式(9-21)依赖于农产品的运输费用。图 9.3 描绘了在 $\sigma=2.5$、$\mu=0.6$ 时,农产品的运输费用($\tau^a$)取值 1.0、1.1 和 1.2 三种情况下的效用比(9-21)。

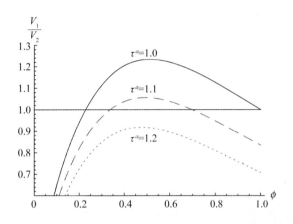

**图 9.3　维持点和农产品的运输费用(同质农产品的情况)**

$\tau^a=1.0$ 时,$\phi$ 足够大的话,有 $V_1/V_2 \geq 1$,它再现了标准的 FE 模型结果。如果 $\tau^a$ 增加,$\phi$ 只有在取中间的值时完全集聚均衡才是稳定的,当 $\phi$ 足够大时,完全集聚是不稳定的。这与 9.2 节的准线性模型得到的结果相同。$\tau^a$ 进一步变大时,对于任何的 $\phi$ 完全集聚都是不稳定的。如果农产品的运输费用过高,区域 1 的熟练工人向区域 2 移动的吸引力变大,完全集聚就会变得困难。这与 9.2 节的结果一致。

为了寻找突破点,我们来验证一下对称分散 $\lambda=1/2$ 的稳定性。在这个均衡中,由于没有两个区域的农产品的贸易,所以 $w_1^a = w_2^a$。如有偶然发生的熟练工人移动,那么目的地的非熟练工人的工资就会上涨。这会使工业部门的生产成本上升,最终这种移动将无法持续,会恢复到原来的对称均衡。③ 也就是说,对于任意的 $\tau^a>1$,对称均衡在 $\phi \in (0,1)$ 时都是稳定的,突破点不存在。

结果,分歧模式如图 9.4 所示。与以往相同,实线表示稳定均衡,虚线表示不稳定的内点均衡。

---

③ 此处需要严格的证明。请参照 Fujita et al.(1999)的附录,那里有关于(Krugman,1991)类模型而不是 FE 模型的证明。

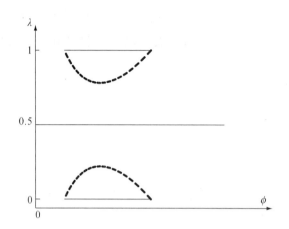

**图 9.4　假设农产品有运输费用的 FE 模型的分歧模式**

### 9.3.3　异质农产品

接下来,像 9.2 节那样考虑一下各个区域生产不同的农产品的情况。效用函数给定为

$$U = M^\mu A^{1-\mu}$$
$$A = (A_1^{\frac{\eta-1}{\eta}} + A_2^{\frac{\eta-1}{\eta}})^{\frac{\eta}{\eta-1}}$$

与以往相同,1 单位的非熟练工人生产 1 单位的农产品。两地农产品的价格指数为

$$P_1^a = \left[\frac{(w_1^a)^{1-\eta} + (w_2^a \tau^a)^{1-\eta}}{2}\right]^{\frac{1}{1-\eta}} \qquad P_2^a = \left[\frac{(w_1^a \tau^a)^{1-\eta} + (w_2^a)^{1-\eta}}{2}\right]^{\frac{1}{1-\eta}}$$

与工业产品需求式(3-10)相同,也可以求出农产品的需求。由于非熟练工人在农业部门和工业部门都可以工作,所以从事农业的人数就是从非熟练工人中除去从事工业的那部分。由两地的农产品的市场出清条件

$$L - \lambda H \frac{(\sigma-1)w_1}{w_1^a} = \frac{1-\mu}{2(w_1^a)^\eta}\left[\frac{Y_1}{(P_1^a)^{1-\eta}} + \frac{Y_2(\tau^a)^{1-\eta}}{(P_2^a)^{1-\eta}}\right]$$

$$L - (1-\lambda)H \frac{(\sigma-1)w_2}{w_2^a} = \frac{1-\mu}{2(w_2^a)^\eta}\left[\frac{Y_1(\tau^a)^{1-\eta}}{(P_1^a)^{1-\eta}} + \frac{Y_2}{(P_2^a)^{1-\eta}}\right]$$

可以算出非熟练工人的工资。其中,$Y_1$ 和 $Y_2$ 由式(9-17)给出。把区域 1 的非熟练工人的劳动力作为计价物,把上面的其中一个方程式与式(9-18)和式(9-19)连立可以解出 $w_1$、$w_2$ 和 $w_2^a$。其次,由于有两种农产品,所以式(9-20)

取为如下的形式

$$V_r = \mu^\mu (1-\mu)^{1-\mu} w_r P_r^{-\mu} (P_r^a)^{\mu-1}$$

但是这时无法求出工资的显式解，所以下面将展示模拟结果。参数分别取为 $\mu=0.6$，$\sigma=2$，$\eta=3$，$L=3$，$H=2$，$\tau^a$ 取 1.0、1.5 和 2.0 三个值，图 9.5 描绘了区域 1 达到完全集聚（$\lambda=1$）时的效用比 $V_1/V_2$。

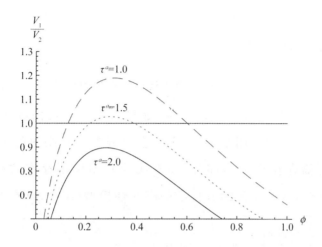

**图 9.5** 突破点和农产品的运输费用（异质农产品的情况）

结果与同质农产品的情况（图 9.3）相似。如果农产品的运输费用很高，使得完全集聚达到稳定时的 $\phi$ 的区间变得越来越窄，最后维持点也消失了。不同的是 $\tau^a=1.0$ 的情况。异质农产品的情况下，如果 $\phi$ 变大，完全集聚就会变得不稳定。这是因为，区域 1 的农产品不能被区域 2 的农产品完全代替，所以在工业集聚的地方，需要同时生产农产品和工业产品，使得劳动力市场变得紧张，导致工资上涨。

接下来，看一下完全分散的均衡是怎样的。图 9.6 描绘了参数分别取 $\phi=0.35$，$\mu=0.6$，$\sigma=2$，$\eta=3$，$L=3$，$H=2$，$F=1$，$\tau^a$ 取 1.0、1.5 和 2.0 三个值时 $V_1(\lambda)-V_2(\lambda)$ 的图形。根据 6.3 节的结论，如果曲线在 $\lambda=1/2$ 处的斜率为负，那么对称分散均衡是稳定的。根据图 9.6，与同质农产品的情况不同，我们知道 $\tau^a$ 很小时，对称分散均衡是不稳定的。如果农产品运输费用增加，这个均衡会渐渐变得稳定起来。另外，$\tau^a=1$ 时，只有完全集聚是稳定的；$\tau^a=1.5$ 时，完全集聚和对称分散两者都是稳定均衡；$\tau^a=2.0$ 时，只有对称分散是稳定的。

结果，分歧模式如图 9.7 所示。其中，虚线表示不稳定的内点均衡。图 9.7

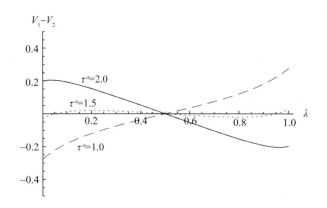

图 9.6　异质农产品的运输费用和效用差异

与图 9.1 描绘了同样的现象。也就是说,如果考虑农业部门的运输费用和异质农产品,工业产品的运输费用很小时,企业会再分散。两张图的不同在于,FE 模型中两种稳定均衡存在重叠的部分,而准线性模型中不存在这种重叠的部分。这也是标准的 FE 模型(图 7.2)和标准的准线性模型(图 8.1)的不同之处。

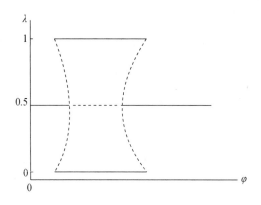

图 9.7　假设异质农产品的 CES 模型

## 9.4　小结

本章分析了农产品的运输费用对工业部门选址的影响。首先推广了 8.2 节所介绍的准线性模型,考虑到了(i)工业部门也雇用非熟练工人,(ii)各区域农产品有差异,(iii)农产品的运输费用是正的。在这种情况下,工业集聚区域的非熟练工人的工资和生活费相对较高,产生了对工业选址来说一种新的分散力。结果,随着工业产品运输费用的下降,出现了"分散→集聚→再分散"这种选址变化。我们还分析了以运输费用为主的各种参数以及农业生产力和农业补助政策对工业选址有怎样的影响。

本章后半部分用基于 CES 型效用函数的模型进行了同样的分析。考虑到农产品的运输费用后,7.2.2 的 FE 模型求解起来也比较困难,所以采取了模拟分析。但是,得到的结果与用准线性效用函数得到的结果基本相同。

**习题 9.1** 导出最大化式(9-6)的式(9-7)和式(9-8)。

# 附录 9.1  命题 9.2.1 的证明

对称均衡($\lambda=1/2$)是稳定的充分必要条件为 $V(\tau^m)>0$,完全集聚($\lambda\in\{0,1\}$)是稳定的充分必要条件为 $V(\tau^m)<0$。二次函数 $V(\tau^m)$ 是严格的凸函数,有唯一的最小值 $V_3-V_2^2/(4V_1)$。另外,$V_3$ 是 $\tau^a$ 的二次函数,$V_2^2/(4V_1)$ 只依赖于工业部门的参数。满足 $\min_{\tau^m} V(\tau^m)=0$ 的 $\tau^a$ 值为

$$\tau^{a*} = \sqrt{\frac{2L+H}{H(b^a+2c^a)}\frac{V_2^2}{4V_1} - \frac{1}{b^a+2c^a}\frac{\phi^a}{\phi^m}}$$

因此,如果 $\phi^a$ 足够大,那么 $\tau^{a*}\leqslant 0$,以及 $\min_{\tau^m} V(\tau^m)\geqslant 0$。既然对于任意的 $\tau^m$ 都有 $V(\tau^m)\geqslant 0$,那么对称均衡都是稳定的。

$\tau^{a*}>0$ 时,如果 $\tau^a\geqslant\tau^{a*}$,由同样的理由可知对于任意的 $\tau^m$,对称均衡都是稳定的;如果 $\tau^a<\tau^{a*}$,那么方程式 $V(\tau^m)=0$ 有下面两个解:

$$\tau_1^{m*} \equiv \frac{V_2-\sqrt{V_2^2-4V_1V_3}}{2V_1} \quad \tau_2^{m*} \equiv \frac{V_2+\sqrt{V_2^2-4V_1V_3}}{2V_1}$$

因此,在 $\tau^m\in(\tau_1^{m*},\tau_2^{m*})$ 时有 $V(\tau^m)<0$,$\lambda\in\{0,1\}$ 便是稳定均衡。相反,如果 $\tau^m\in(0,\tau_1^{m*})$ 或者 $\tau^m>\tau_2^{m*}$,那么 $V(\tau^m)>0$ 成立,$\lambda=1/2$ 是稳定均衡。最后,$V_1$ 和 $V_2$ 都不依赖于 $\tau^a$ 和 $\phi^a$,因为 $V_3$ 是 $\tau^a$ 和 $\phi^a$ 的递增函数,所以我们知道 $\tau_1^{m*}$ 是 $\tau^a$ 和 $\phi^a$ 的递增函数,而 $\tau_2^{m*}$ 是 $\tau^a$ 和 $\phi^a$ 的递减函数。在 $\phi^a=\tau^a=0$ 时,因为 $V_3=0$,所以 $\tau_1^{m*}=0$。

# 第 10 章
# 城市费用带来的再分散

## 10.1 引言

第 9 章分析了人工费用和消费品价格上涨所带来的再分散。但是,如果考虑到企业和劳动的再分散,土地和住宅的费用以及通勤费用是不容忽视的。例如,日本从 20 世纪 50 年代后期开始,向东京、大阪等城市圈集中的进程急速加剧。这就使这些地方被迅速开发,引起了地价的上涨、通勤时间的延长、交通拥堵和环境污染等各种各样的城市问题。结果,进入 20 世纪 70 年代后便出现了从东京和大阪城市圈向外的分散化。[①]

不用说,这些问题中的大多数(尤其是昂贵的地价和房租)现在依然是大城市的分散力。事实上,如 1.3 节所述,城市的人口规模越大,名义工资就越高,但名义工资用物价和房租打了折扣后,得到的实际工资反而降低了(Tabuchi and Yoshida, 2000)。这意味着,对于从小城市向大城市移动的家庭来说,生活费用的上升幅度超过了收入的上升幅度。

本章在以往的模型中加入城市费用,分析它们对选址会有什么影响。具体来说,是在以往的模型中导入单中心的(monocentric)城市空间,明确考虑住宅费用和通勤费用。[②] 可以认为,交通技术的发展带来的不仅是运输费用的下降,还有通勤费用的减少。本章的模型分析会告诉我们在运输费用和通勤费用同时下降时选址会有怎样的变化。10.2 节将介绍基于 8.2 节的准线性效用函数的模

---

[①] 这种背景的出现,也许有从轻工业向重工业的产业结构转化所带来的影响(Fujita and Tabuchi, 1997)。也就是说,向需要更多土地的重工业的转化成了企业和劳动分散化的一个重要原因。

[②] Krugman and Livas Elizondo (1996)、Tabuchi (1998)也像本章这样导入城市空间,分析城市费用的影响。另外,Helpman (1998)、Suedekum (2006)考虑了导入住宅市场后的分散力,却没有考虑通勤费用。

型,10.3 节将介绍基于 CES 型效用函数的模型。

## 10.2 基于准线性模型

### 10.2.1 模型

本节介绍基于 8.2 节的准线性效用函数的模型(Ottaviano et al.,2002)。具体来说,用以下的方式导入工业工人(熟练工人)支付的住宅(土地)费用和通勤费用。

每个区域都是由一维城市空间 $X$ 构成,其中 CBD 处于地点 0。企业生产不需要投入土地,所有的企业都会在某一个区域的 CBD 里选址。另外,每个地点 $x \in X$ 上存在的土地数量为 1 单位,工人必须在某个地点选址(消费 1 单位的土地)。工人在 CBD 上班,向企业提供 1 单位的劳动,然后获得工资收入。而且,各个城市的土地由该城市的居民所共同拥有,产生的土地收入也都均等分配给当地的居民。

现在我们记区域 $r(=1,2)$ 的工业工人为 $H_r$。为了使通勤费用尽可能少,工业工人会以 CBD 为中心选址,所以区域 $r$ 的城市空间(工业工人的选址范围)可以用线段 $[-H_r/2, H_r/2]$ 来表示。另外,假定在地点 $x$ 居住的人需要消费 $\theta|x|$ ($\theta>0$)单位的计价物作为通勤费用。因此,远距离通勤的工人需要支付更多的通勤费用,但由于同一区域内效用必须是均等的,所以距离 CBD 越远,地租就越便宜。具体来说,如果城市端点的地租(=农业地租)为 0,那么地点 $x$ 的地租可表示为

$$R_r^*(x) = \theta\left(\frac{H_r}{2} - |x|\right)$$

因此,区域 $r$ 的总地租收入为

$$\int_{-\frac{H_r}{2}}^{\frac{H_r}{2}} R_r^*(x)\,dx = \frac{\theta H_r^2}{4}$$

这会均等分配给区域 $r$ 的工人。

假设效用函数为准线性效用函数式(8-1)。另外,区域 $r$ 的工业工人的预算

约束为

$$\int_0^n p_r(i)q_r(i)\mathrm{d}i + q_r^0 = \underbrace{w_r}_{\text{工资收入}} - \underbrace{\theta|x|}_{\text{通勤费用}} - \underbrace{R_r^*(x)}_{\text{地租支出}} + \underbrace{\frac{\theta H_r}{4}}_{\text{地租收入}} + \bar{q}^0$$

$$= w_r - \underbrace{\frac{\theta H_r}{4}}_{\text{纯城市费用}} + \bar{q}^0$$

因此，如果在区域 1 选址的工业工人的比例为 $\lambda \in [0,1]$，纯城市费用（＝通勤费用＋地租支出－地租收入）的差异为

$$\frac{\theta H_1}{4} - \frac{\theta H_2}{4} = \frac{1}{2}\left(\lambda - \frac{1}{2}\right)\theta H$$

而且，工业工人的区域间效用差异可以写成

$$\Delta V(\lambda) \equiv V_1 - V_2 = \underbrace{(S_1 - S_2)}_{\text{工业产品生活费用效应}} - \underbrace{\frac{1}{2}\left(\lambda - \frac{1}{2}\right)\theta H}_{\text{城市费用效应}} + \underbrace{(w_1^* - w_2^*)}_{\text{通过工资的选址效应}}$$

$$\underbrace{\phantom{(S_1 - S_2) - \frac{1}{2}\left(\lambda - \frac{1}{2}\right)\theta H}}_{\text{通过生活费用的选址效应}}$$

其中，$(S_1 - S_2)$ 由式(8-13)、$(w_1^* - w_2^*)$ 由式(8-14)给出。与 8.2 节的情况比起来，不同的是通过生活费用的选址效应中加入了**城市费用效应**（纯城市费用的差异）这一项（$-(\lambda - 1/2)\theta H/2$）。这显然是负的效应。这意味着，如果人口增加，城市费用也会增加，那么其他区域的吸引力便会上升。企业（人口）增加带来的对选址的影响可以总结为表 10.1。

**表 10.1** 企业（人口）增加带来的对选址的影响（城市费用模型）

|  | 正的子效应 | 负的子效应 |
| --- | --- | --- |
| 通过工资的选址效应 | 市场规模效应 | 竞争效应 |
| 通过生活费用的选址效应 | 工业产品生活费用效应 | 城市费用效应 |

上述的区域间效用差异的式子可以用

$$\Delta V(\lambda) = \left[C\tau(\tau^* - \tau) - \frac{\theta H}{2}\right]\left(\lambda - \frac{1}{2}\right) \tag{10-1}$$

来表示。其中，$C(>0)$ 由式(8-16)给出，$\tau^*(>0)$ 由式(8-17)给出。

### 10.2.2 均衡

这里也选用复制动态式(6-1)作为人口移动的动态系统。根据式(10-1)，可

以得到

$$\text{对称分散}(\lambda = 1/2)\text{是稳定的} \Leftrightarrow C_\tau(\tau^* - \tau) < \frac{\theta H}{2}$$

$$\text{完全集聚}(\lambda = 1 \text{ 或 } 0)\text{是稳定的} \Leftrightarrow C_\tau(\tau^* - \tau) > \frac{\theta H}{2}$$

这个结果可以用图 10.1 来表示。由这张图我们可以得出下面几个结论。

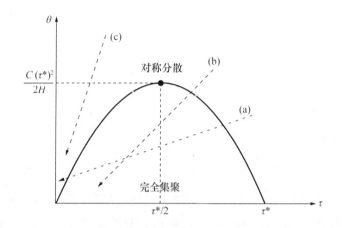

**图 10.1** 运输费用和通勤费用与选址模式(准线性模型,有非熟练工人)

第一,如果通勤费用为零($\theta = 0$),则与 8.2 节的模型相同。也就是说,$\tau > \tau^*$ 时,选址模式呈对称分散,$\tau < \tau^*$ 时,完全集聚在某个区域。第二,当通勤费用为正且不是很大($0 < \theta < C(\tau^*)^2/(2H)$)时,运输费用的下降会带来"分散→集聚→再分散"的选址变化。这与 10.1 节的人工费用所带来的再分散过程相似。也就是说,运输费用的下降削弱了竞争效应,虽然一度导致完全集聚,但由于该地区的城市费用上升,如果运输费用足够低,城市费用的差异就会对选址起到主导作用。第三,当通勤费用足够高($\theta > C(\tau^*)^2/(2H)$)时,此时不论运输费用 $\tau$ 如何,选址总是对称分散的。

一般来说,交通技术的进步不仅会降低运输费用,也会降低通勤费用。当运输费用和通勤费用同时下降时,与此对应的选址模式也会发生变化。例如,如在图 10.1 中(a)所示的费用下降的情况下,会出现"分散→集聚→再分散"这种选址变化,(b)的情况下会出现"分散→集聚"的选址变化,(c)的情况下会一直出现对称分散。

总之,导入通勤费用后便会出现与 8.2 节不同的选址变化模式。但是,即使导入了通勤费用,关于维持点和突破点相同这一结果,还是与 8.2 节一样。也就是说第 7 章那样的对称分散和完全集聚同时发生的情况并不存在,8.3 节那样的非对称选址的情况也不会发生。关于这一点,可以说是 8.2 节准线性模型的共同性质。

## 10.3 基于 CES 函数模型

### 10.3.1 模型

这里,我们介绍基于村田和蒂斯(Murata and Thisse,2005)的 CES 型效用函数的模型。这个模型舍弃了农业部门,工人也只有一种类型(总工人数为 1)。

现在假设区域 $r(=1,2)$ 的人口为 $L_r$,各个工人占有 1 单位的土地。该区域的城市空间可以用线段 $[-L_r/2, L_r/2]$ 来表示。与前一节不同,这里的通勤费用通过效率劳动(effective labor)的损失来表示。具体来说,在地点 $x$ 居住的人提供的效率劳动可以用下式表示[3]:

$$s(x) = 1 - 2\theta |x|, \quad x \in \left[-\frac{L_r}{2}, \frac{L_r}{2}\right]$$

其中,$\theta > 0$ 表示每单位距离所需花费的通勤费用。为了保证在任何一个地方选址都有 $s(x) > 0$ 成立,我们假设 $\theta < 1$。根据 $s(x)$ 的式子我们可以得到在区域 $r$ 的效率劳动的总量为

$$S_r = \int_{-\frac{L_r}{2}}^{\frac{L_r}{2}} s(x) dx = L_r \left(1 - \theta \frac{L_r}{2}\right) \tag{10-2}$$

由于在同一个区域居住的工人的工资率(对每单位的效率劳动所支付的工资)是相同的,所以远距离的通勤会因为过多失去效率劳动而导致较低的工资收入。但是,因为在同一区域内效用必须是均等的,所以距离 CBD 较远的地点地租相对便宜。因此,如果把城市端点的地租(=农业地租)作为基准 0,那么地点 $x$ 的地租为

$$R_r^*(x) = \theta(L_r - 2|x|) w_r$$

---

[3] 根据这个假设,用 CES 型效用函数可以具体导出维持点和突破点。

其中，$w_r$ 是区域 $r$ 的工资率。因此，区域 $r$ 的总地租收入为

$$\int_{-\frac{L_r}{2}}^{\frac{L_r}{2}} R_r^*(x) \mathrm{d}x = \frac{\theta L_r^2 w_r}{2}$$

这将均等分配给区域 $r$ 的工人。

由于没有农业部门，所以这里假定与 5.4 节同样的 CES 型效用函数(5-14)。另外，区域 $r$ 的预算约束为

$$\int_0^n p_r(i) q_r(i) \mathrm{d}i = \underbrace{s(x) w_r}_{\text{工资收入}} - \underbrace{R_r^*(x)}_{\text{地租支出}} + \underbrace{\frac{\theta L_r w_r}{2}}_{\text{地租收入}} = \left(1 - \frac{\theta L_r}{2}\right) w_r$$

因此，区域 $r$ 的工人的间接效用函数可以表述为

$$V_r = \frac{w_r}{P_r}\left(1 - \frac{\theta L_r}{2}\right) \tag{10-3}$$

此外，生产技术与第 4 章和第 5 章相同。假定固定投入为效率劳动 $F$ 单位、边际投入为效率劳动 $\rho$ 个单位来进行生产。因此，区域 $r$ 的企业的均衡出厂价为 $p_{rr} = w_r$。进一步，如果以 $F = 1/\sigma$ 来选定劳动力的单位，那么各个企业的均衡生产量为 1，各个企业的均衡劳动投入量也为 1。因此，区域 $r$ 的企业数量为 $n_r = S_r$。如果把区域 $r$ 居住的工人的比例记为 $\lambda \in [0, 1]$，那么根据式(10-2)，可以得到如下结论：

$$n_1 + n_2 = S_1 + S_2 = 1 - \frac{\theta}{2}[\lambda^2 + (1-\lambda)^2]$$

$$\frac{\partial(n_1 + n_2)}{\partial \lambda} = \theta(1 - 2\lambda) \qquad \frac{\partial^2(n_1 + n_2)}{\partial \lambda^2} = -2\theta < 0$$

这揭示了在对称选址时，通勤失去的效率劳动达到最小，而总企业数达到最大。

最后，与 7.2.1 的式(7-5)和式(7-6)相同，关于价格指数和工资，可分别得到下述方程：

$$P_1 = [S_1 w_1^{1-\sigma} + S_2 w_2^{1-\sigma} \phi]^{\frac{1}{1-\sigma}} \qquad P_2 = [S_1 w_1^{1-\sigma} \phi + S_2 w_2^{1-\sigma}]^{\frac{1}{1-\sigma}} \tag{10-4}$$

$$w_1^\sigma = P_1^{\sigma-1} S_1 w_1 + \phi P_2^{\sigma-1} S_2 w_2 \qquad w_2^\sigma = \phi P_1^{\sigma-1} S_1 w_1 + P_2^{\sigma-1} S_2 w_2 \tag{10-5}$$

给定 $S_1$（或 $\lambda$）时的短期均衡（变量 $w_1$、$w_2$、$P_1$、$P_2$）可以由这些方程式来决定。

## 10.3.2 均衡

记区域 1 的相对工资为 $\omega$，企业份额为 $\varepsilon$：

$$\omega = \frac{w_1}{w_2} \qquad \varepsilon \equiv \frac{S_1}{S_1 + S_2} \qquad (10\text{-}6)$$

根据式(10-2),有

$$\varepsilon \equiv \frac{\lambda(2-\theta\lambda)}{2-\theta[\lambda^2+(1-\lambda)^2]} \equiv \varepsilon(\lambda)$$

可以看出,企业份额函数 $\varepsilon(\lambda)$ 为严格的递增函数。进一步,将式(10-5)代入式(10-6),可以得到 $\varepsilon$ 和 $\omega$ 的关系式

$$\varepsilon = \frac{1}{1 + \dfrac{\omega^{1-2\sigma} - \omega^{1-\sigma}\phi}{1 - \omega^{-\sigma}\phi}} \qquad (10\text{-}7)$$

因为 $\varepsilon \in (0,1)$,所以有 $\phi < \min\{\omega^\sigma, \omega^{-\sigma}\}$。在这个条件下,我们知道式(10-7)是关于 $\omega$ 的严格递增函数。因此,存在式(10-7)的反函数 $\omega(\varepsilon)$,它也是严格的递增函数。

根据式(10-3)和式(10-4)可以写出两个区域的效用水平的比:

$$\frac{V_2(\lambda,\varepsilon(\lambda),\omega(\varepsilon(\lambda)))}{V_1(\lambda,\varepsilon(\lambda),\omega(\varepsilon(\lambda)))} = \frac{1-\dfrac{\theta(1-\lambda)}{2}}{1-\dfrac{\theta\lambda}{2}} \cdot \frac{\dfrac{w_2}{P_2}}{\dfrac{w_1}{P_1}} = U(\lambda)T(\lambda)$$

其中,

$$U(\lambda) \equiv \frac{1-\dfrac{\theta(1-\lambda)}{2}}{1-\dfrac{\theta\lambda}{2}}$$

$$T(\lambda) \equiv \left[\frac{\varepsilon(\lambda)+(1-\varepsilon(\lambda))\phi\omega(\varepsilon(\lambda))^{\sigma-1}}{\varepsilon(\lambda)\omega(\varepsilon(\lambda))^{1-\sigma}\phi+1-\varepsilon(\lambda)}\right]^{\frac{1}{1-\sigma}}$$

由于每单位距离所对应的通勤费用 $\theta$ 只包含在 $U(\lambda)$ 中,基于运输费用的贸易自由度 $\phi$ 只包含在 $T(\lambda)$ 中,所以效用比所给出的城市费用的效应来自 $U(\lambda)$,运输费用的效应来自 $T(\lambda)$。进一步,由简单的计算可以得到 $dU/d\lambda > 0$。而且 $\varepsilon(\lambda)$ 和 $\omega(\varepsilon)$ 都是递增函数,以及 $\partial T/\partial \varepsilon < 0$,$\partial T/\partial \omega < 0$。由此可知 $dT/d\lambda < 0$ 成立。因此,如果某一区域的人口数量增加,我们知道通过城市费用会产生分散力,通过运输费用会产生集聚力。由这两者的平衡可以决定均衡选址。

首先,来考虑端点均衡的稳定性。所有的工人都集聚在区域 1($\lambda=1$)构成稳定均衡的充要条件为

$$\left.\frac{V_2}{V_1}\right|_{\lambda=1} = \frac{\tau^{\frac{1-2\sigma}{\sigma}}}{1-\frac{\theta}{2}} < 1$$

这个条件可以写成

$$\tau > \tau_s \equiv \left(1-\frac{\theta}{2}\right)^{\frac{\sigma}{1-2\sigma}}$$

根据区域的对称性，这也是在区域 2 完全集聚的稳定条件。像以往那样，称 $\tau_s$ 为维持点。

接下来，考虑对称内点均衡 $\lambda=1/2$ 的稳定性。令 $Z \equiv (1-\phi)/(1+\phi)$，可以得到

$$\left.\frac{L_r}{V_r}\frac{dV_r}{dL_r}\right|_{\lambda=\frac{1}{2}} = \frac{4-2\theta}{4-\theta}\left[\frac{(2\sigma-1)Z}{(\sigma-1)[\sigma(Z+1)-Z]} - \frac{\theta}{2(2-\theta)}\right]$$

因此，如果

$$\theta \in \left(0, \min\left\{\frac{4}{\sigma+1}, 1\right\}\right)$$

那么存在

$$\tau_b \equiv \left\{\frac{(2\sigma-1)[4-(\sigma+1)\theta]}{4(2\sigma-1)+(1-3\sigma)\theta}\right\}^{\frac{1}{1-\sigma}}$$

对称分散是稳定的充要条件为 $\tau < \tau_b$，称 $\tau_b$ 为突破点。此外，如果 $\sigma > 3$（产品种类间的替代性较高）且 $\theta \in [4/(\sigma+1), 1)$（通勤费用较高），对称分散对于任意的运输费用 $\tau$ 来说都是稳定的。

进一步，如果突破点 $\tau_b$ 存在，可以证明突破点大于维持点 $\tau_s$（Murata and Thisse，2005，命题 8）。因此，在区间 $(\tau_s, \tau_b)$ 中，完全集聚和对称分散都是稳定的。

需要注意维持点 $\tau_s$ 和突破点 $\tau_b$ 是依赖于 $\theta$ 的。图 10.2 以 $\theta$ 为纵轴、$\tau$ 为横轴，显示了在 $\sigma \leq 3$ 和 $\sigma > 3$ 的情况下，哪个区域是完全集聚的，哪个区域是对称分散的。与 10.2 节的模型相同，运输费用和通勤费用同时下降的情况下，根据其下降过程的不同，会出现各种各样的选址变化模式。但是，以下几点与 10.2 节的模型不同。第一，在 10.2 节的模型中，运输费用足够大时，只有对称分散选址是稳定的。但是在本节的模型中，即使运输费用足够大，完全集聚选址也有可能是稳定均衡。这是因为本节的模型中不存在在区域间无法移动的非熟练工人。即使在运输费用很大的情况下，竞争效应也不起作用，不会出现分散选址的诱因。第二，与 10.2 节的模型不同，在本章的模型中，维持点和突破点不同。也就

是说，有可能存在对称分散和完全集聚同时出现的情况。在这一点上，可以说继承了第 7 章中心-外围模型的性质。

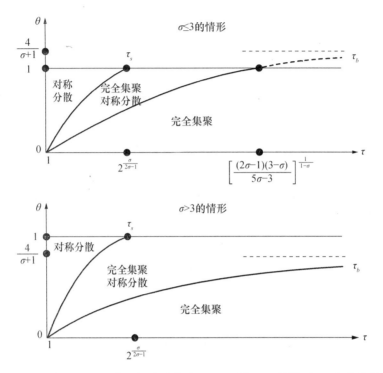

图 10.2 运输费用和通勤费用与选址模式（CES 型效用函数模型，没有非熟练工人）

## 10.4 小结

本章在基于 8.2 节的准线性效用函数的模型和第 7 章基于 CES 型效用函数的模型中导入城市空间，分析了考虑到住宅费用和通勤费用这样的城市费用的模型。在这种情况下，我们知道在工业集聚的地区城市费用相对较高，对工业选址产生新的分散力。结果与第 9 章相同，足够小的工业运输费用会导致工业选址的再分散。另外，在运输费用和通勤费用同时下降的情况下，根据其下降过程的不同会出现各种各样的选址变化模式。

**习题 10.1** 根据式（10-5）和式（10-6）导出式（10-7），证明它是关于 $\omega$ 的递增函数。

# 第 11 章
# 多产业的空间经济

## 11.1 引言

之前论述的模型全都是分析仅有一种工业类型(规模报酬递增产业)的情况。本章主要分析存在多种工业类型时的选址问题。与以往相同,本章分析的着眼点仍在于随着交通技术的发展会出现怎样的选址模式,而且本章将导入前两章所论述的再分散机制。实际上,在美国和日本,工业部门的再分散现象非常显著[①],这无疑都是基于廉价的生产要素(劳动、土地)和城市费用。更为重要的一点是,本章旨在阐明,在分散和再分散的情况下,各区域的产业构成不一定相同,这一点只有通过多产业的分析才能得以阐明。

具体来说,我们首先扩展 9.2 节的模型,分析非熟练工人投入量不同的多产业均衡选址。这里非熟练工人的工资(=农产品价格)差异是再分散的动力,本章揭示了:(i) 一般来说,在(运输费用较高时产生的)分散和(运输费用较低时产生的)再分散的情况下,各区域选址的产业构成不同;(ii) 在再分散过程中,非熟练工人的必要投入量较多的产业会形成小区域。其次,扩展 10.2 节中将城市费用作为分散力的模型,来分析产品运输费用不同的多产业均衡选址。在这里揭示了:(i) 由于城市费用的不同,存在各种各样的分散形态;(ii) 虽然运输费用较低的产业有形成小区域的倾向,但也存在例外。

在多产业的模型中,需要用符号来表示产业名称,标记比较复杂。本章将用上标来标记产业名称,用下标来标记区域名称。

---

[①] 20 世纪初的美国,工业集中在大城市,但到 20 世纪末就转移到了小城市。Mills and Hamilton (1994) 将这一现象称作"工业部门的大转移"。正如本章最后所示,日本的工业部门大约是从 20 世纪 60 年代开始明显出现向地方转移的现象。

## 11.2 非熟练工人必要投入量不同的多产业选址

### 11.2.1 模型

可以把 9.2 节的模型以下述方式拓展成多产业模型。首先,工业中存在三种产业[②],各产业的熟练工人数量都相同,即 $H/3$($H$ 是熟练工人的总数)。该模型中各产业的技术差异非常大,熟练工人不可以在产业间移动。假设 $i$ 产业的企业投入 1 单位的熟练工人和 $\phi^i$ 单位的非熟练工人,就可以生产任意数量的差异化产品。工业产品的运输费用与之前相同,每单位需要花费 $\tau$。为了简便起见,将农产品的运输费用设为零。如第 9 章所述,由于假定了农产品的异质性,工业聚集的地方有大量的非熟练工人从事工业生产,因此工资和农产品的价格会上涨,这将作为分散力发挥作用。另外,将计价物的运输费用也设为零。

把区域 $r(=1,2)$ 的工人效用函数(9-1)推广至多产业情形后,结果为

$$U_r(q^m,q^a,q^0) = \alpha^m \sum_{i=1}^{3}\int_0^n q_r^{m,i}(x)\mathrm{d}x - \frac{\beta^m-\gamma^m}{2}\sum_{i=1}^{3}\int_0^n [q_r^{m,i}(x)]^2\mathrm{d}x -$$

$$\frac{\gamma^m}{2}\sum_{i=1}^{3}\left[\int_0^n q_r^{m,i}(x)\mathrm{d}x\right]^2 + \alpha^a(q_{1r}^a+q_{2r}^a) -$$

$$\frac{\beta^a-\gamma^a}{2}[(q_{1r}^a)^2+(q_{2r}^a)^2] - \frac{\gamma^a}{2}(q_{1r}^a+q_{2r}^a)^2 + q^0 \quad (11\text{-}1)$$

这里的 $q_r^{m,i}$ 为区域 $r$ 的工人对产业 $i$(工业)产品的消费量,$q_{1r}^a$、$q_{2r}^a$ 分别为区域 $r$ 的居民对在区域 1 和区域 2 生产的农产品的消费量,$q^0$ 为计价物的消费量。

工人在收入约束条件

$$\sum_{i=1}^{3}\int_0^n p_r^{m,i}(x)q_r^{m,i}(x)\mathrm{d}x + p_{1r}^a q_{1r}^a + p_{2r}^a q_{2r}^a = y + \bar{q}^0$$

下,将效用式(11-1)最大化。在这里,如果导入以下的记号

$$a^m = \frac{\alpha^m}{\beta^m+(n-1)\gamma^m} \quad b^m = \frac{1}{\beta^m+(n-1)\gamma^m}$$

---

[②] Zeng(2006)假设有 $N$ 种产业,分析了更为一般的情况。

$$c^m = \frac{\gamma^m}{(\beta^m - \gamma^m)[\beta^m + (n-1)\gamma^m]}$$

$$a^a = \frac{\alpha^a}{\beta^a + \gamma^a} \quad b^a = \frac{1}{\beta^a + \gamma^a} \quad c^a = \frac{\gamma^a}{(\beta^a - \gamma^a)(\beta^a + \gamma^a)}$$

效用最大化后得到的需求函数可以写成如下形式:

$$q_{11}^{m,i} = a^m - (b^m + nc^m)p_{11}^{m,i} + c^m P_1^{m,i} \tag{11-2}$$

$$q_{12}^{m,i} = a^m - (b^m + nc^m)p_{12}^{m,i} + c^m P_2^{m,i}$$

$$q_{22}^{m,i} = a^m - (b^m + nc^m)p_{22}^{m,i} + c^m P_2^{m,i}$$

$$q_{21}^{m,i} = a^m - (b^m + nc^m)p_{21}^{m,i} + c^m P_1^{m,i} \tag{11-3}$$

$$q_{11}^a = a^a - b^a p_{11}^a + c^a (p_{21}^a - p_{11}^a) \tag{11-4}$$

$$q_{12}^a = a^a - b^a p_{12}^a + c^a (p_{22}^a - p_{12}^a)$$

$$q_{22}^a = a^a - b^a p_{22}^a + c^a (p_{12}^a - p_{22}^a)$$

$$q_{21}^a = a^a - b^a p_{21}^a + c^a (p_{11}^a - p_{21}^a) \tag{11-5}$$

其中,

$$P_1^{m,i} = \lambda^i n p_{11}^{m,i} + (1-\lambda^i) n p_{21}^{m,i} \quad P_2^{m,i} = (1-\lambda^i) n p_{22}^{m,i} + \lambda^i n p_{12}^{m,i}$$

表示两区域产业 $i$ 的价格指数。另外,$n \equiv H/3$ 是各产业产品的品种数,$\lambda^i$ 是 $i(=1,2,3)$ 产业的熟练工人在区域 1 的份额。根据垄断竞争的利润最大化,可以得到:

$$p_{11}^{m,i} = \frac{a^m + c^m P_1^{m,i}}{2(b^m + c^m n)} \quad p_{21}^{m,i} = p_{11}^{m,i} + \frac{\tau}{2}$$

$$p_{22}^{m,i} = \frac{a^m + c^m P_2^{m,i}}{2(b^m + c^m n)} \quad p_{12}^{m,i} = p_{22}^{m,i} + \frac{\tau}{2}$$

由此可以解出以下的均衡价格:

$$p_{11}^{m,i} = \frac{2a^m + \tau c^m (1-\lambda^i) n}{2(2b^m + c^m n)} \quad p_{21}^{m,i} = p_{11}^{m,i} + \frac{\tau}{2}$$

$$p_{22}^{m,i} = \frac{2a^m + \tau c^m \lambda^i n}{2(2b^m + c^m n)} \quad p_{12}^{m,i} = p_{22}^{m,i} + \frac{\tau}{2}$$

将这些结果代入式(11-2)、式(11-3),可以得到以下的均衡需求量:

$$q_{11}^{m,i} = \frac{(b^m + c^m n)[2a^m + c^m n(1-\lambda^i)\tau]}{2(2b^m + c^m n)}$$

$$q_{12}^{m,i} = \frac{(b^m + c^m n)\{2a^m - [2b^m + c^m n(1-\lambda^i)]\tau\}}{2(2b^m + c^m n)}$$

$$q_{22}^{m,i} = \frac{(b^m + c^m n)(2a^m + c^m n \lambda^i \tau)}{2(2b^m + c^m n)}$$

$$q_{21}^{m,i} = \frac{(b^m + c^m n)[2a^m - (2b^m + c^m n \lambda^i)\tau]}{2(2b^m + c^m n)}$$

由于两个区域的总人数可分别写成 $L + \sum_{i=1}^{3} \lambda^i H/3$ 和 $L + \sum_{i=1}^{3}(1-\lambda^i)H/3$，因此农产品市场的均衡可表示如下：

$$L - \sum_{i=1}^{3} \lambda^i n \phi^i = q_{11}^a \left( L + \sum_{i=1}^{3} \lambda^i n \right) + q_{12}^a \left[ L + \sum_{i=1}^{3}(1-\lambda^i)n \right]$$

$$L - \sum_{i=1}^{3}(1-\lambda^i) n \phi^i = q_{21}^a \left( L + \sum_{i=1}^{3} \lambda^i n \right) + q_{22}^a \left[ L + \sum_{i=1}^{3}(1-\lambda^i)n \right]$$

根据上面的式子和式(11-4)、式(11-5)，可以得出农产品的价格：

$$p_{12}^a = p_{11}^a = \frac{a^a}{b^a} + \frac{\sum_{i=1}^{3}(c^a + b^a \lambda^i)n\phi^i - 2c^a L - b^a L}{b^a(b^a + 2c^a)(2L + H)}$$

$$p_{21}^a = p_{22}^a = \frac{a^a}{b^a} + \frac{\sum_{i=1}^{3}[c^a + b^a(1-\lambda^i)]n\phi^i - 2c^a L - b^a L}{b^a(b^a + 2c^a)(2L + H)}$$

从农业部门报酬不变的假设可知，上述价格与各区域非熟练工人的工资相同。

此外，区域 $r$ 产业 $i$ 的企业向区域 $s$ 销售产品获得的经营利润 $\pi_{rs}^i$ 为

$$\pi_{11}^i = \left( L + \sum_{i=1}^{3} \lambda^i n \right)(b^m + c^m n)(p_{11}^{m,i})^2$$

$$\pi_{12}^i = \left[ L + \sum_{i=1}^{3}(1-\lambda^i)n \right](b^m + c^m n)(p_{12}^{m,i} - \tau)^2$$

$$\pi_{22}^i = \left[ L + \sum_{i=1}^{3}(1-\lambda^i)n \right](b^m + c^m n)(p_{22}^{m,i})^2$$

$$\pi_{21}^i = \left( L + \sum_{i=1}^{3} \lambda^i n \right)(b^m + c^m n)(p_{21}^{m,i} - \tau)^2$$

由于净利润为零，所以熟练工人的工资为

$$w_1^i = \pi_{11}^i + \pi_{12}^i - \phi^i p_{11}^a$$

$$w_2^i = \pi_{21}^i + \pi_{22}^i - \phi^i p_{22}^a$$

其区域间的差异为

$$w_1^i - w_2^i = (\pi_{11}^i + \pi_{12}^i - \pi_{21}^i - \pi_{22}^i) - (\phi^i p_{11}^a - \phi^i p_{22}^a)$$

根据需求函数式(11-2)和式(11-3)，可以得到区域 $r$ 居民的间接效用函数
$$V_r^i = S_r^m + S_r^a + w_r^i + \bar{q}^0$$
其中，$w_r^i$ 是区域 $r$ 产业 $i$ 的工人工资收入，$S_r^m$ 和 $S_r^a$ 分别为

$$S_r^m = \frac{(a^m)^2 H}{2b^m} - a^m \sum_{i=1}^{3} \int_0^n p_r^{m,i}(x)\,\mathrm{d}x + \frac{b^m + c^m n}{2} \sum_{i=1}^{3} \int_0^n [p_r^{m,i}(x)]^2 \,\mathrm{d}x -$$
$$\frac{c^m}{2} \sum_{i=1}^{3} \left( \int_0^n p_r^{m,i}(x)\,\mathrm{d}x \right)^2$$

$$S_r^a = \frac{(a^a)^2}{b^a} - a^a(p_{rr}^a + p_{sr}^a) + \frac{b^a + 2c^a}{2}[(p_{rr}^a)^2 + (p_{sr}^a)^2] - \frac{c^a}{2}(p_{rr}^a + p_{sr}^a)^2$$

它们表示居住在区域 $r$ 时获得的工业产品和农产品的消费者剩余。

如果产品的运输费用过高，对方区域的需求量会变为零，因此与式(8-12)相同，这里也假设发生贸易的条件：

$$\tau < \frac{2a^m}{2b^m + c^m n} \equiv \tau_{\text{trade}}$$

$$\sum_{i=1}^{3} \phi^i n < L < a^a(2L + H) + \frac{c^a}{b^a + 2c^a} \sum_{i=1}^{3} \phi^i n$$

在这些条件下，两个区域可以共同享受所有的工业产品和农产品，所以两地的熟练工人的效用差异可以用

$$V_1^i(\boldsymbol{\lambda}) - V_2^i(\boldsymbol{\lambda})$$
$$= \underbrace{(S_1^m - S_2^m)}_{\text{工业产品生活费用效应}} + \underbrace{(S_1^a - S_2^a)}_{\text{农产品生活费用效应}} + \underbrace{(w_1^i - w_2^i)}_{\text{通过工资的选址效应}}$$
$$\underbrace{\phantom{(S_1^m - S_2^m) + (S_1^a - S_2^a)}}_{\text{通过生活费用的选址效应}}$$
$$= \sum_{j=1}^{3} \left( \frac{1}{2} - \lambda^j \right) \delta^{ij} \tag{11-6}$$

来表示。其中，

$$\delta^{ij} = \begin{cases} n\left[\nu + \dfrac{2(\phi^i)^2}{(b^a + 2c^a)(2L + H)}\right], & \text{当 } i = j \text{ 时} \\ n\left[\mu + \dfrac{2\phi^i \phi^j}{(b^a + 2c^a)(2L + H)}\right], & \text{当 } i \neq j \text{ 时} \end{cases}$$

$$\nu = \frac{(b^m + c^m n)}{2(2b^m + c^m n)^2}[6(b^m)^2 + (c^m)^2 n(2L + H) + 2b^m c^m(2L + H + 2n)]\tau^2 -$$
$$\frac{2a^m(b^m + c^m n)(3b^m + 2c^m n)}{(2b^m + c^m n)^2}\tau$$

$$\mu = \frac{(b^m + c^m n)(3b^m + 2c^m n)}{(2b^m + c^m n)^2}(b^m \tau - 2a^m)\tau$$

在这里,如果用 $\Delta_k$ 来表示矩阵 $\delta^{ij}$ 的 $k$ 阶顺序主子阵($k=1,2,3$),根据 $\delta^{ij} = \delta^{ji}$ 可知 $\Delta_k$ 是对称矩阵。另外,$\nu$ 和 $\mu$ 不依赖于农业部门的参数。通过简单的计算,可以得到以下的结果:

$$\nu - \mu = \frac{c^m (2L + H)(b^m + c^m n)\tau^2}{2(2b^m + c^m n)} > 0 \tag{11-7}$$

如式(11-6)所示,该效用差异中存在通过生活费用(消费者剩余)的效应和通过工资的效应。其中,前者不论从事哪种产业,都会产生同样的效果。但后者根据产业的不同效果也会有所不同。由于这种效果的存在,也就产生了产业间非对称的分散选址。

## 11.2.2 均衡

为了考察均衡的稳定性,在这里假设如下的动态系统[③]:

$$\frac{d\lambda^i}{dt} = V_1^i(\boldsymbol{\lambda}) - V_2^i(\boldsymbol{\lambda}) = \sum_{j=1}^{3}\left(\frac{1}{2} - \lambda^j\right)\delta^{ij} \tag{11-8}$$

此处,如果导入记号 $\boldsymbol{\lambda} = (\lambda_1, \lambda_2, \lambda_3)^T$ 和 $\boldsymbol{\lambda}^* = (1/2, 1/2, 1/2)^T$,那么这个式子可写为

$$\frac{d\boldsymbol{\lambda}}{dt} = -\Delta_3(\boldsymbol{\lambda} - \boldsymbol{\lambda}^*)$$

在内点均衡处,$d\boldsymbol{\lambda}/dt = 0$ 成立。因此,如果 $|\Delta_3| \neq 0$(那么 $\Delta_3$ 的逆矩阵存在),$\boldsymbol{\lambda}^*$ 就是式(11-8)的唯一内点均衡。进一步,因为矩阵 $\Delta_3$ 是对称矩阵,所以根据推论 6.3.2,内点均衡 $\boldsymbol{\lambda}^*$ 为稳定的充要条件为 $(-1)^k|-\Delta_k| = |\Delta_k| > 0$ ($k = 1, 2, 3$),即

$$|\Delta_1| \equiv \delta^{11} > 0 \quad |\Delta_2| \equiv \begin{vmatrix} \delta^{11} & \delta^{12} \\ \delta^{21} & \delta^{22} \end{vmatrix} > 0 \quad |\Delta_3| \equiv \begin{vmatrix} \delta^{11} & \delta^{12} & \delta^{13} \\ \delta^{21} & \delta^{22} & \delta^{23} \\ \delta^{31} & \delta^{32} & \delta^{33} \end{vmatrix} > 0$$

这些行列式有下述更精炼的表达式:

---

[③] 目前的稳定性分析大多是基于式(6-1)的复制动态。与一种产业两个区域的情况不同,在多产业或多区域的情况下,稳定性的结果有可能依赖于特定的动态系统。为了简化分析,本章使用较为简单的动态系统。

$$|\Delta_k| = n^k(\nu-\mu)^{k-2}\left\{(\nu-\mu)[\nu+(k-1)\mu] + \frac{2(\nu-\mu)}{(b^a+2c^a)(2L+H)}\sum_{i=1}^{k}(\phi^i)^2 + \right.$$

$$\left.\frac{\mu}{(b^a+2c^a)(2L+H)}\sum_{i=1}^{k}\sum_{j=1}^{k}(\phi^i-\phi^j)^2\right\} \tag{11-9}$$

对式(11-9)的符号进行详细分析可以得到以下结果：

第一，与 8.2 节的模型相同，考虑工业生产中不雇用非熟练工人的情况（$\phi^i=0$）。此时，有

$$|\Delta_k| = n^k(\nu-\mu)^{k-1}[\nu+(k-1)\mu]$$

由式(11-7)可知，$|\Delta_k|$ 的符号与 $\nu+(k-1)\mu$ 的符号相同。由这一点可知，$\tau$ 比

$$\frac{4a^m(3b^m+2c^m n)}{c^m\left(\dfrac{2L}{3}+n\right)(2b^m+c^m n)+2b^m(3b^m+2c^m n)} \equiv \tau_0 \tag{11-10}$$

更大时，对称分散选址 $\lambda^*$ 是稳定的；而 $\tau$ 比式(11-10)更小时，对称分散选址 $\lambda^*$ 是不稳定的。这就是 8.2 节的模型所揭示的"分散→集聚"的选址变化模式。

第二，与第 9 章的模型相同，如果各产业完全对称（$\phi^i=\phi>0$），那么可以得到以下公式：

$$|\Delta_k| = n^k(\nu-\mu)^{k-1}\left[\nu+(k-1)\mu+\frac{2k\phi^2}{(b^a+2c^a)(2L+H)}\right], \quad k=1,2,3$$

令

$$\phi_\sharp \equiv \frac{3a^m(3b^m+2c^m n)}{2b^m+c^m n}\sqrt{\frac{(b^m+c^m n)(b^a+2c^a)(2L+H)}{18(b^m)^2+6b^m c^m H+(c^m)^2 Hn+2Lc^m(2b^m+c^m n)}}$$

那么 $\phi<\phi_\sharp$ 时，随着 $\tau$ 的减少，会出现"分散→集聚→再分散"的选址变化。反之，如果 $\phi\geq\phi_\sharp$，那么对称分散选址总是稳定的。这正是第 9 章的模型得到的结果。

第三，考虑最一般的情况，即至少有两种产业是不对称的，其非熟练工人投入量 $\phi^i$ 彼此不同的情况。这时式(11-9)可以写成如下形式：

$$|\Delta_k| = n^k(\nu-\mu)^{k-1}\left[\nu+(k-1)\mu+\frac{2\sum_{i=1}^{k}(\phi^i)^2}{(b^a+2c^a)(2L+H)} + \right.$$

$$\left.\frac{\mu\sum_{i=1}^{k}\sum_{j=1}^{k}(\phi^i-\phi^j)^2}{(\nu-\mu)(b^a+2c^a)(2L+H)}\right] \tag{11-11}$$

在 $\phi^i$ 彼此不同的情况下，该式子中 [ ] 内的最后一项不为零。与之前的模型相

同,对于足够大的 $\tau$,式(11-11)为正,各产业的熟练工人均等分散的选址模式是稳定的。反之,如果 $\tau$ 趋近于 0,那么

$$\frac{\mu}{\nu-\mu} = \frac{2(2b^m + c^m n)(3b^m + 2c^m n)}{c^m(2L+H)} \frac{b^m \tau - 2a^m}{\tau}$$

趋近于 $-\infty$。所以,对于足够小的 $\tau$,式(11-11)为负,对称分散选址 $\pmb{\lambda}^*$ 是不稳定的。

接下来分析具体的均衡选址模式。如果产业是对称的,那么它们显然有相同的选址模式。因此,在这里我们考虑所有产业都不对称的情况。假设

$$\phi^1 > \phi^2 > \phi^3 > 0$$

并且,为了描述方便,我们仅关注区域 1 的人口比区域 2 多或与之相同的情况。这时可以得到以下的命题。④

**命题 11.2.1** 关于各产业的选址份额,有以下关系式:

$$\lambda^{1*} \leqslant \lambda^{2*} \leqslant \lambda^{3*}$$

这个命题说明,各区域的产业的选址份额会遵循劳动密集度大小的顺序。具体来说,越是劳动密集型产业,越倾向于在小区域里选址。因为小区域的非熟练工人的需求较小,工资较低,对劳动密集型产业更有利。Puga and Venables(1996)用国际经济学的框架分析了产业的空间扩散,用数值模拟得出了劳动密集型的产业会离开集聚区域的结果。这里用区域经济学的框架进行分析,以解析解的方式得到了相同的结果。

进而还可以得到以下的结论。⑤

**命题 11.2.2** 工业产品的运输费用 $\tau$ 足够小时:(i) 如果 $\phi^1 > \phi^2 + \phi^3$,则产业 2 和产业 3 会在区域 1(大区域)选址,产业 1 会在两区域分散;(ii) 如果 $\phi^1 < \phi^2 + \phi^3$,产业 1 会在区域 2(小区域)选址,产业 3 会在区域 1(大区域)选址,产业 2 会在两区域分散。

由此命题可以得出以下结论。第一,分散和再分散的选址模式一般不同。在运输费用较大的情况下所产生的分散选址中,所有的产业都在两个区域均匀选址。但是,在运输费用较小的情况下产生的再分散中,最多只有一种产业在两个区域分散选址,其他产业会集中在某一区域,即产生了**分离均衡**。这个结果是

---

④ 证明参照 Zeng(2006)的附录 B。
⑤ 证明参照 Zeng(2006)的附录 D。

以前单一产业分析所无法得出的结论。第二，产业 $i$ 的选址取决于该产业非熟练工人的投入量 $\phi^i$ 是否比分散产业的 $\phi$ 更大。如果 $\phi^i$ 小于分散选址产业的 $\phi$，那么产业 $i$ 在大区域选址。在大区域，由于非熟练工人紧缺，所以不得不支付较高的工资。但是该区域可以享受更多的差异化产品。如果 $\phi^i$ 大于分散选址产业的 $\phi$，则以相反的理由在小区域选址。最后，该命题得出的分离均衡现象仅限于产业数量大于或等于 3 的情况。当产业数量等于 2 时，不会得出类似于 $(\lambda^1, \lambda^2) = (1, 0), (0, 1)$ 的分离均衡。

### 11.2.3 数值模拟

工业产品的运输费用 $\tau$ 取中间值时，产业有可能出现各种各样的选址模式。在这里利用数值模拟来看看其结果。各个参数的设定值如下：

$L = 40 \quad n = 1 \quad a^m = 10 \quad b^m = 15 \quad c^m = 4$

$a^a = 3 \quad b^a = 4 \quad c^a = 5 \quad \phi^1 = 15 \quad \phi^2 = 11 \quad \phi^3 = 9$

在这个例子中，为了使区域间产生贸易，要求 $\tau$ 不超过 $\tau_{\text{trade}} = 0.588235$，因此在这个范围内进行分析。首先，各个产业均匀分散的选址模式 $(\lambda^1, \lambda^2, \lambda^3) = (1/2, 1/2, 1/2)$ 在 $\tau (>0.382161)$ 的情况下稳定。与之前的分析相同，因为在运输费用较高的情况下，竞争效应起很大作用，以此为基础的分散力超过基于市场规模效应的集聚力。但是，随着运输费用的下降，对称分散选址变得不稳定，经过 $(\lambda^{1*}, \lambda^{2*}, 1)$（这里 $\lambda^{1*}, \lambda^{2*} \in [1/2, 1]$）和 $(\lambda^{1*}, 1, 1)$（这里 $\lambda^{1*} \in [1/2, 1]$）的选址模式后，实现完全集聚选址 $(1, 1, 1)$。如果运输费用继续下降，经过 $(\lambda^{1*}, 1, 1)$（这里 $\lambda^{1*} \in (0, 1)$）和 $(0, 1, 1)$ 的选址模式，最后实现 $(0, \lambda^{2*}, 1)$ 的分离选址模式（见图 11.1）。

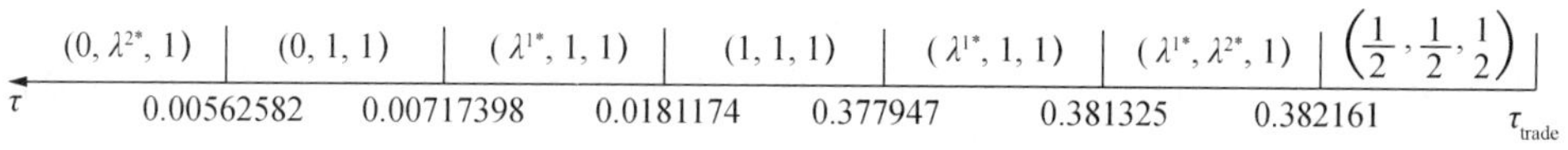

| $(0, \lambda^{2*}, 1)$ | $(0, 1, 1)$ | $(\lambda^{1*}, 1, 1)$ | $(1, 1, 1)$ | $(\lambda^{1*}, 1, 1)$ | $(\lambda^{1*}, \lambda^{2*}, 1)$ | $\left(\dfrac{1}{2}, \dfrac{1}{2}, \dfrac{1}{2}\right)$ |
|---|---|---|---|---|---|---|
| $\tau$ 0.00562582 | 0.00717398 | 0.0181174 | 0.377947 | 0.381325 | 0.382161 | $\tau_{\text{trade}}$ |

图 11.1 运输费用的变化和选址模式的变化：三种产业的情况

更具体些可以指出如下事实。第一，在 8.2 节和 9.2 节提到的单一产业模型中，产业的选址会发生急剧变化。但是在这里揭示的多种产业的情形中，只有产业 3 由分散急剧变化为集中，其他产业的选址变化相对缓慢。就这一点来看，多产业的模型更为现实。第二,产业1最初集中在某个区域,后来集中在另一个区域。这种选址的变化可以在现实中观察到。例如,美国的轮胎产业在1930年以前集聚在俄亥俄州的阿克伦(Akron)地区,但是现在完全不在该区域选址。第三,在再分散的过程中,从投入较多非熟练工人的产业开始,选址逐渐向劳动力相对剩余的区域转变。而且,投入非熟练工人最少的产业一旦在某区域集聚后就不再出现再分散。可以认为,它对应于不是十分需要非熟练工人的知识密集型产业继续集聚在纽约、伦敦、东京等地区的事实。第四,如果将工业部门看成一个整体,与9.2节的模型相同,会产生"分散→集聚→再分散"的变化。但是需要再次强调的是,分散与再分散的选址模式是不同的。

## 11.3 运输费用不同的多产业选址

本节不用非熟练工人的工资(=当地的农产品价格),而用城市费用作为分散力来分析运输费用不同的多产业选址模式。田渊和蒂斯(Tabuchi and Thisse,2006)分析了两种产业的情况。与前一节相同,为了阐明产业的分离选址是在怎样的条件下产生的或者为什么不产生,在这里介绍并分析三种产业的情况。[6] 另外,在前一节的模型中,虽然市场规模效应和竞争效应在产业间是相同的,但基于非熟练工人的工资(人工费用效应)的分散力在产业间是不同的。相反,在本节的模型中,基于城市费用的分散力在产业间是相同的,但是市场规模效应和竞争效应在产业间是不同的。这正是出现与前一节不同结果的原因。

### 11.3.1 模型

本节将10.2节的模型扩展到运输费用不同的三种产业的情况(更一般的多产业的情况请参照 Takatsuka and Zeng(2013))。与前一节一样,这里熟练工人不可以在产业间移动。而且,为了简化模型,与10.3节相同,我们抛去农业部门

---

[6] 另外,Tabuchi and Thisse(2006)考虑了劳动在产业间的移动。与此相反,本节与前一节不考虑劳动在产业间的移动。

和在区域间无法移动的非熟练工人。这意味着即使在运输费用足够大的情况下,竞争效应也不够强烈,对称分散选址不一定会成稳定均衡。

从事各产业的劳动者数量全部相等,用 $L$ 表示(所以总人口为 $3L$)。与 10.2 节相同,假定所有的企业在投入 1 单位的劳动力后,可以生产任意数量的差异化产品。因此,所有的产业拥有相同数量的企业,如果用 $n$ 来表示,则 $n=L$。假定产业间的非对称性只体现在运输费用上,运输 1 单位的产业 $i$ 产品需要 $\tau^i$ 单位的计价物。此外,假定预先分配好的计价物产品的运输费用为零。关于城市空间和通勤费用的假设与 10.2 节相同。因此,用 $L_r$ 表示居住在区域 $r(=1,2)$ 的工人总数,那么区域 $r$ 的竞租函数为 $R_r^*(x)=\theta(L_r/2-|x|)$,区域 $r$ 的土地总收入⑦为 $2\int_0^{L_r/2} R_r(x)\mathrm{d}x=\theta L_r^2/4$。因此,纯城市费用,即"地租支出+通勤费用-地租收入"对于区域 $r$ 的所有工人来说都是 $(\theta/4)\times L_r$。

将式(8-1)推广到多产业的情况,可以得到区域 $r(=1,2)$ 的工人效用函数。

$$U(q^0, q_r^k) = \sum_{k=1}^{3}\left\{\alpha\int_0^n q_r^k(j)\mathrm{d}j - \frac{\beta-\gamma}{6}\int_0^n [q_r^k(j)]^2 \mathrm{d}j - \frac{\gamma}{6L}\left[\int_0^n q_r^k(j)\mathrm{d}j\right]^2\right\} + q_r^0$$

(11-12)

其中,$q_r^0$ 和 $q_r^k(j)$ 分别表示区域 $r$ 的工人的计价物和产业 $k$ 的差异化产品 $j\in[0,n]$ 的消费量。并且,与以往相同,假设 $\alpha>0$,$\beta>\gamma>0$。

区域 $r$ 产业 $i$ 各工人在下面的预算约束条件下最大化效用函数(11-12):

$$\sum_{k=1}^{3}\left[\int_0^n p_r^k(j)q_r^k(j)\mathrm{d}j + \frac{\theta}{4}L_r^k\right] + q_r^0 = w_r^i + \bar{q}^0$$

在这里,$p_r^i(j)$ 是产业 $i$ 的差异化产品 $j$ 在区域 $r$ 的价格,$L_r^i$ 和 $w_r^i$ 分别为区域 $r$ 产业 $i$ 的工人数量和工资。另外,$\bar{q}^0$ 是计价物的初期分配量。假设它的量足够大,以保证在均衡状态下的计价物产品的消费量为正。另外,公式中[ ]内的第二项表示纯城市费用。

由效用函数(11-12)的最大化可以得到区域 $r$ 产业 $i$ 工人的个人需求函数 $q_r^i(j)$ 和间接效用函数 $V_r^i$:

---

⑦ 一般情况下,由于产业不同,工资也不同,所以竞租函数也可能因产业的不同而不同。但是,在此模型中,由于家庭消费的土地面积是一定的,并且竞租函数的斜率一定为 $-\theta$,所以居住在同一区域的工人的竞租相同(不会发生由于产业不同而引起的分离居住)。具体来说,收入高的人对计价物的消费增加,在同一区域居住的人的"地租支出+通勤费用"都为 $\theta L_r/2$。

$$q_r^i(j) = 3\left[a - bp_r^i(j) + c\frac{P_r^i}{n}\right], \quad j \in [0,n]$$

$$V_r^i = 3n\left\{\frac{3a^2}{2(b-c)} - \frac{a}{n}\sum_{k=1}^{3}P_r^k + \frac{b}{2n}\sum_{k=1}^{3}\int_0^n [p_r^k(j)]^2 dj - \frac{c}{2n^2}\sum_{k=1}^{3}(P_r^k)^2\right\} +$$

$$w_r^i + \bar{q}^0 - \frac{\theta}{4}\sum_{k=1}^{3}L_r^k$$

其中,

$$a \equiv \frac{\alpha}{\beta} \quad b \equiv \frac{1}{\beta-\gamma} \quad c \equiv \frac{\gamma}{\beta(\beta-\gamma)}$$

$P_r^i \equiv \int_0^n p_r^i(j)dj$ 是区域 $r$ 产业 $i$ 的价格指数。另外,由于假设 $\beta > \gamma > 0$,所以 $b > c > 0$ 成立。

因为同一产业中所有企业的生产技术相同,所以同一产业同一区域的所有企业是对称的,区域 $r$ 产业 $i$ 的企业考虑让以下的利润达到最大

$$\Pi_r^i = p_{rr}^i q_{rr}^i \sum_{k=1}^{3}L_r^k + (p_{rs}^i - \tau^i)q_{rs}^i \sum_{k=1}^{3}L_s^k - w_r^i$$

其中,$q_{rs}^i$ 和 $p_{rs}^i$ 表示在区域 $r$ 选址的产业 $i$ 的企业在区域 $s(\neq r)$ 的个人需求和价格。

由利润最大化的一阶条件和利润为零的条件可以得到以下的均衡价格和均衡工资

$$p_{rr}^{i*} = \frac{2a + c\tau^i\left(1-\frac{L_r^i}{L}\right)}{2(2b-c)} \quad p_{rs}^{i*} = p_{ss}^{i*} + \frac{\tau^i}{2} \tag{11-13}$$

$$w_r^{i*} = 3b\left[(p_{rr}^{i*})^2 \sum_{k=1}^{3}L_r^k + (p_{rs}^{i*} - \tau^i)^2 \sum_{k=1}^{3}L_s^k\right] \tag{11-14}$$

随着企业数量(工人数量)$L_r^i$ 的增加,区域 $r$ 产业 $i$ 在当地的竞争变得激烈,所以价格 $p_{rr}^{i*}$ 为 $L_r^i$ 的递减函数(促进竞争效应)。进一步,运输费用越高的企业,其效应($|\partial p_{rr}^{i*}/\partial L_r^i|$)就越大。这是因为由于运输费用导致的贸易壁垒较大,企业从其他区域来到该区域所带来的冲击较大。均衡工资下的竞争效应是通过式(11-14)中的 $(p_{rr}^{i*})^2$ 和 $(p_{rs}^{i*} - \tau^i)^2$ 产生的。此外,均衡工资下的市场规模效应是通过式(11-14)中的 $\sum_{k=1}^{3}L_r^k$ 和 $\sum_{k=1}^{3}L_s^k$ 产生的。

根据以上的式子,产业 $i$ 工人的区域间效用差异如下:

$$V_1^i - V_2^i = \underbrace{(S_1 - S_2)}_{\text{通过生活费用的选址效应}} + \underbrace{(w_1^{i*} - w_2^{i*})}_{\text{通过工资的选址效应}}$$

(11-15)

$$S_1 - S_2 = \sum_{k=1}^{3} \left( \frac{1}{2} - \lambda^k \right) \left[ b^2 \bar{L} \frac{(b-c)(\tau^k)^2 - 2a\tau^k}{(2b-c)^2} + \frac{L\theta}{2} \right]$$

$$w_1^{i*} - w_2^{i*} = b\bar{L} \left[ \frac{(b-c)(\tau^i)^2 - 2a\tau^i}{2b-c} \sum_{k=1}^{3} \left( \frac{1}{2} - \lambda^k \right) + \left( \frac{1}{2} - \lambda^i \right) \frac{3c(\tau^i)^2}{2(2b-c)} \right]$$

(11-16)

其中，$\lambda^i$ 是居住在区域 1 产业 $i$ 的工人的比例（$L_1^i/L$），$\bar{L}(=3L)$ 是工人总数。另外，$S_r$ 是区域 $r$ 的消费者剩余减去纯城市费用之后的数值，其区域间差异（$S_1 - S_2$）表示通过生活费用的选址效应。

接下来为了简便起见，将运输费用假设为 $\tau^i = \omega^i \tau$。其中，$\tau(>0)$ 表示决定所有运输费用大小的运输技术的参数。这个假设意味着所有产业的运输费用随着运输技术的进步（$\tau$ 的下降）按比例减少。进一步，假设所有产业的运输费用不同（对任意的 $i \neq j$ 有 $\omega^i \neq \omega^j$）。我们把这些产业按运输费用从高到低的顺序依次称作第一产业、第二产业和第三产业，那么有

$$\omega^1 > \omega^2 > \omega^3 \geqslant 0$$

为了使所有的产业无论处在怎样的选址模式下都能产生贸易，需让 $\tau < \tau_{\text{trade}} \equiv 2a/[\omega^1(2b-c)]$ 成立，在下面的分析中假设该条件总是成立的。[8]

在这些假设条件下，产业 $i$ 工人的区域间效用差异可以写为

$$V_1^i - V_2^i = \left( \frac{1}{2} - \lambda^i \right) \left[ (\omega^i)^2 \nu_1 - \omega^i \nu_2 + \frac{L\theta}{2} \right] + \sum_{j \neq i} \left( \frac{1}{2} - \lambda_j \right) \left[ (\omega^j)^2 \mu_1 - \omega^j \mu_2 + (\omega^i)^2 \xi_1 - \omega^i \xi_2 + \frac{L\theta}{2} \right]$$

$$= \sum_{j=1}^{3} \left( \frac{1}{2} - \lambda^j \right) \delta^{ij}$$

其中，

$$\nu_1 \equiv \frac{3b\tau^2}{2(2b-c)^2} [(2bc - c^2)(\bar{L} - L) + (6b^2 - 6bc + c^2)L] \quad \nu_2 \equiv \frac{2ab(3b-c)}{(2b-c)^2} \bar{L}\tau$$

$$\mu_1 \equiv \frac{b^2(b-c)}{(2b-c)^2} \bar{L}\tau^2 \quad \mu_2 \equiv \frac{2ab^2}{(2b-c)^2} \bar{L}\tau \quad \xi_1 \equiv \frac{b(b-c)}{2b-c} \bar{L}\tau^2 \quad \xi_2 \equiv \frac{2ab}{2b-c} \bar{L}\tau$$

---

[8] 为了使所有的产业都能产生贸易：(i) 所有企业的产品价格都要超过贸易费用；(ii) 对所有产业产品的消费都必须为正。通过简单计算，可知这两个条件与 $\tau < \tau_{\text{trade}}$ 等价。

$$\delta^{ij} \equiv \begin{cases} (\omega^i)^2 \nu_1 - \omega^i \nu_2 + \dfrac{L\theta}{2}, & \text{当 } i = j \text{ 时} \\ (\omega^j)^2 \mu_1 - \omega^j \mu_2 + (\omega^i)^2 \xi_1 - \omega^2 \xi_2 + \dfrac{L\theta}{2}, & \text{当 } i \neq j \text{ 时} \end{cases}$$

与 11.1 节相同，假设劳动力在区域间的移动也遵循以下的动态系统：

$$\frac{d\lambda^i}{dt} = V_1^i - V_2^i = \sum_{j=1}^{3}\left(\frac{1}{2} - \lambda^j\right)\hat{\delta}^{ij}$$

### 11.3.2 区域规模和效用差异

区域间的人口移动会给通过生活费用的选址效应（$S_1 - S_2$）和通过工资的选址效应（$w_1^{i*} - w_2^{i*}$）带来怎样的影响？为了阐明这一点，将式（11-15）和式（11-16）改写如下：

$$S_1 - S_2 = \underbrace{\frac{b^2 \bar{L}}{(2b-c)^2} \sum_{k=1}^{3}\left(\lambda^k - \frac{1}{2}\right)F^k(\tau)}_{\text{工业产品生活费用效应}} - \underbrace{\frac{L\theta}{2}\sum_{k=1}^{3}\left(\lambda^k - \frac{1}{2}\right)}_{\text{城市费用效应}} \quad (11\text{-}17)$$

$$w_1^{i*} - w_2^{i*} = \underbrace{\frac{b\bar{L}}{2b-c}F^i(\tau)\sum_{k=1}^{3}\left(\lambda^k - \frac{1}{2}\right)}_{\text{市场规模效应}} - \underbrace{\frac{3bc\bar{L}(\omega^i)^2 \tau^2}{2(2b-c)}\left(\lambda^i - \frac{1}{2}\right)}_{\text{竞争效应}} \quad (11\text{-}18)$$

其中，$F^i(\tau) \equiv 2a\omega^i \tau - (b-c)(\omega^i \tau)^2$。因为 $\tau \in (0, \tau_{\text{trade}})$，所以知道 $F^i(\tau)$ 是正的递增函数，并且 $F^i(\tau) > F^j(\tau)$ 和 $i < j$ 是等价的。

如果区域 1 的人口增加，那么该区域的企业数也会增加，因此对消费者来说，市场接近程度得到改善，区域 1 和区域 2 的生活费用差异 $S_1 - S_2$ 加大。式（11-17）的第一项显示了该效应，与之前一样称之为**工业产品生活费用效应**。即使所有工人（所有企业）的一半以上都在区域 1 选址，该效应也未必为正。因为如果运输费用较高的大多数企业在区域 2 选址的话，那么就不能说区域 1 的市场接近程度一定优于区域 2。但是，如果各产业的所有劳动力（所有企业）的一半以上都在区域 1 选址（$\lambda^i > 1/2, i = 1,2,3$），那么可断定该效应为正。其次，区域 1 的人口增加使得该区域的城市费用增加，生活费用差异 $S_1 - S_2$ 减小。式（11-17）的第 2 项显示了该效应，与之前一样可以称之为**城市费用效应**。该效应当且仅当所有工人（所有企业）的一半以上在区域 1 选址时为负。根据这两种效应间的平衡，区域 1 的人口增加有时会加大生活费差异 $S_1 - S_2$，有时又会减小该差异。

如果区域 1 的人口增加,对生产者来说,市场更容易进入,各产业的工资差异 $w_1^{i*} - w_2^{i*}$ ($i=1,2,3$) 会增大。式(11-18)的第 1 项显示了该效应,可称之为**市场规模效应**。该效应当且仅当所有工人(所有企业)的一半以上都在区域 1 选址时为正。另外,由 $F^i(\tau) > F^j(\tau) \Leftrightarrow i < j$ 可知,产业的运输费用越高,该效应就越能发挥作用。因为运输费用高的产业在大区域选址,可以减少贸易费。在区域 1,产业 $i$ 的工人(企业)的增加会激化产业 $i$ 的价格竞争,进一步减小产业 $i$ 的工资差异 $w_1^{i*} - w_2^{i*}$。式(11-18)的第 2 项显示了该效应,可称之为**竞争效应**。⑨ 这种效应当且仅当产业 $i$ 的工人(企业)的一半以上在区域 1 选址时为负。并且该效应与市场规模效应相同,产业的运输费用越高就越能发挥作用。因为存在高运输费用的壁垒,所以工人会在竞争不太激烈的区域选址,这样才有可能提高价格。从结果来看,根据这两种效应间的平衡,区域 1 的人口增加有时会增大工资差异 $w_1^{i*} - w_2^{i*}$,有时又会减小该差异。

最后,来探讨一下运输费用 $\tau$ 和通勤费用 $\theta$ 的变化会给上述四种效应和工人的选址带来怎样的影响。第一,如果 $\theta$ 不变而 $\tau$ 减小,则工业产品生活费用效应、市场规模效应和竞争效应变小,城市费用效应占支配地位。因此,大区域(小区域)的效用变小(变大),工人转向小区域,也就是说它促进了区域人口规模的均等化。第二,如果 $\tau$ 不变而 $\theta$ 增大,则只有城市费用效应变大。因此,当 $\theta$ 足够大时,城市费用效应仍占支配地位,区域的人口规模趋于均等化。

## 11.3.3 均衡

**最终均衡**

这里将分析运输费用足够小时的产业选址。为了简便,只讨论区域 1 比区域 2 更大或者二者一样大的情形。像前节所述,如果 $\tau$ 很小,则两个区域的人口规模趋近,所以两个或两个以上的产业不可能集中在一个区域。具体来说,如果用 $\lambda$ 表示区域 1 的工人份额向量 $(\lambda^1, \lambda^2, \lambda^3)$,则不可能有 $\lambda^* = (1,1,1)$、$(1,1,\lambda^3)$、$(1,1,0)$ 这些选址模式(其中,$\lambda^3 \in (0,1)$)。

---

⑨ 如 11.3.2 所述,关于工资的竞争效应也可由价格的变动引起(参照式(11-14))。式(11-13)的 $c\tau^j$($L_x^j/L$)这一项显示了价格的竞争效应,该项产生了式(11-18)的第二项。

换言之，当 $\tau$ 足够小时，仅可能存在以下三种选址模式：

（A）**完全分散**：所有的产业在两个区域分散的模式（$\lambda^* = (\lambda^{1*}, \lambda^{2*}, \lambda^{3*})$）。

（B）**区域部分专门化**：两种产业分散，剩下的一种产业在某区域集中的模式（$\lambda^* = (1, \lambda^{2*}, \lambda^{3*})$、$(\lambda^{1*}, 1, \lambda^{3*})$、$(\lambda^{1*}, \lambda^{2*}, 0)$）。

（C）**区域完全专门化**：一种产业分散，其他产业分别在不同区域集中的模式（$\lambda^* = (\lambda^{1*}, 1, 0)$、$(1, \lambda^{2*}, 0)$、$(1, 0, \lambda^{3*})$）。

其中，$\lambda^{i*} \in (0, 1)$（$i = 1, 2, 3$）。

此时，以下的命题成立。[⑩] $\bar{\theta}_0$、$\bar{\theta}_1$、$\bar{\theta}_2$ 和 $\bar{\omega}_2$ 的定义参照附录 11.1。

**命题 11.3.1** 当 $\tau$ 足够小时：(i) 当且仅当 $\theta > \bar{\theta}_0$ 时，$\lambda^* = (1/2, 1/2, 1/2)$ 成为唯一的稳定均衡。(ii) 当且仅当 $\min\{\bar{\theta}_1, \bar{\theta}_2\} < \theta < \bar{\theta}_0$ 且 $\omega^2 > \bar{\omega}_2$ 时，$\lambda^* = (\lambda^{1*}, \lambda^{2*}, 0)$ 成为唯一的稳定均衡。(iii) 当且仅当 $\min\{\bar{\theta}_1, \bar{\theta}_2\} < \theta < \bar{\theta}_0$ 且 $\omega^2 < \bar{\omega}_2$ 时，$\lambda^* = (1, \lambda^{2*}, \lambda^{3*})$ 成为唯一的稳定均衡。(iv) 当且仅当 $\theta < \min\{\bar{\theta}_1, \bar{\theta}_2\}$ 时，$\lambda^* = (1, \lambda^{2*}, 0)$ 成为唯一的稳定均衡。其中，$\lambda^{i*} \in (0, 1)$（$i = 1, 2, 3$）。

这个命题说的是当 $\tau$ 足够小时，如果 $\theta$ 足够大，就会出现模式（A）的完全分散，随着 $\theta$ 变小，就会首先转变成模式（B）的区域部分专门化，当 $\theta$ 变得更小时，就会变成模式（C）的区域完全专门化。具体来说，在 $\omega^2$ 相对接近于 $\omega^1$ 的情况下，随着 $\theta$ 的减小，产业 3 首先在某区域集中，之后产业 1 在与之不同的区域集中。反之，在 $\omega^2$ 相对小而接近 $\omega^3$ 的情况下，产业 1 首先在某区域集中，之后产业 3 在与之不同的区域集中。因此，该结果表明，产业 2 的选址类似于与产业 2（在运输费用方面）相近的产业的选址，从这个意义上可以说是自然的结果。

关于这个结果可以做如下的直观说明。通勤费用 $\theta$ 越大，人口规模大的区域由于城市费用高，对选址越不利，人口会越趋于均等化。人口趋于均等化时，两个区域的市场规模也会趋于均等化，所以根据式（11-18），决定产业选址的是竞争效应。因此，各企业（熟练工人）选择同种产业的企业较少的区域，由此产生模式（A）的完全分散。

此外，如果通勤费用 $\theta$ 较小，则人口均等化会缓和下来。基于市场规模效应，各区域有可能出现特定产业的专门化，例如区域完全专门化 $(1, \lambda^{2*}, 0)$（这里

---

[⑩] 证明参照 Takatsuka and Zeng（2009）的附录 A、B、C。

$\lambda^{2*} > 1/2$)的情况。此时,由于运输费用高的产业在区域1聚集,就工业产品生活费用而言,区域1要好些,但就城市费用而言区域2又要好些。如果后者的效应比前者强,从生活费用的角度看区域2更受欢迎。即使在这种情况下,产业1的全部企业也有可能继续留在区域1。因为该产业比其他产业运输费用高,所以在大区域选址可以获得更大的利益。如果较强的市场规模效应超过了其他负的效应,则该选址模式可维持下去。此外,由于产业3对大市场的愿望最小,因此会继续留在可以享受低城市费用的区域2。而由于产业2对大市场的愿望处于中间位置,因此会继续在两区域分散。当通勤费用$\theta$足够小时,区域完全专门化$(1,\lambda^{2*},0)$成为均衡就是基于上述理由的。

由此可以认为运输费用高的产业在节约运输费用方面的愿望很强烈,会倾向于在大区域选址,即在均衡中,期待有不等式

$$\lambda^{1*} \geq \lambda^{2*} \geq \lambda^{3*} \tag{11-19}$$

然而,上式并不一定成立。有时运输费用高的产业比起运输费用低的产业,在大区域中所占的比重反倒较小。其理由如下:正如式(11-18)所示,在运输费用高的产业里,不光是市场规模效应,竞争效应也发挥了很大的作用。具体来说,当通勤费用$\theta$取中间值时,式(11-19)会有例外出现。[11]

当通勤费用$\theta$取中间值时,人口均等化变得更严格,因此市场规模效应减弱,竞争效应相对显著。此时不等式(11-19)有可能发生逆转($\lambda^{2*} > \lambda^{1*}$)。因为产业1的竞争效应比产业2大,所以分散选址的诱因会发挥更大的作用。

这个结果与11.2节的结果不同,11.2节假设了非熟练工人必要投入量方面的非对称性。在11.2节的模型中,不太需要非熟练工人的产业在非熟练工人工资高的区域(大区域)所占的比重大,且没有例外(命题11.2.1)。这是因为在11.2节的模型中,决定企业选址的各种效应中只有人工费用效应在产业间有所不同。与此相比,在本节的模型中,不同产业间的市场规模效应和竞争效应都不同。因此,市场规模效应占绝对优势($\theta$较小)时,式(11-19)成立。但当竞争效应变强时($\theta$取中间值时),则不成立。

**数值模拟**

为了观察选址模式如何随着运输费用的总体变化而变化,这里我们看一看

---

[11] 具体参照 Takatsuka and Zeng (2009) 的 Proposition 2。

几组数值模拟的结果。参数设定如下：

$$L=1 \quad a=10 \quad b=15 \quad c=4 \quad \omega^1=14 \quad \omega^2=11 \quad \omega^3=8$$

结果如图 11.2 所示。图(a)描绘的是在任意$(\tau,\theta)$处的均衡选址模式。横轴和纵轴分别为$\tau$和$\theta$，图中三维向量是均衡选址模式$\lambda^*$($\lambda^{i*} \in (0,1), i=1,2,3$)。关于图(a)有几点需要注意。第一，没有出现多个均衡。在任意状态$(\tau,\theta)$下，都只会有一个稳定均衡。第二，完全集聚在图右下方区域稳定，完全分散在左上方区域稳定。这两个区域之间，包含区域完全、部分专门化在内的各种非对称选址模式都可能成为稳定均衡。[12] 因此，如果$\theta$为常数且不是太大，那么随着$\tau$的降低，就会产生从完全集聚到分散的转变。分散的具体情况如命题 11.3.1 所示。另外，由于该模型没有导入不能移动的工人，所以即使$\tau$足够大，也不会产生完全分散，这一点需要注意。

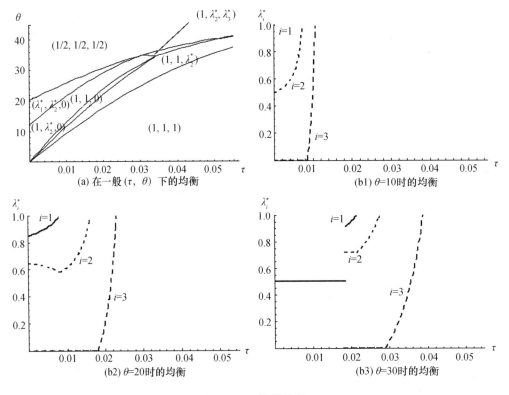

图 11.2 模拟结果

---

[12] 产业间$\omega$的差异变大则非对称选址模式的区域变大。如果$\omega$的差异不存在（即一种产业的情况），则非对称选址模式的区域消失，只出现完全集聚或完全分散。

接下来分析在 $\theta$ 不变、$\tau$ 变化的情况下，各产业在区域 1 选址的比例 $\lambda^{i*}$（$i=1,2,3$）会发生怎样的变化。图 11.2 的（b1）—（b3）显示了几组结果。这里的横轴是 $\tau$，纵轴是 $\lambda^{i*}$，关于 $\theta$，在（b1）设定为 10，在（b2）设定为 20，在（b3）设定为 30。（b1）、（b2）和（b3）的情况分别对应于"从完全集聚到区域完全专门化的转变""从完全集聚到区域部分专门化的转变"以及"从完全集聚到完全分散的转变"。这里显示的结果很典型，和下一节要分析的日本产业数据在一定程度上相吻合。

### 11.3.4　实证的合理性

现有的实证研究至少阐明了美国和日本在过去数十年工业部门逐渐分散化的现象（Holmes and Stevens，2004；Fujita et al.，2004）。[13] 但是，从日本更详细的数据可以看出，不是所有工业部门都呈现均一的分散，分散情况与运输费用有关。图 11.3 描绘的是几种产业的生产额在不同区域所占的份额的变化。另外，关于区域划分，仿照前人的研究，将整个日本划分成核心、半核心、边缘三个区域。[14] 一般来说，印刷和出版、运输设备、钢铁等属于产品运输费用高的行业。相比之下，电力机械、精密仪器等属于运输费用低的行业。[15] 如图 11.3 所示，很多运输费用高的产业留在核心（或半核心）区域，运输费用低的产业明显向边缘转移。这与图 11.2 的（b1）—（b3）的转移过程相吻合。更具体地说，1960 年精密仪器电力机械 75%（74%）的生产在核心区域完成，但 2000 年仅有 32%（31%）。与此相比，1960 年印刷和出版（运输设备）有 76%（64%）的生产在核心区域完成，而 2000 年仍有 62%（52%）。[16]

---

[13] 与此同时，加拿大的主要城市圈保留着工业部门（Holmes and Stevens，2004）。并且，即使在欧盟，整个工业部门的区域份额在 20 世纪 70 年代和 90 年代中叶变化不大（Combes and Overman，2004）。

[14] 核心区域由东京、神奈川、爱知、大阪和兵库组成。半核心区域指的是位于太平洋地带除去中心区域的 18 个县。边缘区域是剩下的地区。具体参照藤田和久武（1999）和 Fujita et al.（2004）。

[15] 例如，Glaeser and Kohlhase（2004）针对美国产业得出以下的数据。比如，每吨产品的价值（可认为与"单位价值"的运输费用成反比）如下所示：贱金属，851 美元；印刷产品，3 335 美元；汽车等运输设备，5 822 美元；一般机械，8 356 美元；电器/电子产品及零部件，办公器材，21 955 美元。

[16] 从 2000 年工业统计的数据求出生产额的区域份额，就可把中分类的 21 种制造业分为以下 4 种类型。(a) 倾向于核心区域的产业（核心区域＞半核心区域＞边缘区域）：一般机械、运输设备、印刷和出版、熟皮和毛皮（4 种行业）；(b) 倾向于半核心的产业 I（半核心区域＞核心区域＞边缘区域）：化工、石油和煤炭制品、塑料制品、橡胶制品、钢铁、非铁金属、金属制品（7 种行业）；(c) 倾向于半核心的产业 II（半核心区域＞边缘区域＞核心区域）：食品、纤维、服装、木材和木制品、家具和装备品、纸浆和纸加工品、窑业和土石产业（7 种行业）；(d) 倾向于边缘区域的产业（边缘区域＞半核心区域＞核心区域）：电器、精密仪器器材、饮料/香烟、饲料（3 种行业）。

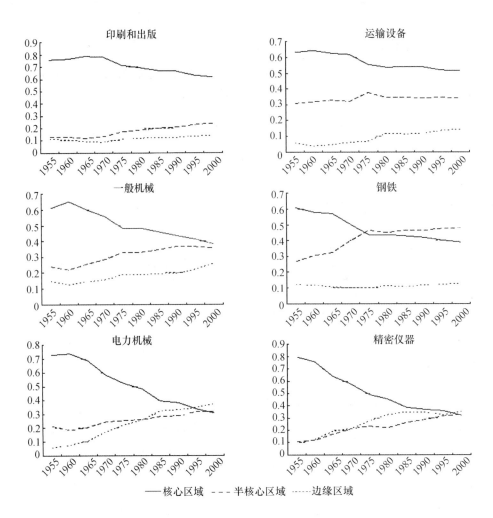

**图 11.3 生产量的区域份额变化**

资料来源：工业统计调查。

真野和大塚(Mano and Otsuka，2000)通过基于日本各地数据的回归分析，对日本工业选址变化的主要原因进行了分析。结果显示，城市费用作为强大的分散力发挥了作用，而且在经济高度增长时期(1960—1973 年)，"关东"哑变量和"东海/近几"哑变量在电力机械和精密仪器的就业方面呈现出显著的负效应，而在其他 3 种产业(金属制品、一般机械、运输设备)呈现了显著的正效应。另外，在其后的低增长时期(1980—1995 年)，"关东"哑变量在对金属制品及运输设备的就业方面有显著的负效应。该结果表明运输费用低的产业较早离开了大区域，与本节的结果吻合。

以上结果也适用于服务业。例如，广义的咨询业需要与顾客进行多次面对面的交流,为了给顾客提供服务,企业需要花费高额的运输费用。1999年的"服务业基本调查"显示,在法律服务业、设计业、广告代理业、信息处理/提供业领域,核心区域拥有全日本70%以上的营业额和就业。美国和加拿大也具有相同的趋势(Holmes and Stevens,2004)。

## 11.4 小结

本章首先扩展了9.2节的模型,分析因非熟练工人的投入量不同而区分的多产业选址问题。在本节的模型中,非熟练工人的工资成为再分散的动力,得出以下结果:(i)一般说来(运输费用较高时产生的),分散与(运输费用较低时产生的)再分散,在选址产业的构成方面不同。(ii)投入非熟练工人越多的产业,越倾向于选择非熟练工人工资较低的小区域。(iii)运输费用足够低时,最多有一个产业在两个区域分散,出现分离均衡。

其次扩展了10.2节的模型,分析产品运输费用不同的多个产业的选址问题。其结果显示:(i)随着运输技术的进步会产生工业部门的分散,但具体的分散形态(完全分散、区域完全专门化、区域部分专门化)取决于城市费用的水平。(ii)该结果可以通过决定集聚和分散的四种效应(工业产品生活费用效应、城市费用效应、市场规模效应和竞争效应)的相互作用来说明。(iii)运输费用高的产业有形成大区域的倾向,但大区域的选址份额并不一定会按照运输费用的高低顺序排列。(iv)该模型得到的结果与日本工业选址的变化相吻合。

**习题 11.1** 请验算式(11-9)。

## 附录 11.1 $\bar{\theta}_0$、$\bar{\theta}_1$、$\bar{\theta}_2$、$\bar{\omega}_2$ 的定义

参数 $\bar{\theta}_0$、$\bar{\theta}_1$、$\bar{\theta}_2$、$\bar{\omega}_2$ 的定义如下:

$$\bar{\theta}_0 \equiv \frac{16a^2b^2}{c(2b-c)^2} \frac{(\omega^1)^2(\omega^2-\omega^3)^2+(\omega^2)^2(\omega^3-\omega^1)^2+(\omega^3)^2(\omega^1-\omega^2)^2}{(\omega^1)^2(\omega^2)^2+(\omega^2)^2(\omega^3)^2+(\omega^3)^2(\omega^1)^2}$$

$$\bar{\theta}_1 \equiv \frac{16a^2b^2}{c(2b-c)^2} \frac{(\omega^1-\omega^2)(\omega^1-\omega^3)}{(\omega^1)^2}$$

$$\bar{\theta}_2 \equiv \frac{16a^2b^2}{c(2b-c)^2} \frac{(\omega^1-\omega^3)(\omega^2-\omega^3)}{(\omega^3)^2}$$

$$\bar{\omega}_2 \equiv \frac{(\omega^3)^2}{(\omega^1)^2+(\omega^3)^2}\omega^1 + \frac{(\omega^1)^2}{(\omega^1)^2+(\omega^3)^2}\omega^3$$

根据假设,有 $\omega^1 > \omega^2 > \omega^3 \geq 0$,故所有参数都非负,并且以下的不等式成立:

$$\bar{\theta}_0 > \min\{\bar{\theta}_1, \bar{\theta}_2\}$$

# 第 12 章
# 企业间关联和区位

## 12.1 引言

　　第 1 章讲述了影响企业选址的三个主要因素：人工费用、市场规模以及技术和信息。事实上，我们通过前面章节中的新贸易理论和新经济地理学的模型可以看出，人工费用和市场规模对企业选址具有重要的影响。本章讨论的是企业选址的第三个主要因素技术和信息。[①] 直观上，拥有较多先进技术的国家和区域对企业更有吸引力。因为利用其提供的丰富的中间产品可以减少生产成本，生产出高质量的产品。[②] 维纳布尔斯（Venables，1996）将图 6.1 的产业间关联导入新贸易理论的模型。如第 4 章和第 5 章所述，新贸易理论的模型中，在包括人口规模在内完全对称的两个区域的情况下，其企业选址也是对称的，不会产生集聚。而在第 7 章以后介绍的新经济地理学的模型中，即使两个区域是完全对称的，也会产生集聚。这是因为允许了区域间的人口移动导致积累集聚过程的产生。对此，维纳布尔斯的模型中，两个区域完全对称，并且工人不能在区域间移动，但仍会产生集聚。这是因为某区域下游产业的增加通过中间产品市场规模的扩大与上游产业产生关联（后方关联效应），而上游产业的增加通过中间产品购买机会的扩大与下游产业产生关联（前方关联效应）。当这些效应超过因竞争效应产生的阻碍产业间集聚的效应时，该区域的工人会从农业部门转向工业部门，产生企业集聚。

　　维纳布尔斯假设上游产业与下游产业相互关联（垂直关联），而克鲁格曼和

---

[①] 这里只关注市场贸易中的技术和信息，不涉及市场贸易以外的技术和信息（技术的外部性）。
[②] 同时，拥有较多先进技术的工人的国家和区域对企业也具有吸引力。Takatsuka（2011）构建了一个投入熟练工人而提高产品质量的模型，由此分析熟练工人对选址的影响。

维纳布尔斯(Krugman and Venables,1995)及藤田等(Fujita et al.,1999)构建了一个产业内部的企业之间进行产品贸易、描述中间投入(水平关联)的模型。由此,模型得以简化,也可得到与维纳布尔斯相同的结论。本章将介绍这类模型。

本章首先讨论两国工资相等的情形。但是,考虑到选址与福利的关系时,是否存在工资差异具有本质上的影响,所以之后分析存在工资差异的情形,揭示其对选址与福利的关系所产生的影响。

## 12.2　两国工资水平相同的情形

### 12.2.1　模型

这里介绍在4.2.2的基础上,考虑企业间关联的模型(Ottaviano and Robert-Nicoud,2006)。模型做了以下两处改动。第一是假设两个区域的人口($\theta=1/2$)相同。如上所述,本节介绍的考虑企业间关联的模型中,即使两个区域完全对称,并且人口无法在区域间移动,也可能产生集聚。第二是生产技术。4.2.2的模型中只利用工人进行生产,这里在此基础上还把各企业的产品作为中间投入进行生产。具体来说,假设固定投入为$F$单位的工人和差异化工业产品所构成的"合成产品"(composite good),而且,该合成产品是按照柯布-道格拉斯生产函数$M^\mu l^{1-\mu}$(其中$\mu\in(0,1)$)的形式生产出来的。[③] 其中,$M$是式(3-2)中定义的工业差异化产品构成的合成产品,$l$是劳动。假设边际投入是$\rho$单位的,该合成产品的生产函数用$M^\alpha l^{1-\alpha}$(其中$\alpha\in[0,1)$)来表示。关于农业部门,与4.2.2相同,假设规模报酬不变且不花费运输费用。此外,本节假定工业产品的支出份额较小,考虑的是在任何均衡中两个区域都存在农业部门的情况。[④] 因为农产品不花费运输费用,所以不产生工资差异。因此,如果区域$r(=1,2)$的工资$w_r$为1,在区域$r$选址的企业生产$x$单位产品时所需的费用为

$$C_r(x) = FP_r^\mu w_r^{1-\mu} + \rho P_r^\alpha w_r^{1-\alpha} x = FP_r^\mu + \rho P_r^\alpha x \tag{12-1}$$

---

[③] 为了简便,这里参数$\mu$与消费者函数中的参数$\mu$相同。即使两者不同也不会有本质影响。
[④] 具体来说,只要假设$\mu<1/2$,就会出现这种情况。该假设不成立的情况将在下一节予以分析。

其中，$P_r$ 是区域 $r$ 工业产品的价格指数，可写成式（3-5）。如果 $\mu=\alpha=0$，则与 4.2.2 的模型相同。

如果在式（12-1）中运用谢泼德（Shephard）引理，那么可以求出在区域 $r$ 选址的企业，对在区域 $s$ 生产的产品 $j$ 的中间投入需求量为

$$d_r(j) = \frac{\partial C_r(x)}{\partial p_{sr}(j)} = \frac{p_{sr}(j)^{-\sigma}}{P_r^{1-\sigma}}(\mu F P_r^\mu + \alpha \rho P_r^\alpha x_r)$$

其中，$p_{sr}(j)$ 是在区域 $s$ 生产的产品 $j$ 在区域 $r$ 的价格。此外，根据式（3-7），在区域 $r$ 选址的所有家庭对在区域 $s$ 生产的产品 $j$ 的总消费需求量如下：

$$c_r(j) = \frac{p_{sr}(j)^{-\sigma}}{P_r^{1-\sigma}}\mu Y_r$$

其中，$Y_r$ 是区域 $r$ 的区域收入。另外，因为差异化产品（企业）全部对称，所以下面省略表示多样性的指标 $j$。

如果区域 $r$ 的出厂价为 $p_r$，那么在区域 $r$ 生产的差异化产品的总需求为

$$x_r = (c_r + n_r d_r) + \tau(c_s + n_s d_s) = p_r^{-\sigma}\left(\frac{\mu E_r}{P_r^{1-\sigma}} + \phi \frac{\mu E_s}{P_s^{1-\sigma}}\right) \quad (12\text{-}2)$$

其中，$\mu E_r$ 是区域 $r$ 的工业产品总支出额，可进行如下计算：

$$\mu E_r = \mu Y_r + \mu n_r F P_r^\mu + \alpha n_r \rho P_r^\alpha x_r$$

另外，生产各种产品的企业的利润为

$$\Pi_r = p_r x_r - (F P_r^\mu + \rho P_r^\alpha x_r) = \underbrace{\pi_r}_{\text{经营利润}} - \underbrace{F P_r^\mu}_{\text{固定费用}} \quad (12\text{-}3)$$

其中，$\pi_r \equiv (p_r - \rho P_r^\alpha)x_r$ 是在区域 $r$ 选址的企业的经营利润。根据利润最大化的一阶条件，可得到如下的均衡价格和均衡经营利润：

$$p_r = P_r^\alpha \quad \pi_r = \frac{P_r^\alpha x_r}{\sigma} \quad (12\text{-}4)$$

其次，如果在区域 $r$ 选址的企业为区域 $r$ 的居民所拥有，那么区域收入 $Y_r$ 由工资收入和企业利润组成

$$Y_r = \frac{L}{2} + n_r \Pi_r$$

用式（12-2）可以得到在区域 $r$ 选址的企业的经营利润如下：

$$\pi_r = \frac{P_r^\alpha x_r}{\sigma} = \frac{\mu}{\sigma}P_r^{\alpha(1-\sigma)}\left(\frac{E_r}{P_r^{1-\sigma}} + \phi\frac{E_s}{P_s^{1-\sigma}}\right)$$

因此，如果总支出额为 $E$，区域 1 的支出份额 $\eta = E_1/E$，那么可以得到：

$$\pi_1 = \frac{\mu E}{\sigma} P_1^{\alpha(1-\sigma)} \left( \frac{\eta}{P_1^{1-\sigma}} + \phi \frac{1-\eta}{P_2^{1-\sigma}} \right) \quad (12\text{-}5)$$

$$\pi_2 = \frac{\mu E}{\sigma} P_2^{\alpha(1-\sigma)} \left( \phi \frac{\eta}{P_1^{1-\sigma}} + \frac{1-\eta}{P_2^{1-\sigma}} \right) \quad (12\text{-}6)$$

进一步,如果总企业数为 $n$,区域 1 的企业份额为 $\lambda$,那么各区域的价格指数如下:

$$P_1 = \left[ n\lambda P_1^{\alpha(1-\sigma)} + n(1-\lambda) P_2^{\alpha(1-\sigma)} \phi \right]^{\frac{1}{1-\sigma}} \quad (12\text{-}7)$$

$$P_2 = \left[ n\lambda P_1^{\alpha(1-\sigma)} \phi + n(1-\lambda) P_2^{\alpha(1-\sigma)} \right]^{\frac{1}{1-\sigma}} \quad (12\text{-}8)$$

根据这些公式可以确认,经营利润的总额为

$$n_1 \pi_1 + n_2 \pi_2 = \frac{\mu E}{\sigma} \quad (12\text{-}9)$$

该公式显示,工业产品的支出总额的 $1/\sigma$ 倍(右边)等于经营利润的总额(左边)(引理 3.4.1)。

进一步,根据式(12-3)和式(12-4)可以得到如下公式:

$$E_r = \frac{L}{2} + n_r \left( \Pi_r + FP_r^\mu + \frac{\alpha \rho P_r^\alpha x_r}{\mu} \right) = \frac{L}{2} + n_r \left( 1 + \frac{\sigma-1}{\mu}\alpha \right) \pi_r \quad (12\text{-}10)$$

与式(12-9)一起可以得到总支出额为

$$E = \frac{L}{1 - \left( \alpha + \dfrac{\mu - \alpha}{\sigma} \right)} \quad (12\text{-}11)$$

## 12.2.2 均衡

到目前为止的分析把各区域的企业数量当作固定参数。考虑长期均衡时,部门之间有工人移动,各区域的企业数量 $n_1$ 和 $n_2$ 成为内生决定变量。具体来说,如果利润(12-3)为正,则企业增加;反之,如果利润为负,则企业减少。这里假设动态系统为

$$\frac{\mathrm{d}n_1}{\mathrm{d}t} = n_1(q_1 - 1) \quad \frac{\mathrm{d}n_2}{\mathrm{d}t} = n_2(q_2 - 1)$$

其中,$q_r \equiv \pi_r/(FP_r^\mu)$。根据该式可知

$$\frac{\mathrm{d}\lambda}{\mathrm{d}t} = \lambda(1-\lambda)(q_1 - q_2) \equiv f_1 \quad \frac{\mathrm{d}n}{\mathrm{d}t} = n[\lambda q_1 + (1-\lambda)q_2 - 1] \equiv f_2$$

$$(12\text{-}12)$$

而且,如果注意到长期均衡中的收入里只有工资收入,那么在区域 $r$ 选址的家庭的间接效用为[5]

$$V_r = P_r^{-\mu} \tag{12-13}$$

**完全集聚的选址**

考虑所有的企业都在区域 1 选址的端点均衡 $\lambda=1$、$q_1=1$ 的情况。在这个均衡中,根据式(12-7)和式(12-8)可得:

$$P_1 = [nP_1^{\alpha(1-\sigma)}]^{\frac{1}{1-\sigma}} \qquad P_2 = [nP_1^{\alpha(1-\sigma)}\phi]^{\frac{1}{1-\sigma}}$$

因此,解两个方程可知区域的价格指数为

$$P_1 = n^{\frac{1}{(1-\sigma)(1-\alpha)}} \qquad P_2 = n^{\frac{1}{(1-\sigma)(1-\alpha)}}\phi^{\frac{1}{1-\sigma}} \tag{12-14}$$

进一步,根据式(12-5)和式(12-6)可知

$$\pi_1 = \frac{\mu E}{\sigma n} \qquad \pi_2 = \pi_1[\phi^{1+\alpha}\eta + \phi^{\alpha-1}(1-\eta)]$$

$$q_1 = \frac{\pi_1}{FP_1^{\mu}} = \frac{\mu}{\sigma}\frac{E}{F}n^{\frac{\mu}{(\sigma-1)(1-\alpha)}-1} = 1 \tag{12-15}$$

$$q_2 = \frac{\pi_2}{FP_2^{\mu}} = q_1\left(\phi\eta + \frac{1-\eta}{\phi}\right)\phi^{\frac{\mu}{\sigma-1}+\alpha} \tag{12-16}$$

这里假设

$$(\sigma-1)(1-\alpha) > \mu \tag{12-17}$$

此时有 $\partial q_1/\partial n<0$。根据式(12-11)和式(12-15),企业总数为[6]

$$n = \left\{\frac{\mu}{\sigma}\frac{L}{F\left[1-\left(\alpha+\frac{\mu-\alpha}{\sigma}\right)\right]}\right\}^{\frac{(\sigma-1)(1-\alpha)}{(\sigma-1)(1-\alpha)-\mu}} \equiv n_A \tag{12-18}$$

另外,根据式(12-13)和式(12-14)可以得到各区域的福利水平

$$V_1 = n_A^{\frac{\mu}{(\sigma-1)(1-\alpha)}} \equiv V_{A1} \qquad V_2 = n_A^{\frac{\mu}{(\sigma-1)(1-\alpha)}}\phi^{\frac{\mu}{\sigma-1}} \equiv V_{A2} \tag{12-19}$$

**对称分散的选址**

下一步,考虑对称的内点均衡 $\lambda=1/2$,$q_1=q_2=1$。这时,$\eta=1/2$。根据式(12-7)和式(12-8)可知

$$P_1 = P_2 = n^{\frac{1}{(1-\sigma)(1-\alpha)}}\left(\frac{1+\phi}{2}\right)^{\frac{1}{(1-\sigma)(1-\alpha)}} \tag{12-20}$$

---

[5] 为了简化标记,省略系数 $\mu^{\mu}(1-\mu)^{1-\mu}$。
[6] 式(12-17)不成立时,企业数量超过 $n_A$ 并继续增加。条件式(12-17)相当于 7.3.2 中的无黑洞条件。

另外，根据式(12-5)、式(12-6)和式(12-11)可以得到

$$q_1 = q_2 = \frac{\mu L}{\sigma F\left[1-\left(\alpha+\frac{\mu-\alpha}{\sigma}\right)\right]}\left(\frac{1+\phi}{2}\right)^{\frac{\mu}{(\sigma-1)(1-\alpha)}} n^{\frac{\mu}{(\sigma-1)(1-\alpha)}-1} = 1$$

由此式可以得出企业总数

$$n = n_A \left(\frac{1+\phi}{2}\right)^{\frac{\mu}{(1-\alpha)(\sigma-1)-\mu}} \equiv n_D \quad (12\text{-}21)$$

进一步，根据式(12-13)和式(12-20)，可以得到各区域的价格指数和福利水平：

$$P_1 = P_2 = n_A^{\frac{1}{(1-\sigma)(1-\alpha)}}\left(\frac{1+\phi}{2}\right)^{\frac{1}{(\sigma-1)(1-\alpha)+\mu}} \equiv P_D \quad (12\text{-}22)$$

$$V_1 = V_2 = n_A^{\frac{\mu}{(\sigma-1)(1-\alpha)}}\left(\frac{1+\phi}{2}\right)^{\frac{\mu}{(\sigma-1)(1-\alpha)-\mu}} \equiv V_D \quad (12\text{-}23)$$

**特殊情形**

各个区域的价格指数由式(12-7)和式(12-8)所决定，但一般情况下无法得到显式解。这里针对可以得到显式解的唯一情形($\alpha=0$)进行讨论。这种情形下的边际投入只用到劳动力。

由式(12-5)、式(12-10)和式(12-11)可以得到以下的关系式：

$$\eta = \frac{1}{2}\left(1-\frac{\mu}{\sigma}\right) + \lambda\frac{\mu}{\sigma}\left[\frac{\eta}{\lambda+\phi(1-\lambda)} + \frac{\phi(1-\eta)}{\phi\lambda+(1-\lambda)}\right]$$

从中解出 $\eta$：

$$\eta = \frac{1}{2} + \frac{\frac{\mu}{\sigma}\left(\lambda-\frac{1}{2}\right)\phi}{[\lambda+\phi(1-\lambda)][\phi\lambda+(1-\lambda)]-\frac{\mu}{\sigma}(1-\phi^2)\lambda(1-\lambda)} \quad (12\text{-}24)$$

由该式可知，企业较多的区域总支出较高。这是因为企业越多，企业部门的工业产品支出（中间投入）也会增多。

基于以上结果，我们可以试着分析某区域企业份额的增加对其他企业选址的影响。很明显，对企业选址的影响是通过企业利润产生的，由式(12-3)可知这些影响可分为通过经营利润产生的效应和通过固定费用产生的效应（见表12.1）。前者体现为式(12-5)和式(12-6)。也就是说，这种特殊情形下可以表示为

$$\pi_1 = \frac{\mu E}{\sigma n}\left[\frac{\eta}{\lambda+\phi(1-\lambda)} + \frac{\phi(1-\eta)}{\phi\lambda+(1-\lambda)}\right]$$

$$\pi_2 = \frac{\mu E}{\sigma n}\left[\frac{\phi\eta}{\lambda+\phi(1-\lambda)} + \frac{1-\eta}{\phi\lambda+(1-\lambda)}\right] \quad (12\text{-}25)$$

如果企业份额增加,一方面,该区域的支出份额会增加(式(12-24))。这会扩大市场规模,增加企业的经营利润,进一步促进更多的企业进入市场。这表现在式(12-25)中括号内的分子。与以前一样,可称之为**市场规模效应**。另一方面,企业份额的增加会激化竞争,减少经营利润,促使企业退出市场,这就是所谓的**竞争效应**,体现为式(12-25)中括号内的分母。

表 12.1　企业增加对其他企业选址的影响($\alpha=0$ 的情况)

| | 正的子效应 | 负的子效应 |
| --- | --- | --- |
| 通过经营利润的选址效应 | 市场规模效应 | 竞争效应 |
| 通过固定费用的选址效应 | 中间投入成本效应 | |

最后,因为企业份额的增加降低了工业产品的价格指数,所以会减少固定费用,增加企业数目。由于降低了中间投入的花费,所以称之为**中间投入成本效应**。企业份额的增加到底会促进企业的加入还是退出取决于这三种效应间的平衡。而且该平衡及其带来的选址变化与 7.2.2 中所介绍的 FE 模型极为相似。具体来说,表 7.1 中通过工资的选址效应、通过生活费用的选址效应分别对应表 12.1 中通过经营利润的选址效应和通过固定费用的选址效应。后者一直为正的效应,前者在运输费用较高时呈现为负的效应。因为运输费用较高时,已经在该区域选址的企业成为主要销售点,企业数量增加带来较强的竞争效应。

接下来,考虑完全集聚均衡的稳定性。所有企业都在区域 1 选址的均衡是稳定的条件为 $q_2<1$。由式(12-16)和式(12-24)可知,它与下面的不等式等价

$$\frac{\left(1+\frac{\mu}{\sigma}\right)\phi^2+1-\frac{\mu}{\sigma}}{2\phi^{1-\frac{\mu}{\sigma-1}}}<1$$

进一步,该不等式与 $\phi>\phi_s$ 等价。其中,$\phi_s$ 是方程式

$$1-\frac{\mu}{\sigma}+\left(1+\frac{\mu}{\sigma}\right)(\phi_s)^2-2(\phi_s)^{1+\frac{\mu}{1-\sigma}}=0$$

的解。与以往相同,称 $\phi_s$ 为维持点。以上的方程式与 7.2.2 的式(7-18)相同,所以该模型的维持点与 FE 模型的维持点相同。

另一方面,对称分散的均衡何时稳定呢? 根据附录 12.1,对称均衡是稳定的充要条件可写为 $\phi<\phi_b$。其中,

$$\phi_b = \frac{1 - \dfrac{\mu}{\sigma}}{1 + \dfrac{\mu}{\sigma}} \frac{1 - \dfrac{1}{\sigma} - \dfrac{\mu}{\sigma}}{1 - \dfrac{1}{\sigma} + \dfrac{\mu}{\sigma}} \tag{12-26}$$

根据式(12-17),有 $\sigma - 1 > \mu$,所以 $\phi_b > 0$ 成立。与以往相同,称 $\phi_b$ 为突破点。由该式可知这个模型的突破点和 FE 模型的突破点(7.3.2)相同。

进一步可以证明最多存在三个内点均衡。随着运输费用的下降(贸易自由度 $\phi$ 的增加),均衡选址的变化情况与 FE 模型相同,如图 7.2 所示。[⑦] 也就是说,随着运输费用的下降,完全对称的选址变为完全集聚的选址。这样一来,尽管本节的模型与 FE 模型完全不同,但是所产生的均衡几乎都能用相同的式子来表示。

另外,一般情形 ($\alpha \geqslant 0$) 下,可以证明其定性结果与 $\alpha = 0$ 的情形一样(如图 7.2 所示的分歧模式)(Ottaviano and Robert-Nicoud,2006)。进一步,也证明了在 $\alpha = \mu$ 的情况下[⑧]可以得到与 7.2.1 的模型相同的维持点和突破点(Baldwin et al.,2003)。

## 12.2.3 福利分析

总结前一节的结果可以得到表 12.2。比较完全集聚的情况和对称分散的情况可以得出以下的结论。

**表 12.2 完全集聚与对称分散的内生变量的比较**

|  | 完全集聚 | 对称分散 |
|---|---|---|
| $n$ | 式(12-18)的 $n_A$ | 式(12-21)的 $n_D < n_A$ |
| $P_1$ | $P_{A1} \equiv n_A^{-\frac{1}{(\sigma-1)(1-\alpha)}}$ | 式(12-22)的 $P_D > P_{A1}$ |
| $P_2$ | $P_{A2} \equiv n_A^{-\frac{1}{(\sigma-1)(1-\alpha)}} \phi^{\frac{1}{1-\sigma}}$ | $P_D$ |
| $p_1$ | $p_{A1} \equiv P_{A1}^\alpha = n_A^{-\frac{\alpha}{(\sigma-1)(1-\alpha)}}$ | $p_D \equiv P_D^\alpha \geqslant p_{A1}$ |
| $V_1$ | 式(12-19)的 $V_{A1}$ | 式(12-23)的 $V_D < V_{A1}$ |
| $V_2$ | 式(12-19)的 $V_{A2}$ | $V_D$ |

---

⑦ 参照 Ottaviano and Robert-Nicoud(2006)。
⑧ 该情况相当于固定投入和可变投入使用同一合成产品的情形。Krugman and Venables(1995)首次分析了这种情形。

首先，比较工业产品的出厂价($p_1$)可知，只要 $\alpha>0$，完全集聚时的工业产品的出厂价就会比对称分散时低($p_{A1}<p_D$)。这是由于企业是集中在一起的，所以在本国内可购买的中间产品很丰富，可以降低边际费用。另外，这会增加企业利润，因此会有更多的企业进入。完全集聚时企业数量多($n_A>n_D$)，就是由于这个原因。

因此，如果所有企业都在某个国家选址，那么这时该国的福利水平一定比对称分散时高($V_{A1}>V_D$)。因为在该国可以消费更多种类的、更便宜的产品。

其次，对于有企业出走的国家会怎样呢？从总企业数和工业产品的出厂价来看，完全集聚是好的。但是，完全集聚在对方国家意味着所有工业产品的价格都需要加上运输费用，从这个观点来看，对称分散是好的。

因此，如果运输费用足够小，有可能完全集聚是好的。下面具体分析一下。

由式(12-19)和式(12-23)可知 $V_{A2}>V_D$ 成立的充要条件可写为

$$\phi > \left(\frac{1+\phi}{2}\right)^{\frac{1}{1-a}} \quad (12\text{-}27)$$

其中，

$$a \equiv \alpha + \frac{\mu}{\sigma-1} < 1 \quad (12\text{-}28)$$

最后的不等式可以从式(12-17)得出。现在定义函数

$$f(\phi) \equiv \phi - \left(\frac{1+\phi}{2}\right)^{\frac{1}{1-a}}$$

那么式(12-27)和 $f(\phi)>0$ 等价。进一步，

$$f(0)<0 \quad f(1)=0 \quad f''(\phi)<0$$

$$f'(1) = \frac{1-2a}{2(1-a)}$$

成立。因此，如果 $a\in(1/2,1)$，那么如图12.1所示，存在一个 $\phi_0\in(0,1)$，使得

$$f(\phi)<0 \Leftrightarrow V_{A2}<V_D, \quad 当 \phi\in[0,\phi_0) 时$$
$$f(\phi)>0 \Leftrightarrow V_{A2}>V_D, \quad 当 \phi\in(\phi_0,1) 时$$

另外，根据隐函数定理可知 $\phi_0$ 是 $a$ 的递减函数。当 $a\to 1/2$ 时，$\phi_0\to 1$；当 $a\in(0,1/2)$ 时，对于任意的 $\phi$ 都有 $f(\phi)<0$，即 $V_{A2}<V_D$。

由式(12-28)可知，因为替代弹性 $\sigma$ 大时 $a$ 变小，所以分散选址是好的。这是因为产品的多样性得不到评价，所以比起总企业数，运输费用对福利的影响占主

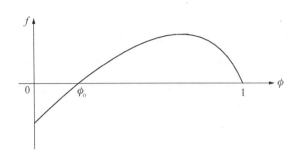

图 12.1　函数 $f$ 的形状

导地位。由式(12-28)可知,当表示工业产品的支出份额的 $\alpha$ 和 $\mu$ 很小时也会有同样的倾向。

**命题 12.2.1**　如果所有的企业都在国家 1 选址,那么这时国家 1 的福利水平一定比对称分散时高。此外,(i) 如果 $a \in (1/2, 1)$ 且运输费用低($\phi > \phi_0$),这时国家 2 的福利水平比对称分散时高。(ii) 如果 $a \in (0, 1/2)$ 或运输费用高($\phi < \phi_0$),国家 2 的福利水平比对称分散时低。

在 4.4 节,我们看到了运输费用下降时,规模不同的两个国家的福利水平是如何变化的。上面的命题告诉我们,虽然两个国家的大小是相同的,但存在企业关联时两国的福利水平会如何变化。

首先,来考虑参数 $a$ 很大、$\phi_0$ 小于突破点 $\phi_b$ 的情形($\phi_0 < \phi_b$)。从运输费用足够高($\phi$ 足够小)的情况开始逐渐降低下去的话,在突破点 $\phi_b$ 处,由对称分散向完全集聚转变。这时由于 $\phi$ 超过了 $\phi_0$,所以该转变提高了两国的福利水平(帕累托改进)。其次,参数 $a$ 很小、$\phi_0$ 比突破点 $\phi_b$ 大的情形($\phi_0 > \phi_b$)会得出不同的结论。同样地,在突破点 $\phi_b$ 处,会从对称分散向完全集聚转变,这种转变虽然提高了集聚国家的福利水平,但却降低了另一个国家的福利。然而,如果运输费用继续降低,则农业国家的福利水平提高,逐渐接近工业国家的福利水平。

## 12.3　两国工资水平不同的情形

前一节考虑了即使企业在某个国家集聚也不会产生工资差异的情形。但是,像前面的章节所看到的那样,企业的集聚会增加劳动力的需求,有可能提升工资。产生工资差异时,关于企业选址和福利或许会有不同的含义。这里考虑工业集聚于某国时,该国的农业部门消失,产生工资差异的情形。

国家 1 呈现出工业专门化且没有农业部门时,可能出现以下两种情形:第一,国家 2 呈现出农业专门化;第二,国家 2 两种产业都有。这里考虑前者的完全专门化情形,与对称分散的情形进行比较。

如果把国家 2 的工资(及农产品价格)设为基准 1,那么产生完全专门化时,国家 1 的工资 $w_{S1}$ 要比 1 大。如果国家 1 的工资比 1 小,就可以生产出比进口产品价格更低的农产品,所以该国就会出现农业部门。同样地,由于国家 2 的劳动力全部用于农产品的供给,所以有以下等式成立

$$\frac{L}{2} = (1-\mu)(w_{S1}+1)\frac{L}{2}$$

左边是国家 2 的劳动人口(=完全专门化时的农产品总供给),右边是完全专门化时的农产品总需求。根据该式可以得到

$$w_{S1} = \frac{\mu}{1-\mu} \tag{12-29}$$

因为 $w_{S1}$ 比 1 大,所以必须有 $\mu > 1/2$。本节做此假定。[9]

如果留意到上述几点来进行与前一节相同的均衡计算,那么在集聚和分散的情况下,区域 1 的企业数分别为

$$n_S \equiv \left\{\frac{1}{2\sigma}\frac{L}{F\left[1-\left(\alpha+\frac{\mu-\alpha}{\sigma}\right)\right]}\right\}^{\frac{(\sigma-1)(1-\alpha)}{(\sigma-1)(1-\alpha)-\mu}}$$

$$n_D \equiv n_S(2\mu)^{\frac{(\sigma-1)(1-\alpha)}{(\sigma-1)(1-\alpha)-\mu}}\left(\frac{1+\phi}{2}\right)^{\frac{\mu}{(\sigma-1)(1-\alpha)-\mu}}$$

其他的内生变量也可以得到如表 12.3 所示的结果。

与前一节工资总是相等的情况有很大的不同,即使所有企业都在国家 1 选址,此时国家 1 的福利水平也不一定比对称分散时高。实际上,利用表 12.3 等得到的结果,$V_{S1} < V_D$ 成立的充要条件可以写成

---

[9] 即使这样假设,对随着运输费用的下降所产生的选址变化结果并没有太大的影响。也就是说,与前一节的情形相同,运输费用的下降会使得选址由分散转为集聚,不会产生再分散。如果像维纳布尔斯(Venables, 1996)那样导入仅使用劳动力进行生产的上游产业,或者像藤田等(Fujita et al., 1999)那样设定农业技术是规模报酬递减的,那就会产生再分散。

表 12.3　完全专门化与对称分散的内生变量的比较

| | 完全专门化 | 对称分散 |
|---|---|---|
| $P_1$ | $P_{S1} \equiv n_S^{\frac{1}{(1-\sigma)(1-a)}} w_{S1}$ | $P_D \equiv n_S^{\frac{1}{(1-\sigma)(1-a)}} [\mu(1+\phi)]^{-\frac{1}{(\sigma-1)(1-a)-\mu}}$ |
| $P_2$ | $P_{S2} \equiv n_S^{\frac{1}{(\sigma-1)(1-a)}} w_{S1} \phi^{\frac{1}{1-\sigma}}$ | $P_D$ |
| $p_1$ | $p_{S1} \equiv P_{S1}^a w_{S1}^{1-a}$ | $p_D \equiv P_D^a$ |
| $V_1$ | $V_{S1} \equiv n_S^{\frac{\mu}{(\sigma-1)(1-a)}} w_{S1}^{1-\mu}$ | $V_D \equiv n_S^{\frac{\mu}{(\sigma-1)(1-a)}} [\mu(1+\phi)]^{\frac{\mu}{(\sigma-1)(1-a)-\mu}}$ |
| $V_2$ | $V_{S2} \equiv n_S^{\frac{\mu}{(\sigma-1)(1-a)}} w_{S1}^{-\mu} \phi^{\frac{\mu}{\sigma-1}}$ | $V_D$ |

$$\phi > \phi_1 \equiv \frac{1}{\mu} w_{S1}^{\frac{(1-\mu)[(\sigma-1)(1-a)-\mu]}{\mu}} - 1$$

$\mu$ 足够大时，$\phi_1$ 取值于区间 $(0,1)$。因此，在 $\mu$ 足够大、运输费用足够低的情况下，$V_{S1} < V_D$ 成立。

**命题 12.3.1** 考虑国家 1 是完全工业专门化、国家 2 是完全农业专门化的情况。$\mu$ 足够大、运输费用足够低时，完全专门化时国家 1 的福利水平比对称分散时要低。

想一想，为什么会产生这样的结果呢？利用表 12.3 的结果来比较两种情况下工业产品的出厂价（$p_1$）。当运输费用足够低时，对称分散的价格较低（$p_{S1} > p_D$）。如 12.2.3 所述，如果企业集聚，则可以用低廉的价格购买丰富的中间产品，进而可以压低生产成本，这有利于降低产品价格。但是，如果以完全专门化的形式集聚，那么工资上涨，会导致价格上涨。运输费用低的情况下，后者的弊大于前者的利。这是因为运输费用低时，不论在哪个区域选址都可以购买到便宜的中间产品。另外，价格上涨降低了企业利润，会有企业退出市场。事实上，运输费用较低时，总企业数在对称分散时较多（$n_S < n_D$）。

工业产品的出厂价上涨与总企业数的减少提高了工业产品的价格指数。因为工业集聚国家的工资高，所以收入水平也高。但是，工业产品的支出份额 $\mu$ 较大时，高工业产品价格指数的不利就会占主导地位，所以福利水平下降。

最后，来考虑国家 2 的福利水平。由表 12.3 的结果可知，$V_{S2} > V_D$ 成立的充分必要条件可写为

$$\phi > w_{S1}^{\sigma-1} [\mu(1+\phi)]^{\frac{1}{1-a}}$$

根据式(12-29)可知，$\mu \to 1/2$ 时有 $w_{S1} \to 1$。因此，$\mu \to 1/2$ 时，上述不等式归于式(12-27)，这样就有与命题 12.2.1 相同的结果。也就是说，$a$ 大且运输费用低时，完全专门化情况下的福利水平高，反之，则对称分散情况下的福利水平高。这样，即使有了工资差异，国家 2 的福利水平可能在工业集聚于国家 1 时高，也可能相反，在对称分散时高。

## 12.4 小结

本章首先扩展了 4.2.2 的模型，分析了企业间的关联结构对企业选址的影响。尽管该模型不允许人口的移动，但呈现出与 7.2.2 的 FE 模型相同的变化。也就是说，运输费用高时，产生对称分散的选址，如果运输费用下降，则从某一点（突破点）开始剧变为完全集聚。由于企业的增加会扩大中间产品的市场规模（增加其购买机会），所以，作为中间产品的买方和卖方，对企业来说都具有吸引力。运输费用较高时，竞争效应占优势，导致分散选址；运输费用较低时，竞争效应减弱，出现集聚的积累过程。

对各国来说，是对称分散好，还是完全集聚好？这并不能一概而论。特别是，完全集聚时是否产生工资差距会带来本质性的影响。如果没有工资差异，则对企业集聚的国家来说，完全集聚总是好的。但是，集聚会导致工资上升的情况，对企业集聚的国家来说，会出现对称分散更好的情况，因为高工资会提高工业产品的价格，进而减少进入市场的企业。

## 附录 12.1　关于 12.2.1 模型的突破点

定义矩阵 $A$ 为

$$A \equiv \begin{bmatrix} \dfrac{\partial f_1}{\partial \lambda} & \dfrac{\partial f_1}{\partial n} \\ \dfrac{\partial f_2}{\partial \lambda} & \dfrac{\partial f_2}{\partial n} \end{bmatrix} \bigg|_{\lambda=\frac{1}{2},\, n=n_D}$$

其中，$f_1$ 和 $f_2$ 的定义见式(12-12)，$n_D$ 的定义见式(12-21)。根据推论 6.3.1，对称均衡 $(\lambda, n) = (1/2, n_D)$ 为渐近稳定的充分必要条件为 $\mathrm{Tr}(A) < 0$ 且 $|A| > 0$。根据式(12-5)、式(12-6)和式(12-12)，可以得到以下公式

$$\left.\frac{\partial f_1}{\partial \lambda}\right|_{\lambda=\frac{1}{2}, n=n_D} = \frac{\mu L(1-\phi)\left(n_D \dfrac{1+\phi}{2}\right)^{\frac{\mu}{\sigma-1}} f_b(\phi)}{F n_D(\sigma-1)(\sigma-\mu)(1+\phi)[\sigma-\mu+(\sigma+\mu)\phi]}$$

$$\left.\frac{\partial f_1}{\partial \lambda}\right|_{\lambda=\frac{1}{2}, n=n_D} = 0$$

$$\left.\frac{\partial f_2}{\partial \lambda}\right|_{\lambda=\frac{1}{2}, n=n_D} = 0$$

$$\left.\frac{\partial f_2}{\partial n}\right|_{\lambda=\frac{1}{2}, n=n_D} = \frac{\mu^2 L\left(n_D \dfrac{1+\phi}{2}\right)^{\frac{\mu}{\sigma-1}}}{F n_D(\sigma-1)(\sigma-\mu)} - 1 = \frac{\mu - (\sigma-1)}{\sigma-1}$$

其中，

$$f_b(\phi) \equiv (\sigma+\mu)(\sigma+\mu-1)\phi - (\sigma-\mu)(\sigma-\mu-1)$$

方程式 $f_b(\phi) = 0$ 的解是由式(12-26)所定义的 $(\phi_b > 0)$。

如果 $\phi > \phi_b$，则

$$\left.\frac{\partial f_1}{\partial \lambda}\right|_{\lambda=\frac{1}{2}, n=n_D} > 0 \quad \left.\frac{\partial f_2}{\partial n}\right|_{\lambda=\frac{1}{2}, n=n_D} < 0$$

因此，$|A| < 0$ 成立，对称均衡不会渐近稳定。反之，如果 $\phi < \phi_b$，那么

$$\left.\frac{\partial f_1}{\partial \lambda}\right|_{\lambda=\frac{1}{2}, n=n_D} < 0 \quad \left.\frac{\partial f_2}{\partial n}\right|_{\lambda=\frac{1}{2}, n=n_D} < 0$$

因此，$\mathrm{Tr}(A) < 0$，$|A| > 0$，对称均衡为渐近稳定。

# 第 13 章
# 空间经济学模型的应用

## 13.1 引言

从 20 世纪 80 年代开始直至 90 年代，新经济地理学和新贸易理论的研究一直迅速发展，其成果通过藤田等（Fujita et al.，1999）及藤田和蒂斯（Fujita and Thisse，2002，2013）的著作逐渐形成体系。这些研究在理论上细致分析了在各种尺度的空间（城市、区域、国际）内，是通过何种机制如何产生经济活动集聚的。但是，在关注各种机制时，鲜有关于政策方面的讨论：政府实施的各种政策会带来怎样的影响？能否带来大家所预期的效果？作者们之所以避开政策方面的讨论的一个理由是，担心在提出的机制接受严格的实证验证之前，就进行政策上的讨论可能有风险。[①] 而且，可以推测出另一个理由在于这些研究中使用模型的复杂程度。如第 7 章所述，克鲁格曼的原始新经济地理学模型解析起来就很困难，因此数值模拟成为重点，在分析政策效果方面可以说很难得到一般性的结论。

但是此后，(这一点也正如前文所述)研究者们开发出基于准线性效用函数的模型等解析起来比较容易的模型。鲍德温等（Baldwin et al.，2003）[②]率先引入了该研究成果，重点关注基于新经济地理学模型的政策分析。本章也紧跟其方向，就税收竞争、环境管制以及国际贸易和国内区域间差异三个主题，利用空间经济的模型进行分析。

---

[①] 具体参照 Fujita et al.（1999，第 9 章）。
[②] 参照 14.2 节"可进一步阅读的文献"。

## 13.2 税收竞争

区域的经济政策通过区域内居民和企业的税收来实现。因此,课税基础(tax base)的区域间移动肯定会给地方税的税额以及区域的经济政策带来影响。

传统的税收竞争的研究是基于一种类型的产品和完全竞争市场展开的(Wilson,1999),不涉及产品的贸易费用。工人不能在区域间移动,但资本可以在区域间移动。这种情况下,地方政府担心课税基础(即资本)流出,会有降低税率的动机,所以竞争的结果是税收为零。这称作"底部竞争"(race to the bottom)。各地区为了避免该事态发生而相互合作,设定同样的税率,这称作"协调税收"(tax harmonization)。

### 13.2.1 基于中心-外围模型的分析

鲍德温和克鲁格曼(Baldwin and Krugman,2004)基于新经济地理学模型,首次分析考虑了企业的规模报酬递增技术的税收竞争。具体来说,利用 7.2.2 的 FE 模型可知,运输费用很低时会出现企业的完全集聚。③ 如果集聚区域为区域 1,那么区域 1 的熟练工人可以得到比在区域 2 更高的实际工资(效用)。这里称区域 1 和区域 2 的实际工资比为**集聚租**(agglomeration rent)。采用第 7 章的记号,根据式(7-9)、式(7-14)和式(7-15)可知,当所有的企业都集聚在区域 1 时,区域 1 的集聚租如下:

$$\Omega^c(\phi) \equiv \frac{\frac{w_1}{P_1^\mu}}{\frac{w_2}{P_2^\mu}} = \frac{2\phi^{1-\frac{\mu}{\sigma-1}}}{1-\frac{\mu}{\sigma}+\left(1+\frac{\mu}{\sigma}\right)\phi^2}$$

由该式及维持点 $\phi_s$ 的定义可知,

$$\Omega^c(\phi_s) = \Omega^c(1) = 1$$

---

③ 由于 Baldwin and Krugman(2004)的分析基于 FE 模型,所以企业的选址模式只有完全集聚和对称分散,不能用于分析现实中常见的不完全集聚的情况。Borck and Pflüger(2006)使用弗吕格的准线性模型(8.3 节),对可能产生不完全集聚的情况进行了分析。

另外，集聚租 $\Omega^c$ 随着贸易自由度的上升呈现倒 U 形变化。实际上，其一阶微分为

$$\frac{\phi}{\Omega^c}\frac{\mathrm{d}\Omega^c}{\mathrm{d}\phi} = \frac{2\left(1-\dfrac{\mu}{\sigma}\right)}{1-\dfrac{\mu}{\sigma}+\left(1+\dfrac{\mu}{\sigma}\right)\phi^2} - \frac{\sigma+\mu-1}{\sigma-1} \qquad (13\text{-}1)$$

它是关于 $\phi$ 的递减函数（即 $\Omega^c$ 是 $\phi$ 的凹函数）。进一步，由无黑洞条件式(7-19)可知，式(13-1)在 $\phi=0$ 时为正，在 $\phi=1$ 时为负。

由于集聚租的存在，如果两个区域的税率相同，则留在区域 1 更有利。这意味着即使区域 1 设定较高的税率，企业也不会离开。因此不会出现底部竞争，区域 1 的税率不会比区域 2 低。所以，如果进行协调税收，至少有一个区域会受损。另外，随着运输费的下降，两个区域的税率会同时上升，即可能出现所谓的"顶峰竞争"（race to the top）。

通过模型来具体分析一下。两个区域的总收入分别为 $Y_1=L+\lambda H w_1$，$Y_2=L+(1-\lambda)H w_2$。区域 $i$ 的所得税税率为 $t_i$，则区域 $i$ 的税收为 $G_i=t_i Y_i$。假定政府希望尽可能以较低的税率获得较高的税收。具体来说，将区域 $i$ 的政府目标函数设为 $W_i=W(G_i,t_i)$，它是关于税收 $G_i$ 的递增函数，也是关于税率 $t_i$ 的递减函数。因为税收 $G_i$ 是关于税率 $t_i$ 的函数，所以可以认为 $W_i$ 只是关于 $t_i$ 的函数，用 $W_i(t_i)$ 来表示。一般来说，微分系数 $W_i'(t_i)$ 的符号是不确定的。在这里为了简化问题，假设 $W_i(t_i)$ 是凹函数且呈倒 U 形变化。这个设定考虑了一个三阶段博弈。区域 1（集聚区域）先决定税率 $t_1$，然后区域 2 决定税率 $t_2$，最后企业进行区位选择。

图 13.1 的上半部分表示区域 2 政府的目标函数。$W_2^p(t_2)$ 表示企业不在区域 2 选址时的目标函数，$W_2^c(t_2)$ 表示企业在区域 2 集聚时的目标函数。$W_2^c(t_2)$ 位于 $W_2^p(t_2)$ 上方意味着如果税率相同，那么政府希望自己的区域成为居民福利水平高的企业集聚地。更重要的一点是，假设政府在企业集聚的情况下比企业不在自己的区域选址时，期望有更高的税率。这是因为企业集聚时区域变得更富裕，区域居民可以期待享受更加丰富的公共服务（公共服务是奢侈品），可以认为这是自然的假定。图 13.1 下半部分表示区域 1 作为企业集聚地时区域 1 的目标函数 $W_1^c(t_1)$。注意到两个区域基本上对称，所以 $W_1^c(t_1)$ 的形状与 $W_2^c(t_2)$ 的形状被描绘成对称的。

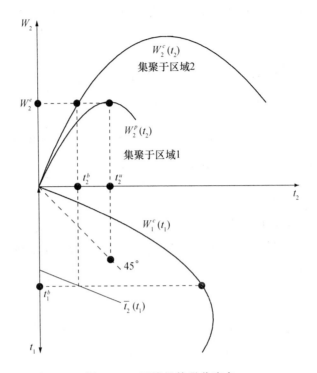

图 13.1 区域间的税收竞争

在这种情况下,区域 2 将如何设定税率呢?一般可以想到两种方针。第一种方针是,不考虑自己的区域为集聚地,在企业不在本区域选址的情况下让目标函数最大化。此时区域 2 肯定会选择税率 $t_2^u$。第二种方针是,认定区域 2 成为新的集聚地,与区域 1 进行税收竞争。这种情况下,区域 2 为了吸引企业(熟练工人),不得不设定比区域 1 更低的税率(注意:企业已经在区域 1 集聚,产生了集聚租)。为了让熟练工人在任何区域选址都没有差别,区域 2 的税率为满足 $1-\bar{t}_2(t_1)=(1-t_2)\Omega^c$ 的 $\bar{t}_2(t_1)$。因此,为了使区域 2 成为企业集聚地,需要将税率控制在 $\bar{t}_2(t_1)$ 之内。因为 $\bar{t}_2(t_1)=1-\Omega^c+\Omega^c t_1$ 成立,所以 $\bar{t}_2(t_1)$ 是 $t_1$ 的递增函数,如图 13.1 的下半部分所示的形状。

区域 2 如何确定选取哪种方针呢?如果将第二种方针作为前提考虑的话,根据 $\bar{t}_2(t_1)$ 的图形可知区域 1 的税率足够低时,即使区域 2 的税率为零也不能吸引企业集聚,所以该方针以失败告终。如果区域 1 的税率不那么低,但不超过

$$t_1^b \equiv 1-\frac{1-t_2^b}{\Omega^c} \tag{13-2}$$

的话,区域 2 设定比 $t_2^b$ 低且为正的税率,就可以吸引企业前来集聚,其中,$t_2^b$ 为满

足 $W_2^c(t_2^b) = W_2^p(t_2^u)$ 的税率。但是，从图 13.1 中也可以看出，税率比 $t_2^b$ 低时区域 2 成了企业集聚地。即使这样，区域 2 的目标函数值还是要小于选择第一种方针时的值 $W_2^c$。因此，如果区域 1 的税率低于 $t_1^b$，那么区域 2 为了避免税收竞争，会选择第一种方针。如果区域 1 的税率高于 $t_1^b$，就会诱导区域 2 进行税收竞争。这是在博弈的第二阶段，区域 2 的最优策略。

那么，考虑到上述情况，区域 1 在第一阶段采取怎样的策略比较好呢？很明显，区域 1 不应该设定比 $t_1^b$ 高的税率，因为那时区域 2 会选择第二种方针，让区域 1 失去所有的企业。相反，如果税率比 $t_1^b$ 低，那么区域 2 会选择第一种方针，所以区域 1 可以继续成为企业的集聚地。对于区域 1，使目标函数达到最大值的是，在保证继续成为企业集聚地的范围内设定最高的税率。很明显，该税率为 $t_1^b$（严格来说，比 $t_1^b$ 小但无限接近）。因此，区域 1 选择 $t_1^b$、区域 2 选择 $t_2^u$ 构成均衡。

根据关系式(13-2)，在给定 $t_2^b$ 时，区域 1 选择的税率 $t_1^b$ 是集聚租 $\Omega^c$ 的增函数。如上所述，$\Omega^c$ 随着运输费用的降低呈现倒 U 形变化。因此，如果给定 $t_2^b$，那么区域 1 的税率 $t_1^b$ 也会随着运输费用的降低先上升后下降。那么，区域 2 的税率会怎样变化呢？如果企业不在区域 2 选址，运输费用完全为零（$\phi = 1$）的话，实际上与区域 1 的情况相同，所以税率也和区域 1 相同。也就是说，可以认为由于运输费用降低，区域 2 变得富裕，政府的目标函数 $W_2^p(t_2)$ 趋近于 $W_2^c(t_2)$，这意味着区域 2 的税率 $t_2^u$ 是单调递增的。此外，运输费用处于维持点（$\phi = \phi_s$）时，集聚租 $\Omega^c$ 为 1，所以根据式(13-2)，可知区域 1 的税率 $t_1^b$ 等于 $t_2^b$。因为像图 13.1 所示的那样有 $t_2^b < t_2^u$，所以此时 $t_1^b < t_2^u$，即区域 1 的税率低于区域 2 的税率。

总结上述结果，两个区域的税率及区域间差异的变化可如图 13.2 所示。

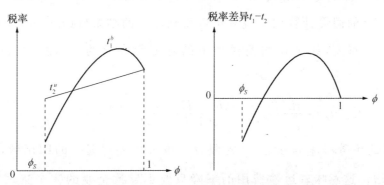

**图 13.2　贸易自由度和税率及税率差异的关系（中心-外围模型）**

也就是说，贸易自由度会提高两个区域的税率。这就是所谓的"顶峰竞争"。另外，由于集聚租的扩大，区域1作为集聚区域会更快地提高税率。如果贸易自由度进一步上升，这次由于集聚租缩小，区域1的税率会降低。最终，在 $\phi=1$ 时两个区域的税率相等。

### 13.2.2 基于准线性模型的分析

以上的模型都是基于新经济地理学的模型，这些分析税收竞争的最初研究，由于得到与传统的税收竞争模型非常不同的结果而受到关注。然而，关于各个区域决定税率的时机、政府目标函数等设定并不具有足够的说服力，在这里我们介绍改善了上述问题的模型（Ottaviano and van Ypersele，2005）。具体来说采用以下的设定：(i) 两个区域同时决定税率；(ii) 两个区域将本区域的福利水平最大化；(iii) 各个区域可以给工人和资本家设定不同的税率，税金总额设为零（负的税金意味着补助金）。另外，这里利用8.2.3的准线性模型，不考虑区域间的人口移动。

两个区域只有人口规模不同。区域1的工人和资本家所占的比例为 $\theta > 1/2$。另外，为简便起见，将工业生产的边际费用设为零。从8.2.3的讨论得到的阈值为

$$\tau_{\text{trade}}^{\text{FC}} \equiv \frac{2a}{2b+cH} \qquad \tau_{\text{cluster}} \equiv \frac{4a(2\theta-1)}{2b(2\theta-1)+cH}$$

运输费用低于 $\tau_{\text{trade}}^{\text{FC}}$ 时，工业产品有贸易；低于 $\tau_{\text{cluster}}$ 时，所有的企业集聚于区域1。其中，参数 $a$、$b$、$c$ 的定义由式(8-5)给出。这里假设 $\tau \leqslant \tau_{\text{trade}}^{\text{FC}}$。

根据以上的假设计算均衡税率可以得到以下的结果（Ottaviano and van Ypersele，2005）。首先，如果在均衡税率下的选址为内点的话，两个区域的税率差异为

$$t_1 - t_2 = \frac{\tau L(2\theta-1)(b+cH)[6a-\tau(3b+cN)]}{2(12b+5cH)} > 0$$

其中，最后的不等号来自 $\tau \leqslant \tau_{\text{trade}}^{\text{FC}}$ 的假设。该税率差异是 $\tau$ 的凹函数，在 $\tau \in [0, \tau_{\text{trade}}^{\text{FC}}]$ 时递增。这意味着运输费用的下降只要不导致企业的完全集聚，就会缩小税率差异。

其次,按均衡税率征税时,区域 1 的企业份额为

$$\lambda^{*T} = \theta + \frac{8a(3b+cH) - 3(2b+cH)^2 \tau}{cH(12b+5cH)\tau}\left(\theta - \frac{1}{2}\right)$$

在 $\tau \leqslant \tau_{\text{trade}}^{\text{FC}}$ 的假设下,$\lambda^{*T}$ 的第二项的系数为正。由此可知,运输费用低于 $\tau_{\text{cluster}}^{T}$ 时,所有的企业都集聚于区域 1。其中,

$$\tau_{\text{cluster}}^{T} \equiv \frac{8a(2\theta-1)(3b+cH)}{12b[b(2\theta-1)+cH] + (7-4\theta)c^2 H^2}$$

通过简单的计算可知 $\tau_{\text{cluster}}^{T} < \tau_{\text{cluster}}$ 成立。这表明税收竞争延缓了集聚的发生。实际上,关于区域 1 的企业份额,如果 $\tau \leqslant \tau_{\text{trade}}^{\text{FC}}$,那么

$$\lambda^{*} - \lambda^{*T} = \frac{2b+cH}{cH(12b+5cH)\tau}[6a-(3b+cH)\tau](2\theta-1) \geqslant 0$$

成立。从这里也可以看出税收竞争延缓了集聚的发生。直观上,两个区域为了获得更多的企业而竞争,所以企业较为分散地选址。

运输费用低于 $\tau_{\text{cluster}}^{T}$ 时,如果企业在区域 1 完全集聚,则与前一节的模型相同,在区域 1 产生集聚租。此时,计算两个区域的税率差异,可以得到以下的结果

$$t_1 - t_2 = \frac{\tau L(b+cH)\{4a(2\theta-1) - \tau[2b(2\theta-1)+cH]\}}{4(2b+cH)}$$

由该式可知,税率差异在 $\tau=0$,$\tau_{\text{cluster}}$ 时为零,在 $\tau \in (0, \tau_{\text{cluster}})$ 时为正。另外,税率差异是 $\tau$ 的凹函数,在 $\tau = \tau_{\text{cluster}}/2$ 时达到最大。因此,如果 $\tau_{\text{cluster}}^{T} > \tau_{\text{cluster}}/2$ 成立[④],那么税率差异如图 13.3 所示。

由该图可知,即使把一些假设改得更为现实,也会得到与前一节类似的结果。第一,在较多企业集聚的区域倾向于制定比其他区域更高的税率。第二,运输费用的下降可能会出现扩大税率差异的情况。规模大的区域由于本地市场效应(参照第 4 章和第 5 章)可以获得集聚租。该集聚租的存在导致这种结果的产生。

---

④ 该不等式在区域 1 的人口比例较大,具体来说,在

$$\theta > \frac{3}{4} - \frac{b(3b+2cH)}{2(6b^2+4bcH+c^2H^2)} \left(> \frac{1}{2}\right)$$

时成立。

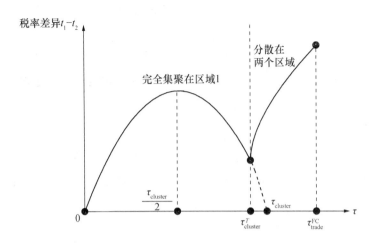

图 13.3　运输费用和区域间税率差异的关系（准线性效用模型）

## 13.3　环境管制

本节分析环境管制对企业选址的影响。与目前为止所论述的企业选址的主要条件相比，环境管制对选址的影响相对来说不是很大。但是，随着人们对环境关注度的提高，企业集聚在环境管制较弱的国家和区域的"污染避难所假说"（pollution haven hypothesis）受到关注。一般来说，比起发达国家，发展中国家的环境管制较弱，因此企业以此为由移往发展中国家。但是，关于污染避难所假说的实证研究，结论各不相同，一直没有得出明确的一致意见。⑤ 其中一个理由认为，环境管制可能并不一定会给企业的选址带来负的影响。例如，环境管制可以保护区域的自然资源免受污染，由此保护了农业、林业、水产业等产业。这关系到区域收入的增加，即市场规模的扩大，所以具有集聚企业的效果。因此，环境管制对企业选址的影响由负的影响（生产成本效应）和正的影响（市场规模效应）的平衡所决定。本节运用 FC 模型来进行验证（Zeng and Zhao，2009）。⑥ 另外，石油/天然气、化工、钢铁、造纸等污染严重的工业几乎都具有规模报酬递增技术、不完全竞争、运输成本高的特性。因此，可以说在新经济地理学和新贸易理

---

⑤　例如，可以参照 Eskeland and Harrison（2003）、Jaffe et al.（1995）、Jeppesen et al.（2002）、Keller and Levinson（2002）。

⑥　Pflüger（2001）、Hosoe and Naito（2006）用第 7 章的中心-外围模型来分析环境与企业选址的关系。

论的框架下进行分析是比较合适的。

## 13.3.1 模型

这里对 5.2 节的 FC 模型进行以下两点改动。第一个改动是工业部门为了达到本国的环境标准需要自己对排出的污染进行净化。为此，1 单位的产品在国家 1 需要 $t_1$ 单位的劳动力，在国家 2 需要 $t_2$ 单位的劳动力。当然，如果国家的环境标准严格，则该成本会增加。[⑦] 此外，假设生产本身需要 1 单位的资本作为固定投入，$m$ 单位的劳动力作为边际投入，因此，生产 $x$ 单位产品的总成本在国家 1 为 $r_1+(m+t_1)w_1 x$，在国家 2 为 $r_2+(m+t_2)w_2 x$。

第二个改动是农业部门的生产力。环境污染常常会降低依赖于自然资源的农业（包括林业/水产业）生产力（例如，Copeland and Taylor，1999，p.138）。而且环境污染有可能跨越国境，影响他国。这里假设在每个国家，单位劳动力的农业生产量依赖于两国的环境标准，分别为 $\alpha_1(t_1,t_2)>0$ 和 $\alpha_2(t_1,t_2)>0$。假设除了环境的影响，没有可以左右农业生产的其他主要条件，对称性 $\alpha_1(t_1,t_2)=\alpha_2(t_2,t_1)$ 成立。另外，这些可以进行微分，而且满足以下假设：

$$\alpha_1(t_1,t_2)\begin{cases}\geqslant \alpha_2(t_1,t_2), & \text{当 } t_1>t_2 \text{ 时}\\ =\alpha_2(t_1,t_2), & \text{当 } t_1=t_2 \text{ 时}\\ \leqslant \alpha_2(t_1,t_2), & \text{当 } t_1<t_2 \text{ 时}\end{cases} \quad (13\text{-}3)$$

$$\frac{\partial \alpha_1}{\partial t_1}\geqslant \frac{\partial \alpha_2}{\partial t_1}>0 \quad \frac{\partial \alpha_2}{\partial t_2}\geqslant \frac{\partial \alpha_1}{\partial t_2}>0 \quad (13\text{-}4)$$

式(13-3)意味着环境管制越严格的国家，农业生产力越高。即使 $t_1\neq t_2$，$\alpha_1(t_1,t_2)=\alpha_2(t_1,t_2)$ 也可能成立指的是，无论污染源在哪，污染的影响都是全球性的情形。例如，二氧化碳排放导致全球变暖就是这种情形。此外，式(13-4)意味着严格的环境管制可以提高两国的农业生产率，该效果在本国更显著。

由于第二个改动，与 5.2 节的模型不同，两国的工资不会相同。因为假设农业部门是完全竞争的，国家 $i$ 的农产品价格 $p_i^a$ 与边际劳动成本 $w_i/\alpha_i(t_1,t_2)$ 相

---

[⑦] 比如，东京都内 2010 年的环境标准在《东京都环境白皮书 2010》的第 118 页有详细规定，http://www.kankyo.metro.tokyo.jp/attachement/white_paper_2010_01.pdf。

等。将农产品作为计价物,因为假定了不花费运输费用,所以 $p_1^a = p_2^a = 1$ 成立。因此,可以得到 $w_1 = \alpha_1(t_1, t_2)$,$w_2 = \alpha_2(t_1, t_2)$。所以在地方性污染的情况下,环境管制严格的国家工资会上涨;相反,在全球性污染的情况下,工资与环境标准无关,都相等。

这里导入记号

$$\delta \equiv \left[\frac{w_2}{w_1} \frac{m+t_2}{m+t_1}\right]^{\sigma-1} = \left[\frac{\alpha_2(t_1, t_2)}{\alpha_1(t_1, t_2)} \frac{m+t_2}{m+t_1}\right]^{\sigma-1}$$

通过式(13-3)和 $\sigma > 1$ 可以得到以下的引理。

**引理 13.3.1** 以下关系成立:

$$\delta \begin{cases} < 1, & \text{当 } t_1 > t_2 \text{ 时} \\ = 1, & \text{当 } t_1 = t_2 \text{ 时} \\ > 1, & \text{当 } t_1 < t_2 \text{ 时} \end{cases}$$

这个引理揭示了环境管制对工业部门和农业部门的影响所呈现的取舍关系。如果国家 1 想要谋求更优质的环境,设定较高的 $t$,那么该国的工业生产不得不雇用更多的劳动力,生产成本增加。但是,其好处在于,农业部门的生产力得以提高,工资收入增加。也就是说,在这种情况下,$\delta < 1$。把这里的 $\delta$ 称作"政策负荷比"。

高工资在意味着高劳动成本的同时,也意味着该区域市场较大,所以对企业具有吸引力。因此,严格的环境管制不一定会赶走企业。关于这一点,具体说明如下。

由式(3-12)可知,工业产品的价格为

$$p_{11} = \frac{w_1(m+t_1)\sigma}{\sigma-1} \qquad p_{12} = p_{11}\tau$$

$$p_{21} = p_{22}\tau \qquad p_{22} = \frac{w_2(m+t_2)\sigma}{\sigma-1}$$

工业产品的价格指数表示如下:

$$P_1 = p_{11} K^{\frac{1}{1-\sigma}} \left[k + \frac{\phi}{\delta}(1-k)\right]^{\frac{1}{1-\sigma}} \qquad P_2 = p_{11} K^{\frac{1}{1-\sigma}} \left[\phi k + \frac{1-k}{\delta}\right]^{\frac{1}{1-\sigma}}$$

另外,国家 $j$ 对在国家 $i$ 生产的产品的需求 $d_{ij}$(包括冰块型运输费用那一部分)为

$$d_{11} = \frac{\mu Y_1}{p_{11} K \left[k + \frac{\phi}{\delta}(1-k)\right]} \qquad d_{12} = \frac{\phi \mu Y_2}{\tau p_{11} K \left(\phi k + \frac{1-k}{\delta}\right)}$$

$$d_{21} = \frac{\phi \mu Y_1}{\tau p_{22} K[\delta k + \phi(1-k)]} \qquad d_{22} = \frac{\mu Y_2}{p_{22} K(\delta \phi k + 1 - k)}$$

这里,两国的总收入为 $Y_1 = (w_1 + \kappa \bar{r})\theta L$, $Y_2 = (w_2 + \kappa \bar{r})(1-\theta)L$, $\bar{r} = \max\{r_1, r_2\}$。世界总收入记为 $Y = Y_1 + Y_2$,国家 1 的收入占世界收入的比例记为 $\theta_Y = Y_1/Y$。

根据引理 3.4.1,可以得到

$$r_1 = \frac{1}{\sigma}p_{11}(d_{11} + \tau d_{12}) = \frac{\mu B_1 Y}{\sigma K} \tag{13-5}$$

$$r_2 = \frac{1}{\sigma}p_{22}(d_{22} + \tau d_{21}) = \frac{\mu B_2 Y}{\sigma \delta K} \tag{13-6}$$

其中,

$$B_1 = \frac{\theta_Y}{\Delta_1} + \phi \frac{1-\theta_Y}{\Delta_2} \qquad B_2 = \phi \frac{\theta_Y}{\Delta_1} + \frac{1-\theta_Y}{\Delta_2}$$

$$\Delta_1 = k + \frac{\phi(1-k)}{\delta} \qquad \Delta_2 = \phi k + \frac{1-k}{\delta}$$

此外,根据引理 3.4.1,整个企业的经营利润为 $\mu Y/\sigma$。最终该利润作为资本收入计入家庭收入,所以关于世界总收入 $Y$,等式 $Y = w_1 \theta L + w_2(1-\theta)L + \frac{\mu Y}{\sigma}$ 成立。由此可以得到以下的式子:

$$Y = [w_1 \theta + w_2(1-\theta)] \frac{L}{1 - \frac{\mu}{\sigma}}$$

另外,在国家 1 有 $Y_1 = w_1 \theta L + \mu \theta Y/\sigma$,所以可以得到下面的关系式:

$$\theta_Y = \frac{w_1}{\theta w_1 + (1-\theta)w_2}\left(1 - \frac{\mu}{\sigma}\right)\theta + \frac{\mu}{\sigma}\theta \tag{13-7}$$

### 13.3.2 均衡

在长期内点均衡处等式 $r_1 = r_2$ 成立。此时,由式(13-5)和式(13-6)可知,国家 1 的企业均衡份额为

$$k = \frac{\theta_Y}{1 - \delta \phi} - \frac{\phi(1-\theta_Y)}{\delta - \phi} \equiv k_0 \tag{13-8}$$

如果 $k_0 \notin (0,1)$,就得到端点均衡。具体来说,如果 $\delta \geqslant 1/\phi$,则 $B > B^*/\delta$ 成立,而

且由式(13-5)和式(13-6)可知，$r_1 > r_2$ 成立。因此，在这种情况下，得到端点均衡 $k=1$。同样地，如果 $\delta < \phi$，会得到端点均衡 $k=0$。总结一下，均衡可以写作

$$k = \begin{cases} 1, & \text{当 } \delta \geqslant \dfrac{1}{\phi} \text{ 时} \\ 0, & \text{当 } \delta \leqslant \phi \text{ 时} \\ k_0, & \text{当 } \phi < \delta < \dfrac{1}{\phi} \text{ 时} \end{cases}$$

为了研究环境管制对企业选址的影响，假设两国完全对称($\theta = 1/2$)。这时，两国收入的比率(13-7)可写为

$$\theta_Y = \frac{\left(2 - \dfrac{\mu}{\sigma}\right)w + \dfrac{\mu}{\sigma}w^*}{2(w + w^*)}$$

将该式代入式(13-8)，国家 1 的企业份额变成

$$k_0 = \frac{1}{2} - k_C + k_D \tag{13-9}$$

其中，

$$k_C \equiv \frac{\phi(1-\delta^2)}{2(\delta-\phi)(1-\delta\phi)} \qquad k_D \equiv \frac{w_1 - w_2}{w_1 + w_2} \frac{\left(1 - \dfrac{\mu}{\sigma}\right)\delta(1-\phi^2)}{2(\delta-\phi)(1-\delta\phi)}$$

由式(13-9)可知，企业份额由 $k_C$ 和 $k_D$ 的平衡所决定。式(13-9)的第二项 $(-k_C)$ 表示环境管制所带来的**生产成本效应**。在环境管制严格的国家，净化污染的成本变高，只要污染不完全是全球性的，工资也会提高。这意味着生产成本增加，给企业选址带来负的影响。实际上，国家 1 进行更严格的管制时，根据引理 13.3.1，有 $\delta < 1$，所以 $-k_C < 0$。第三项 $(k_D)$ 是环境管制带来的**市场规模效应**。因为环境管制严格的国家工资高，所以该国的市场规模扩大。为了减少运输费用，企业偏好市场规模大的国家，所以会给企业的选址带来正的影响。实际上，国家 1 进行更严格的管制时，有 $w_1 > w_2$，$k_D > 0$。

一方面，当运输费用足够高，$\phi$ 接近于 0 时，生产成本效应 $k_C$ 变小。因为在国家封闭时，与进口产品之间的竞争不激烈，节约生产成本的吸引力降低。因此，此时市场规模效应 $k_D$ 占主导地位，环境管制起到聚集企业的作用(**反向污染避难所效应**)。另一方面，当运输费用足够低，$\phi$ 接近于 1 时，市场规模效应 $k_D$ 变小。因为运输费用足够低时，在市场较大的区域选址从而节约运输费用的吸引

力降低。因此,此时生产成本效应 $k_C$ 占主导地位,企业集聚于环境管制弱的国家(**污染避难所效应**)。另外,由 $k_D$ 的式子可知,用于工业产品的支出比例($\mu$)大,或工业产品的替代弹性($\sigma$)小时,市场规模效应变小,易产生污染避难所效应。

最后将全球性环境污染下对方国家同样受害的例子作为特殊情形来考虑。也就是说,$\alpha_1(t_1,t_2)=\alpha_2(t_1,t_2)$ 的情形。此时,$w_1=w_2$ 成立,市场规模效应消失。如果国家1采取更严格的环境管制,即 $t_1>t_2$,那么生产成本效应($-k_C$)为负。为了追求更低的生产成本,较多的企业在国家2选址。事实上,该情况的均衡如下[⑧]:

$$k \begin{cases} 1, & \text{当 } \dfrac{1+\phi^2}{2\phi} \leqslant \delta \text{ 时} \\ \in \left(\dfrac{1}{2},1\right), & \text{当 } 1 < \delta < \dfrac{1+\phi^2}{2\phi} \text{ 时} \\ = 1/2, & \text{当 } \delta = 1 \text{ 时} \\ \in \left(0,\dfrac{1}{2}\right), & \text{当 } \dfrac{2\phi}{1+\phi^2} < \delta < 1 \text{ 时} \\ 0, & \text{当 } \delta \leqslant \dfrac{2\phi}{1+\phi^2} \text{ 时} \end{cases}$$

也就是说,在全球性污染下,宽松的管制会聚集较多的企业。一些实证研究得到了如下的结果:在大气污染这种全球性污染的情况下,污染避难所假说成立。[⑨] 这与本节理论分析的结果相吻合。

## 13.4 国际贸易与国内区域间差异

本书的前半部分基于新贸易理论来讨论两个国家的模型,后半部分主要基于新经济地理学讨论两个区域的模型。然而,国际经济与区域经济本来就不应该分开来单独讨论。一般认为它们两者之间是互相影响的。

克鲁格曼和莱瓦斯·埃利桑多(Krugman and Livas Elizondo,1996)首次明确

---

⑧ 式(6-1)的内点均衡是稳定的充要条件为 $d(r_1-r_2)/dk$ 在均衡处为负。因此,若 $2\phi/(1+\phi^2)<\delta<(1+\phi^2)/(2\phi)$,则式(13-9)稳定。此外,若 $\delta$ 小,满足 $\delta<2\phi/(1+\phi^2)$ 时,$k=0$ 处有 $B_1<B_2/\delta$ 成立,所以端点均衡 $k=0$ 稳定;同样地,若 $\delta$ 大,满足 $\delta>(1+\phi^2)/(2\phi)$ 时,端点均衡 $k=1$ 稳定。

⑨ 例如,Eskeland and Harrison(2003,p.13)。

运用新贸易理论和新经济地理学来分析国际经济与区域经济的关系。他们重点关注的是,墨西哥通过签订北美自由贸易协定(NAFTA)推进了与美国贸易的自由化,这个过程显著改变了墨西哥国内企业的选址。具体来说,他们着眼于很多企业从墨西哥最大的城市墨西哥城转移到北部的州这一现象。当然,这也可以解释为企业移动到更接近于新开放市场(美国)的国境附近。但是,他们认为即使北部的州不具有交通上的便利优势,也会发生超大城市缩小的现象。如前面的章节所述,集聚的一个主要原因是存在大市场。因为墨西哥城有大的市场(需求),所以聚集了很多企业。但是由于贸易自由化出现了其他大的市场,墨西哥城的中心地位明显下降。相反地,作为负面原因,高额的城市费用在区位选择中占主导地位,超大城市开始缩小。这就是他们的解释。形式上,他们采用了10.3节中把城市费用作为分散力类的模型,以加入外国后的两国三区域模型进行了讨论。[10]

然而,如果不使用10.3节类的模型,而使用第7章和第8章所示的把不能在区域间移动的非熟练工人作为分散力的模型,结果会明显不同。在这些模型中,当国内的区域间运输费用较高时,对称分散趋于稳定。因为高运输费用导致市场分开,即使在某一区域有很多企业集聚,由于区域内竞争导致的负效应占主导地位,还是会有企业离开该区域。但是,在这种情况下,开放了国外这一新市场会怎样呢?区域内竞争的负效应会减弱,取而代之的是市场规模效应、工业产品生活费用效应等正的效应会加速集聚。也就是说,贸易自由化在国内促进集聚,可以得出与克鲁格曼和莱瓦斯埃利桑多相反的结果。帕鲁泽(Paluzie,2001)解释了这一结果。

上述研究重点关注的是本国的区域经济,没有考虑外国的区域经济。此外,也有人构建并分析了两个国家四个区域的模型,同时考虑本国和外国的区域经济。其中的大多数都假设两个国家及两个区域分别为完全对称的。[11] 这里应用5.2节介绍的FC模型,来分析国家及区域人口规模不对称的研究(Zeng and

---

[10] Hanson(1997)和Sánchez-Reaza and Rodríguez-Pose(2002)阐明,在墨西哥通过加入GATT(关于关税及贸易的一般协定)和签订NAFTA从而推进与美国的贸易自由化进程中,其在美国国境附近的城市和墨西哥城周边的城市发展起来了。但是,关于墨西哥国内的工资(收入)差异,Hanson(1997)认为会缩小,而Sánchez-Reaza and Rodríguez-Pose(2002)认为会扩大。

[11] Monfort and Nicolini(2000)用CES中心-外围模型、Behrens et al.(2006a,2006b,2007)用准线性模型分别分析了两个国家四个区域的模型。

Zhao, 2010)。

如图13.4所示,将FC模型扩展为两个国家四个区域的模型。假设世界总人口为$L$,各区域人口分别为

$$l_{11} = \Theta\theta_1 L \quad l_{12} = \Theta(1-\theta_1)L$$
$$l_{21} = (1-\Theta)\theta_2 L \quad l_{22} = (1-\Theta)(1-\theta_2)L$$

人口不可以在国家间/区域间移动。其中,$l$的下标$ir$表示国家$i$的区域$r$(后面都标记为区域$ir$)($i,r=1,2$),$\Theta$、$\theta_1$、$\theta_2 \in (1/2,1)$。假设每个工人拥有1单位的劳动和1单位的资本,人口以外的地理特性全部相同。

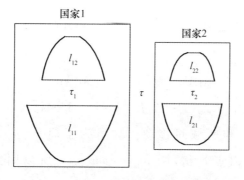

**图 13.4 两个国家四个区域的空间**

如果农业部门足够大,任何区域都有农业生产,国家间/区域间的农产品贸易费用都为零,则各区域的工资均等。将此标准化为1。此外,假设工业产品的冰块型运输费用为正。具体来说,假设国家间的运输费用为$\tau$,国家1和国家2内部区域间的运输费用分别为$\tau_1$和$\tau_2$,总是满足$\tau \geqslant \tau_i (i=1,2)$。另外,与这三种运输费用相对应的贸易自由度分别用$\phi_\tau$、$\phi_1$和$\phi_2$来表示。

根据以上的假设,在区域$js$生产、在区域$ir$出售的工业产品的价格为

$$p_{js\to ir} = \begin{cases} p_{ir} = 1, & \text{当} j=i \text{且} s=r \text{时} \\ p_{js}\tau_i = \tau_i, & \text{当} j=i \text{且} s \neq r \text{时} \\ p_{js}\tau = \tau, & \text{当} j \neq i \text{时} \end{cases}$$

其中,$p_{ir}$是区域$ir$的出厂价,由5.2节的假设可知它为1。因此,在区域$ir$对区域$js$产品的需求为

$$d_{js\to ir}(v) = \frac{p_{js\to ir}^{-\sigma}}{P_{ir}^{1-\sigma}}\mu I_{ir}$$

其中,$I_{ir}$是区域$ir$的总收入。另外,$P_{ir}$是区域$ir$的工业产品价格指数,用

$$P_{ir} = \sum_{j=1}^{2}\sum_{s=1}^{2}\left(\int_{v\in k_{js}} p_{js\to ir}(v)^{1-\sigma}\mathrm{d}v\right)^{\frac{1}{1-\sigma}}$$

来表示。这里,$k_{js}$ 表示在区域 $js$ 可以消费的工业产品种类。在区域 $ir$ 生产的工业产品的总需求量为

$$d_{ir} = \sum_{j=1}^{2}\sum_{s=1}^{2} d_{ir\to js}$$

因为工业生产中固定投入为 1 单位的资本,所以根据引理 3.4.1,在区域 $ir$ 投资获得的收益为

$$r_{ir} = \frac{1}{\sigma}[d_{ir\to ir} + \tau_i d_{ir\to is} + \tau(d_{ir\to jr} + d_{ir\to js})]$$

假设在国家 1 选址的企业份额为 $\Lambda$,国家 $i$ 大区域(区域 1)的企业份额为 $\lambda_i$,各区域的企业数量如下:

$$k_{11} = \lambda_1 \Lambda L \quad k_{12} = (1-\lambda_1)\Lambda L$$
$$k_{21} = \lambda_2(1-\Lambda)L \quad k_{22} = (1-\lambda_2)(1-\Lambda)L$$

企业可以在国家和区域间移动。这里为了简化,假设不存在国家间的移动[12],$\Lambda = \Theta$。如果是内点均衡,则 $r_{11} = r_{12}$ 成立。所以国家 1 大区域的企业份额为

$$\lambda_1 = \min\{\theta_1 + \Omega_1(2\theta_1 - 1), 1\} \qquad (13\text{-}10)$$

其中,

$$\Omega_1 = \frac{1}{1-\phi_1}\left(\frac{1-\Theta}{\Theta}\phi_\tau + \phi_1\right) \qquad (13\text{-}11)$$

因为 $\Omega_1 > 0$,所以即使在国内的区域本地市场效应也成立。同样地,国家 2 大区域的企业份额为

$$\lambda_2 = \min\{\theta_2 + \Omega_2(2\theta_2 - 1), 1\}$$

其中,

$$\Omega_2 = \frac{1}{1-\phi_2}\left(\frac{\Theta}{1-\Theta}\phi_\tau + \phi_2\right) \qquad (13\text{-}12)$$

由此可以得出以下结果:

(i) 因为式(13-11)的 $[(1-\Theta)/\Theta]\phi_\tau$ 和式(13-12)的 $[\Theta/(1-\Theta)]\phi_\tau$ 都为正,所以国家贸易自由化($\tau$ 的降低)促进各国内部企业的集聚。这与开头所述的帕

---

[12] 关于分析企业间移动的一般情形,可参照 Zeng and Zhao(2010)。

鲁泽提出的结果相似。这是因为考虑的分散力没有采用城市费用,而是在区域间不能移动的劳动力。进一步,

$$\frac{\partial \lambda_1}{\partial \phi_\tau} = \frac{(2\theta_1 - 1)(1 - \Theta)}{\Theta(1 - \phi_1)} > 0 \qquad \frac{\partial \lambda_2}{\partial \phi_\tau} = \frac{(2\theta_2 - 1)\Theta}{(1 - \Theta)(1 - \phi_2)} > 0$$

所以这种扩大效应随国内区域间运输费用的减少而增强。

(ii) 本国资本份额的上升促进企业的分散。这由下式可知:

$$\frac{\partial \lambda_1}{\partial \Theta} = -\frac{\phi_\tau(2\theta_1 - 1)}{\Theta^2(1 - \phi_1)} < 0 \qquad \frac{\partial \lambda_2}{\partial \Theta} = \frac{\phi_\tau(2\theta_2 - 1)}{(1 - \Theta)^2(1 - \phi_2)} > 0$$

(iii) 如果 $\phi_1 = \phi_2$,那么 $\Omega_1 < \Omega_2$ 成立。也就是说,如果两国的区域间运输费用处于同一水平,那么小国国内区域的本地市场效应更强。

## 13.5　小结

本章介绍了前面所讲到的空间经济学模型的应用。第一,分析了税收竞争的应用,确认了传统税收竞争模型所阐明的"底部竞争"在考虑集聚租时不一定正确。第二,分析了环境管制对企业选址的影响。其结果是,环境管制对企业选址不一定产生负的影响。因为环境管制促进农业部门的生产力,增加了区域收入,也就扩大了市场规模。运输费用的高低决定了这些正负效应的平衡,进而决定了企业的选址。第三,分析了国际贸易与区域经济的关系。其结果显示,国际贸易自由化会促进国内企业的集聚。

另外,在国际贸易领域,贸易政策(关税/非关税政策)的分析是一个大的课题。近年还出现了运用 5.4 节的模型来分析非关税保护政策的研究(Takatsuka and Zeng,2016)。

# 第 14 章
# 为了更深入地学习

## 14.1 考虑企业的异质性

以克鲁格曼(Krugman,1980,1991)为代表的空间经济学的研究大多关注消费者的需求,因此对于供给方的生产商就尽可能选择了简单的模型。例如,企业的同质性假定便是其一。根据该假设,之前的研究得出了生产差异化产品的全部企业都出口的结论。但这一结论与仅有一部分企业出口的现实情况相矛盾。梅里兹(Melitz,2003)将企业生产力异质性导入克鲁格曼模型(Krugman,1980),提出了可以说明只有一部分企业出口差异化产品这一现实情况的模型。接下来与之相关的一系列研究在国际贸易领域被称作"新新贸易理论"(New New Trade Theory,NNTT),推动了空间经济学的进一步发展。[①] 本章借鉴近年来的发展情况,简单介绍该领域的基础——基于CES型效用函数的梅里兹模型和利用准线性效用函数的梅里兹和奥他维亚诺模型(Melitz and Ottaviano,2008)。

### 14.1.1 基于CES型效用函数的模型

梅里兹(Melitz,2003)扩展了克鲁格曼的两个国家单要素(劳动)/单部门模型(Krugman,1980)。在原本的克鲁格曼模型中,两国的企业数量是常数(可参见4.4节和5.4节)。因此,为了在同质企业假定的基础上分析企业选址的变化(如第4章、第5章所示),通常导入两个部门或是双要素(劳动和可以在国家间移动的资本)。但是,在企业的生产力存在异质性的假定下,一部分生产力低的

---

① Baldwin and Okubo(2006)将企业异质性导入5.2节介绍的资本在区域间可以移动的模型(FC模型)。

企业即使进行生产活动也不可能获得利益,所以就不得不停止运营。因此,即使在单要素/单部门的设定下,根据经济环境的不同也有可能导致企业数量的变化,从企业选址的角度也可以进行有趣的分析。

用 $\Omega$ 表示实际运营的企业所生产的差异化产品的集合,那么 CES 型效用函数式(5-14)和价格指数可表述如下:

$$U = \left[\int_{\omega \in \Omega} q(\omega)^\rho d\omega\right]^{\frac{1}{\rho}} \quad P = \left[\int_{\omega \in \Omega} p(\omega)^{1-\sigma} d\omega\right]^{\frac{1}{1-\sigma}}$$

根据式(3-6),差异化产品 $\omega$ 的消费量 $q(\omega)$ 为

$$q(\omega) = U\left[\frac{p(\omega)}{P}\right]^{-\sigma} \tag{14-1}$$

用于差异化产品 $\omega$ 的支出(销售额)$r(\omega)$ 可表述为

$$r(\omega) = p(\omega)q(\omega) = R\left[\frac{p(\omega)}{P}\right]^{1-\sigma} \tag{14-2}$$

其中,$R \equiv PU = \int_{\omega \in \Omega} r(\omega) d\omega$ 表示用于所有差异化产品的总支出。

将本国的劳动力作为计价物,其工资为 1。假设企业在进行生产时,作为固定投入需要 $f$ 人,边际投入需要 $1/\varphi$ 人。因此,生产 $q$ 单位的产品所需要的劳动力投入量可表示为 $l = f + q/\varphi$(人)。边际投入的倒数 $\varphi$ 称作"企业的生产力",生产力为 $\varphi$ 的企业称作"企业 $\varphi$",该企业生产的差异化产品称作"差异化产品 $\varphi$",根据式(3-12)和式(3-13),差异化产品 $\varphi$ 的均衡价格、企业 $\varphi$ 的利润分别为

$$p(\varphi) = \frac{1}{\rho\varphi} \quad \pi(\varphi) = \frac{r(\varphi)}{\sigma} - f \tag{14-3}$$

如针对式(3-12)的评论一样,价格 $p(\varphi)$ 的等式意味着加成率 $(p - C^m)/p$ 为 $1/\sigma$,是常数。

假设实际运营的企业总数为 $M$,运营企业的生产力分布可以用 $(0, \infty)$ 上的密度函数 $\mu(\varphi)$ 来刻画。这样一来,上述价格指数可以表示如下:

$$P = \left[\int_0^\infty p(\varphi)^{1-\sigma} M\mu(\varphi) d\varphi\right]^{\frac{1}{1-\sigma}} = M^{\frac{1}{1-\sigma}} p(\tilde{\varphi}) \tag{14-4}$$

其中,(利用式(14-3)可以得出)$\tilde{\varphi} = \left[\int_0^\infty \varphi^{\sigma-1} \mu(\varphi) d\varphi\right]^{\frac{1}{\sigma-1}}$,称为**平均生产力**。

这里假设所有潜在企业的生产力分布可以根据 $(0, \infty)$ 上的密度函数 $g(\phi)$ 和分布函数 $G(\phi)$ 来刻画,各企业进入市场之前不可能知道自身的生产力。也就是

说,企业只有在支付入场费用进入后才能了解自己的生产力。入场费用为 $f_e$ 人的固定劳动投入,称作沉没成本(sunk cost),即使进入市场后不运营也不会返还。另外,假设即使进入市场并开始生产,也会因为每期以概率 $\delta$ 发生的外在冲击而不得不退出市场。[②] 因此,如果忽略通常的折扣,生产力为 $\varphi$ 的企业在进入市场时的预期现值可以写为

$$v(\varphi) = \max\left\{0, \sum_{t=0}^{\infty}(1-\delta)^t \pi(\varphi)\right\} = \max\left\{0, \frac{\pi(\varphi)}{\delta}\right\} \quad (14\text{-}5)$$

因为利润为负的企业不运营,所以只有生产力高于式(14-6)所定的临界值 $\varphi^*$ 的企业才会进行生产。并且,只要不因外在冲击而退出便会持续生产(在该意义上,将生产力 $\varphi \geqslant \varphi^*$ 的企业称作运营企业)。

$$\pi(\varphi^*) = 0 \quad 即 \quad r(\varphi^*) = \sigma f \quad (14\text{-}6)$$

该方程式称作**零利润阈值条件**,实际运营的企业中生产力最低的企业 $\varphi^*$ 称作**阈值企业**。

运营企业的生产力的密度函数为

$$\mu(\varphi) = \begin{cases} \dfrac{g(\varphi)}{1-G(\varphi^*)}, & 当 \varphi \geqslant \varphi^* 时 \\ 0, & 当 \varphi < \varphi^* 时 \end{cases}$$

运营企业的平均生产力为

$$\tilde{\varphi}(\varphi^*) = \left[\frac{1}{1-G(\varphi^*)}\int_{\varphi^*}^{\infty}\varphi^{\sigma-1}g(\varphi)\mathrm{d}\varphi\right]^{\frac{1}{\sigma-1}} \quad (14\text{-}7)$$

另外,根据式(14-2)和式(14-3),

$$\frac{r(\varphi_1)}{r(\varphi_2)} = \left[\frac{p(\varphi_1)}{p(\varphi_2)}\right]^{1-\sigma} = \left(\frac{\varphi_1}{\varphi_2}\right)^{\sigma-1} \quad (14\text{-}8)$$

成立,所以运营企业的平均销售额为

$$\bar{r} = r(\tilde{\varphi}) = \left[\frac{\tilde{\varphi}(\varphi^*)}{\varphi^*}\right]^{\sigma-1} r(\varphi^*) \quad (14\text{-}9)$$

进一步,把它用于式(14-3),可以得出运营企业的平均利润

$$\begin{aligned}\bar{\pi} = \pi(\tilde{\varphi}) &= \frac{r(\tilde{\varphi})}{\sigma} - f = \left[\frac{\tilde{\varphi}(\varphi^*)}{\varphi^*}\right]^{\sigma-1}\frac{r(\varphi^*)}{\sigma} - f \\ &= f\left\{\left[\frac{\tilde{\varphi}(\varphi^*)}{\varphi^*}\right]^{\sigma-1} - 1\right\}\end{aligned} \quad (14\text{-}10)$$

---

② 这里采取跨域多个时间点的动态模型。如果为了简化而考虑静态情况,则只要假设 $\delta=1$ 即可。

最后的等号可以由零利润阈值条件式(14-6)得出。这里如果假设 $\varphi$ 遵循一般常见的分布，则由式(14-10)可知运营企业的平均利润 $\bar{\pi}$ 是 $\varphi^*$ 的递减函数。图14.1中向右下降的曲线（零利润阈值曲线）表明了两者的关系。很明显，该关系可归结于式(14-9)所表明的运营企业的平均销售额 $\bar{r}$ 是 $\varphi^*$ 的递减函数这一事实。即使阈值企业的生产力 $\varphi^*$ 提高，运营企业全体的平均生产力 $\tilde{\varphi}$ 也不会有很大的提高。而且，根据零利润阈值条件式(14-6)，阈值企业的销售额总是被控制为 $\sigma f$。因此，随着 $\varphi^*$ 的提高，式(14-9)所表示的运营企业的平均销售额 $\bar{r}$ 会下降。因为运营企业全都获得正的利润，所以 $\bar{\pi}$ 为正。

此外，如果注意到运营企业的份额为 $1-G(\varphi^*)$，则根据式(14-5)，进入市场前（明确生产力之前）的预期现值为

$$[1-G(\varphi^*)]\frac{\bar{\pi}}{\delta} + G(\varphi^*) \times 0 = [1-G(\varphi^*)]\frac{\bar{\pi}}{\delta}$$

根据自由进入条件，该值与入场费用 $f_e$ 相等，所以可以得到以下的**自由进入条件**

$$\bar{\pi} = \frac{\delta f_e}{1-G(\varphi^*)} \tag{14-11}$$

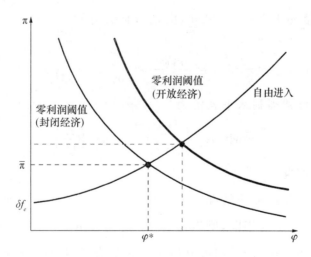

图 14.1 决定均衡处的生产力阈值及平均利润

该式揭示了如果阈值企业的生产力 $\varphi^*$ 提高，那么运营企业的平均利润 $\bar{\pi}$ 会增加。图 14.1 中向右上升的曲线（自由进入曲线）表明了两者的关系。直观来看，阈值企业的生产力 $\varphi^*$ 提高时，运营企业减少，所以总利润被较少的企业平分，这意味着平均利润增加。

零利润阈值曲线和自由进入曲线分别为单调递减和单调递增，所以它们存

在唯一的交点,该点决定了均衡处零利润阈值企业的生产力 $\varphi^*$ 和平均利润 $\bar{\pi}$。

**封闭经济的情况**

首先,考虑人口数为 $L$ 的封闭经济。企业的总销售额为消费者的总支出,所以有 $R=L$ 成立。进一步利用 $\bar{\pi}=\bar{r}/\sigma-f$ 的关系,可以得到运营企业的数量

$$M = \frac{R}{\bar{r}} = \frac{L}{\sigma(\bar{\pi}+f)} \tag{14-12}$$

用 $M_e$ 表示进入市场的企业数量。稳定状态下,各时期进入的运营企业的数量 $([1-G(\varphi^*)]M_e)$ 等于退出企业的数量 $(\delta M)$,所以可以得到下式:

$$[1-G(\varphi^*)]M_e = \delta M \Leftrightarrow M_e = \frac{\delta M}{1-G(\varphi^*)}$$

根据该式和式(14-11)可知,$M_e f_e = M\bar{\pi}$,即"进入的总费用＝进入的总利润"成立。

最后,根据式(14-3)、式(14-4)以及工资为 1 这些事实,福利水平为

$$V = \frac{1}{P} = \frac{M^{\frac{1}{\sigma-1}}}{p(\tilde{\varphi})} = M^{\frac{1}{\sigma-1}}\rho\tilde{\varphi} \tag{14-13}$$

根据式(14-12)可知,国家越大运营企业的数量 $M$ 越多,所以越是大国福利水平越高(注意 $\tilde{\varphi}$ 不依赖于人口)。另外,由式(14-8)可知

$$\left(\frac{\tilde{\varphi}}{\varphi^*}\right)^{\sigma-1} = \frac{r(\tilde{\varphi})}{r(\varphi^*)} = \frac{\frac{R}{M}}{\sigma f} = \frac{L}{\sigma f M}$$

成立。利用该式可把福利水平表示为

$$V = M^{\frac{1}{\sigma-1}}\rho\varphi^*\left(\frac{L}{\sigma f M}\right)^{\frac{1}{\sigma-1}} = \rho\varphi^*\left(\frac{L}{\sigma f}\right)^{\frac{1}{\sigma-1}} \tag{14-14}$$

**开放经济的情况**

接下来考虑开放经济的情况。假设世界由 $n+1$ ($\geq 2$) 个对称的国家组成。根据对称性,各国的工资相同,所以定为 1。与克鲁格曼的模型相同,假设在国内销售时不花费运输费用,但是向海外输出时需要花费冰块型运输费用。进一步,在出口时,为了在当地打开销路,需要固定费用 $f_x$。

根据式(14-2)和式(14-3)可知,运营企业 $\varphi$ 在国内市场的销售额为

$$r_d(\varphi) = R(P\rho\varphi)^{\sigma-1} \tag{14-15}$$

如果该企业可以向海外出口,那么在一个外国市场的销售额为

$$r_x(\varphi) = R\left[\frac{\tau p(\varphi)}{P}\right]^{1-\sigma} = \tau^{1-\sigma}R(P\rho\varphi)^{\sigma-1} = \tau^{1-\sigma}r_d(\varphi)$$

根据式(14-3),在国内市场和海外市场的利润分别为

$$\pi_d(\varphi) = \frac{r_d(\varphi)}{\sigma} - f \quad \pi_x(\varphi) = \frac{r_x(\varphi)}{\sigma} - f_x \tag{14-16}$$

运营企业的总销售额和总利润可分别写为

$$r(\varphi) = \begin{cases} r_d(\varphi), & \text{企业 } \varphi \text{ 不出口的情况} \\ r_d(\varphi) + nr_x(\varphi) = (1 + n\tau^{1-\sigma})r_d(\varphi), & \text{企业 } \varphi \text{ 出口的情况} \end{cases}$$

$$\pi(\varphi) = \pi_d(\varphi) + \max\{0, n\pi_x(\varphi)\}$$

在现实世界中,出口的企业只是运营企业的一部分,对于生产力存在两种类型的阈值。第一是由国内市场的零利润阈值条件 $\pi_d(\varphi^*) = 0$ 所决定的阈值 $\varphi^*$。只有生产力 $\varphi \geq \varphi^*$ 的企业才能运营下去。第二是由海外市场的零利润阈值 $\pi_x(\varphi_x^*) = 0$ 所决定的阈值 $\varphi_x^* (>\varphi^*)$。只有生产力 $\varphi \geq \varphi_x^*$ 的企业才出口。根据式(14-16),两种阈值满足以下条件:

$$\frac{r_x(\varphi_x^*)}{r_d(\varphi^*)} = \tau^{1-\sigma}\left(\frac{\varphi_x^*}{\varphi}\right)^{\sigma-1} = \frac{f_x}{f} \quad \Leftrightarrow \quad \varphi_x^* = \varphi^* \tau \left(\frac{f_x}{f}\right)^{\frac{1}{\sigma-1}} \tag{14-17}$$

为了使 $\varphi^* < \varphi_x^*$ 成立,这里假设 $\tau^{\sigma-1} f_x > f$。

利用式(14-7)定义的函数 $\tilde{\varphi}(\cdot)$ 可知,运营企业和出口企业的平均生产力分别为 $\tilde{\varphi} = \tilde{\varphi}(\varphi^*)$ 和 $\tilde{\varphi}_x = \tilde{\varphi}(\varphi_x^*)$。使用这些结果可得出运营企业的平均销售额和平均利润如下:

$$\bar{r} = r_d(\tilde{\varphi}) + \frac{1-G(\varphi_x^*)}{1-G(\varphi^*)} nr_x(\tilde{\varphi}_x) \quad \bar{\pi} = \pi_d(\tilde{\varphi}) + \frac{1-G(\varphi_x^*)}{1-G(\varphi^*)} n\pi_x(\tilde{\varphi}_x)$$

$$\tag{14-18}$$

根据式(14-17)可知 $\varphi_x^*$ 和 $\varphi^*$ 的关系,所以上面关于平均利润 $\bar{\pi}$ 的式子表示了 $\bar{\pi}$ 和 $\varphi^*$ 的关系。与封闭经济情况下的式(14-10)相比,就会发现海外市场的出现增加了第二项。所以即使阈值 $\varphi^*$ 相同,平均利润也会增加。正因为如此,在图14.1中,开放经济下的零利润阈值曲线(粗线)在封闭经济的上方。

与封闭经济的情况相同,自由进入条件由式(14-11)给出。因此,即使封闭经济转为自由贸易,如图14.1所示,自由进入曲线不会发生变化。随着贸易的开始,均衡点随着自由进入曲线向右上方移动,所以阈值企业的生产力 $\varphi^*$ 和平均利润 $\bar{\pi}$ 都会提高。这表明贸易自由化使得生产力低的企业不得不退出市场。贸易开始,生产规模扩大后,劳动力的需求会增加,工资会上涨。所以,生产效率

低的企业就会被淘汰。

最后,来论述一下如何决定企业数量和福利水平。因为所有的国家都对称,所以如果用 $M$ 表示各国的运营企业数量,那么各国的出口企业数量为

$$M_x = M \frac{1-G(\varphi_x^*)}{1-G(\varphi^*)}$$

因此,各国可消费的差异化产品的总数为 $M_t = M + nM_x$。而且,如果用 $(0,\infty)$ 上的密度函数 $\mu_x(\phi)$ 来描述出口企业的生产力分布,那么各国的价格指数为

$$\begin{aligned}P &= \left\{\int_0^\infty \left[p(\varphi)^{1-\sigma}M\mu(\varphi) + (\tau p(\varphi))^{1-\sigma}nM_x\mu_x(\varphi)\right]\mathrm{d}\varphi\right\}^{\frac{1}{1-\sigma}}\\ &= M_t^{\frac{1}{1-\sigma}}\left[\frac{M}{M_t}\int_0^\infty p(\varphi)^{1-\sigma}\mu(\varphi)\mathrm{d}\varphi + \frac{nM_x}{M_t}\tau^{1-\sigma}\int_0^\infty p(\varphi)^{1-\sigma}\mu_x(\varphi)\mathrm{d}\varphi\right]^{\frac{1}{1-\sigma}}\\ &= M_t^{\frac{1}{1-\sigma}}p(\tilde{\varphi}_t) = \frac{M_t^{\frac{1}{1-\sigma}}}{\rho\tilde{\varphi}_t}\end{aligned} \quad (14-19)$$

其中,

$$\tilde{\varphi}_t = \left(\frac{M}{M_t}\tilde{\varphi}^{\sigma-1} + \frac{nM_x}{M_t}\tau^{1-\sigma}\tilde{\varphi}_x^{\sigma-1}\right)^{\frac{1}{\sigma-1}}$$

是**加权平均生产力**(weighted average productivity),而式(14-19)是由式(14-3)导出的。

注意到工人的收入(工资)为1,所以根据式(14-19),各国的福利水平为

$$V = \frac{1}{P} = M_t^{\frac{1}{\sigma-1}}\rho\tilde{\varphi}_t \quad (14-20)$$

另外,根据式(14-15)和式(14-19)可以得到

$$r_d(\tilde{\varphi}_t) = R(P\rho\tilde{\varphi}_t)^{\sigma-1} = \frac{R}{M_t}$$

利用该式和式(14-15)就有

$$\left(\frac{\tilde{\varphi}_t}{\varphi^*}\right)^{\sigma-1} = \frac{r_d(\tilde{\varphi}_t)}{r_d(\varphi^*)} = \frac{\frac{R}{M_t}}{\sigma f} = \frac{L}{\sigma f M_t}$$

所以表示福利水平的式(14-20)也可以写成下式:

$$V = M_t^{\frac{1}{\sigma-1}}\rho\varphi^*\left(\frac{L}{\sigma f M_t}\right)^{\frac{1}{\sigma-1}} = \rho\varphi^*\left(\frac{L}{\sigma f}\right)^{\frac{1}{\sigma-1}} \quad (14-21)$$

式(14-21)与封闭经济情况下福利水平的式(14-14)相同,但是需要注意阈值企

业生产力 $\varphi^*$ 是不同的。如图 14.1 所示，开放经济下 $\varphi^*$ 的值更大，所以福利水平也更高。

利用式(14-18)可得各国运营企业的数量为

$$M = \frac{R}{\bar{r}} = \frac{L}{\sigma\left[\bar{\pi} + f + \dfrac{1-G(\varphi_x^*)}{1-G(\varphi^*)}nf_x\right]}$$

与表示封闭经济下的运营企业数量的式(14-12)相比，可以发现开放经济下企业的数量较少。这是因为贸易自由化提高了阈值企业的生产力 $\varphi^*$，即造成低生产力企业的退出。那么，贸易自由化会增加一个国家可消费的差异化产品的数目吗？这取决于退出的低生产力企业数目和开始贸易的高生产力企业数目的多少，不能一概而论。但正如通过式(14-21)所确认的那样，贸易开始后福利会上升。这意味着即使可消费的差异化产品的数量存在减少的可能性，但比起由此导致的福利损失，运营企业平均生产力的提高所带来的福利增加肯定要更大。

## 14.1.2 基于准线性效用函数的模型

如第 3 章所述，CES 型效用函数下的加成率是固定的，没有体现出促进竞争效应。因此这里将介绍 8.2 节中所提到的基于具有二次型子效用的准线性函数的梅里兹和奥塔维亚诺模型(Melitz and Ottaviano, 2008)。

为了方便书写，用正系数 $\alpha$、$\gamma$ 和 $\eta$ 把效用函数(8.1)改写如下[③]：

$$U = \alpha\int_{\omega\in\Omega} q_\omega^c \, d\omega - \frac{\gamma}{2}\int_{\omega\in\Omega}(q_\omega^c)^2 \, d\omega - \frac{\eta}{2}\left(\int_{\omega\in\Omega}q_\omega^c \, d\omega\right)^2 + q_0^c$$

其中，$q_\omega^c$ 和 $q_0^c$ 分别是差异化产品 $\omega$ 和农产品(计价物)的个人消费量。接下来考虑个人收入足够多，$q_0^c > 0$(内点解)成立的情况。

和式(8-3)一样，可以求出各种差异化产品所对应的逆需求函数如下：

$$p_\omega = \alpha - \gamma q_\omega^c - \eta Q^c$$

其中，
$$Q^c = \int_{\omega\in\Omega}q_\omega^c \, d\omega \tag{14-22}$$

用 $\Omega^*$ 表示实际消费的差异化产品的集合，用 $M$ 表示差异化产品的数量。如果

---

③ 对参数做以下的变换 $\gamma \Rightarrow \beta - \gamma$，$\eta \Rightarrow \gamma$，$M \Rightarrow n$，则与式(8-1)相同。

人口为 $L$，则通过与导出式 (8-4) 一样的方式，可得到差异化产品 $\omega \in \Omega^*$ 的总需求为

$$q_\omega = Lq_\omega^c = \frac{\alpha L}{\eta M + \gamma} - \frac{L}{\gamma}p_\omega + \frac{\eta M}{\eta M + \gamma}\frac{L}{\gamma}\bar{p}, \quad \forall \omega \in \Omega^* \quad (14\text{-}23)$$

其中，

$$\bar{p} = \frac{1}{M}\int_{\omega \in \Omega^*} p_\omega \mathrm{d}\omega$$

是工业产品的平均价格。为了使差异化产品 $\omega$ 被消费（$q_\omega > 0$），要求有

$$p_\omega \leqslant \frac{\gamma \alpha + \eta M \bar{p}}{\eta M + \gamma} \equiv p_{\max} \quad (14\text{-}24)$$

这里，由逆需求函数可知 $p_\omega < \alpha$ 成立。所以有

$$\frac{\partial p_{\max}}{\partial M} = -\frac{(\alpha - \bar{p})\gamma\eta}{(\eta M + \gamma)^2} < 0$$

也就是说，价格的上限 $p_{\max}$ 是 $M$ 的递减函数。

通过与导出式 (8-6) 一样的方式，间接效用函数为

$$V = \frac{1}{2}\left(\eta + \frac{\gamma}{M}\right)^{-1}(\alpha - \bar{p})^2 + \frac{M}{2\gamma}\sigma_p^2 + I^c$$

其中，$I^c$ 是个人所得，$\sigma_p^2 \equiv \int_{\omega \in \Omega^*}(p_\omega - \bar{p})^2 \mathrm{d}\omega/M$ 是价格的方差。由此可知，间接效用是平均价格 $\bar{p}$ 的递减函数，也是差异化产品数目 $M$ 的递增函数。另外，（如果给定平均价格）价格的方差 $\sigma_p$ 增大，则间接效用上升。因为方差变大，就可以以廉价物品为主进行消费，由此提高效用。

这里注意 $q_\omega = (p_{\max} - p_\omega)L/\gamma$，那么差异化产品 $\omega$ 的需求价格弹性 $\varepsilon_\omega$ 可以写为

$$\varepsilon_\omega = \left|\frac{\partial q_\omega}{\partial p_\omega}\frac{p_\omega}{q_\omega}\right| = \frac{1}{\dfrac{p_{\max}}{p_\omega} - 1}$$

如果给定价格 $p_\omega$，那么运营企业数量 $M$ 增加的话，$p_{\max}$ 会降低，需求的价格弹性 $\varepsilon_\omega$ 会增大。如 3.4 节所述，加成率等于需求价格弹性的倒数，所以这意味着加成率降低，即与 8.2 节的模型相同，可以确认存在促进竞争效应。

一方面，与 8.2 节介绍的模型相同，假设生产农产品采用以规模报酬不变技术且需要 1 单位的劳动力作为边际投入，并将其作为计价物。因此，工人的工资也为 1。另一方面，假设生产工业产品需要 $c$ 单位的劳动力作为边际投入，采用

规模报酬不变技术。但与前一部分的模型相同,作为进入市场的初期费用,需要 $f_e$ 人的固定劳动投入(沉没成本)。与前一部分一样,在支付该入场费用之前,企业不可能知道自己的生产力,但是支付入场费用之后可以知道。更具体地说,所有潜在企业的边际劳动力投入 $c$(生产力的倒数)的分布由 $[0, c_{\max}]$ 上的分布函数 $G(c)$ 表示。[④] 如式(14-24)所示,因为存在可能消费的价格最大值 $p_{\max}$,所以存在阈值企业的边际投入 $c_D$。也就是说,如果 $c \geqslant c_D$,那么企业不运营。这里假设 $c_D < c_{\max}$,故有一部分的企业不运营。另外,为了简便,与前一部分不同,这里只考虑1个时点的静态情况($\delta = 1$)。

将边际劳动力投入为 $c$ 的企业称作"企业 $c$"。如果把企业 $c$ 直接面临的需求记为 $q(c)$,商品的价格记为 $p(c)$,那么该企业的毛利润可写为 $p(c)q(c) - cq(c)$。注意:需求函数的形式由式(14-23)给出。在给定平均价格 $\bar{p}$ 时,企业 $c$ 将价格确定为 $p(c)$,使得毛利润达到最大。根据利润最大化的一阶条件可知,企业 $c$ 的价格和生产量之间有以下关系:

$$q(c) = \frac{L}{\gamma}[p(c) - c] \tag{14-25}$$

阈值企业的价格为 $p_{\max}$,其生产量为零。所以,

$$p(c_D) = c_D = p_{\max} \quad q(c_D) = 0 \tag{14-26}$$

成立。此外,由式(14-22)可得:

$$p(c) = \alpha - \gamma \frac{q(c)}{L} - \eta Q^c$$

$$p(c_D) = c_D = \alpha - \eta Q^c$$

两式求差,可得:

$$p(c) = c_D - \gamma \frac{q(c)}{L}$$

将该式与式(14-25)联立求解,可以得到均衡下的价格和生产量,进而可以计算出销售额和毛利润。

$$p(c) = \frac{c_D + c}{2} \quad q(c) = \frac{L(c_D - c)}{2\gamma} \tag{14-27}$$

---

[④] 前一部分的 CES 模型中给出了生产力 $\varphi$ 的分布。本节为了书写方便,给出了其倒数即边际劳动力投入 $c$ 的分布。

$$r(c) = p(c)q(c) = \frac{L(c_D^2 - c^2)}{4\gamma}$$

$$\pi(c) = r(c) - q(c)c = \frac{L(c_D - c)^2}{4\gamma}$$

根据式(14-24)和式(14-26)，

$$c_D = p_{\max} = \frac{\gamma\alpha + \eta M \bar{p}}{\eta M + \gamma} \tag{14-28}$$

成立。再根据式(14-27)，$\bar{p} = (c_D + \bar{c})/2$ 成立。其中，

$$\bar{c} = \frac{1}{G(c_D)}\int_0^{c_D} c\,\mathrm{d}G(c)$$

是运营企业的平均边际劳动力投入。由式(14-28)可知，运营企业数量 $M$ 增加时阈值企业的边际投入 $c_D$ 会减少。这是因为促进竞争效应导致加成率下降，生产效率低的企业无法获得利润，所以停止运营。由式(14-27)可知，该变化使各运营企业的价格下降。

根据式(14-28)可知，运营企业数量为

$$M = \frac{2\gamma}{\eta}\frac{\alpha - c_D}{c_D - \bar{c}} \tag{14-29}$$

进入企业的数量由 $M_e = M/G(c_D)$ 所决定。

**封闭经济的情况**

接下来考虑封闭经济的情况。阈值企业的边际投入 $c_D$ 由自由进入条件（预期毛利润＝入场费用）：

$$\int_0^{c_D} \pi(c)\,\mathrm{d}G(c) = \frac{L}{4\gamma}\int_0^{c_D}(c_D - c)^2\,\mathrm{d}G(c) = f_e \tag{14-30}$$

来决定。根据式(14-30)可知，如果人口 $L$ 增加，则阈值企业的边际投入 $c_D$ 会减少。因此，虽然平均边际劳动投入 $\bar{c}$ 也减少了，但一般比 $c_D$ 减少的幅度小。所以由式(14-29)可知，运营企业数量会增加。另一方面，$c_D$ 的减少降低了各运营企业的价格和平均价格。这种现象可以用促进竞争效应来解释，即当人口多、市场大时，众多企业进行激烈的竞争，加成率下降，所以生产力低的企业不再运营。结果导致运营企业的平均生产力提高，平均价格降低。这是前一部分的CES型效用函数模型中没能看到的现象。

在不对边际劳动投入 $c$ 的分布函数 $G(\cdot)$ 进行特别设定的情况下无法显式解出阈值企业的边际投入 $c_D$。但如果假设 $G(\cdot)$ 为帕累托分布，则可以明确得

出 $c_D$，其他多个内生参数也可以显式计算出来。用这样的特别设定来进行分析，可知市场规模扩大会提高企业的平均生产水平和平均利润，减小生产力的方差。该结果与西弗森(Syverson，2004，2007)对美国经济进行实证分析的结果相吻合。

**开放经济的情况**

梅里兹和奥他维亚诺在假设边际劳动投入 $c$ 的分布为帕累托分布的基础上，分析了开放经济的情况。与封闭经济相比，阈值企业的边际投入 $c_D$ 较低，运营企业的生产力较高。需要注意：这与前一部分的 CES 型效用函数的结果相同，但机制是不同的。在前一部分的模型中，经济开放导致低生产力的企业停止运营的主要原因在于生产成本。如前一部分所述，贸易导致生产扩大，劳动力需求增加，工资上涨，无法承担工资上涨的低生产力的企业停止运营，平均生产力提高。在产品市场中的促进竞争效应在这里没有发挥作用。与此相比，本部分的模型中低生产力的企业停止运营的主要原因在于收入方面。也就是说，由于贸易的自由化，开始从海外企业进口，这加剧了本国市场的竞争，降低了加成率，因此不能承受低收入的低生产力的企业停止运营，平均生产力也就提高了。这种情况下，由于可以从农业部门得到弹性的劳动力供给，所以即使劳动力需求增加，也不会导致工资提高。因此，CES 型效用函数情况下劳动力市场的竞争以及准线性效用函数下差异化产品市场的竞争成为平均生产力提高的原因。

## 14.2 可进一步阅读的文献

与其他学科领域相同，要想知道该学科最前沿的研究，就不得不大量阅读专业学术期刊的论文、大学等研究机构发布的工作论文等。然而，要想系统地学习该学科领域，查找书籍也是有效的。这里介绍对系统学习空间经济学有用的一些书籍。

### 14.2.1 与广义的空间经济学相关的文献

如1.7节所述，本书在空间经济学领域中把焦点对准了新贸易理论和新经济地理学，并且是专门就两个区域静态模型的理论分析而写的。但是，空间经济学原本涉及各种级别的地理空间内的经济活动的分布和变化,是更广泛的学科领域。要俯瞰学术发展的方向,从冯·杜能的《孤立国》(von Thünen,1826)、韦伯的工业区位论(Weber,1909)、阿朗索的城市内部土地利用模型(Alonso,1964)等这些古典的空间经济学,到最新的新经济地理学、藤田(Fujita,2010)的综述论文,都是非常有益的。

另外,同一作者藤田编纂的论文集(Fujita,2005)收录了对现代空间经济学的构建做出贡献的35篇原创论文。结合编者详细的"引论"(Introduction)来阅读,可以理解空间经济学的奥义。

藤田和蒂斯(Fujita and Thisse,2002,2013)以说明经济活动的内生集聚现象为主题,总结了从冯·杜能、阿朗索的城市模型到新经济地理学的内容,是一本很好的研究著作。它基于作者的研究成果,对技术外部性集聚模型和连续空间模型也进行了详细的解说。并且该书的第一版是在2002年出版的,2013年出版了第二版,其间约10年的空间经济学研究的成果也收录在内。

此外,亨德森和蒂斯(Henderson and Thisse,2004)编撰了以集聚经济学为中心议题的手册,该领域的代表性研究学者对各个子题进行了概括性的评论。例如,在理论方面,有杜朗东和普加(Duranton and Puga)的第48章、奥塔维亚诺和蒂斯(Ottaviano and Thisse)的第58章;关于实证手法,卢臣泰和斯特雷齐(Rosenthal and Strange)的第49章及海德和迈耶(Head and Mayer)的第59章是非常有益的;而且,有的章节涉及美国、欧洲、日本和中国等区域的实地调查,这对结合现实来理解空间经济学是非常有益的内容。

## 14.2.2 与狭义的空间经济学相关的文献

上述文献部分包含了新贸易理论和新经济地理学,可以说是广义空间经济学的文献。此外,近年来也出版了很多重点关注新贸易理论和新经济地理学的文献。藤田、克鲁格曼和维纳布尔斯的《空间经济学:城市、区域与国际贸易》(Fujita et al.,1999)是新贸易理论、新经济地理学以及现代空间经济学的创始者们撰写的具有纪念碑意义的著作。因为自始至终采用了迪克西特-斯蒂格利茨的框架,所以该书的分析依靠数值模拟的部分比较多(参照本书的第7章)。然而,该书介绍的农产品运输费用的模型、阶层性城市系统、关于城市规模的研究、多区域/多产业模型、国际贸易与国内地理等内容，为引导此后空间经济学的发展提供了足够多的话题，至今仍未失去魅力。

随着可解模型的开发，如本书在5.2节介绍的FC模型和8.2节介绍的准线性模型等，新贸易理论和新经济地理学也可应用于政策分析。鲍德温等的 *Economic Geography and Public Policy*（Baldwin et al. 2003）是着眼于这一点的学术书籍。该书前半部分罗列并详细说明了新贸易理论和新经济地理学的基本模型，将其运用到保护政策、自由贸易协定等贸易政策，以及基础设施、区域补助金等区域政策和税收竞争上，得出了传统分析没有得出的结论。

上述的两本著作都是关于新贸易理论和新经济地理学理论分析的研究书籍，其他还有囊括了实证方法以及由此得出的见解的研究书籍，比如柯恩布、迈耶和蒂斯的 *Economic Geography* 一书（Combes et al., 2008）。具体来说，该书对空间集聚的测量、决定空间集聚和区域生产力的要素的实证、以本地市场效应为代表的新贸易理论和新经济地理学的理论性结果的实证等，结合理论进行了系统的整理。

此外，布雷克曼等编写的 *The New Introduction to Geographical Economics*（Brakman et al., 2009）可以说是本着"面向初学者的教科书"的初衷而写的。它极力控制使用数学公式，而是利用数值举例和图表来巧妙地说明新经济地理学的基本模型。而且涉及相关的实地调查、实证见解、跨国企业、政策性等非常广的话题范围，让我们切实感到空间经济学对于现实生活来说是非常有用的。

最后，佐藤、田渊和山本的《空间经济学》（Sato，Tabuchi, and Yamamoto, 2011）是第一本用日语撰写的空间经济学的教材。与本书相同，该书重点关注理论模型，涉及方方面面的内容。具体来说，作者对关于导入空间重要内生增长理论的动态空间经济理论、基于空间经济学的税收竞争理论、霍特林派的空间竞争理论的最近发展情况进行了详细的说明。

# 参考文献

Alonso, W., 1964. *Location and Land Use*. Cambridge, MA: Harvard University Press.

Au, C.-C. and Henderson, J. V., 2002. How Migration Restrictions Limit Agglomeration and Productivity in China. Brown University, Mimeo.

Bairoch, P., 1989. European Trade Policy, 1815—1914, in: P. Mathias and S. Pollard (eds), *Cambridge Economic History of Europe* Volume VII. Cambridge: Cambridge University Press.

Balassa, B., 1966. Tariff Reductions and Trade in Manufactures among the Industrial countries. *American Economic Review* 56, 466—473.

Baldwin, R(o).,E., 1971. Determinants of the Commodity Structure of U. S. Trade. *American Economic Review* 61, 126—146.

Baldwin, R(i).E., Forslid, R., Martin, P., Ottaviano, G., and Robert-Nicoud, F., 2003. *Economic Geography and Public Policy*. Princeton: Princeton University Press.

Baldwin, R(i).E. and Krugman, P., 2004. Agglomeration, Integration and Tax Harmonization. *European Economic Review* 48, 1—23.

Baldwin, R(i).E. and Martin, P., 1999. Two Waves of Globalization: Superficial Similarities, Fundamental Differences. National Bureau of Economic Research Working Paper 6904.

Baldwin, R(i).E. and Okubo, T., 2006. Heterogeneous Firms, Agglomeration and Economic Geography: Spatial Selection and Sorting. *Journal of Economic Geography* 6, 323—346.

Baldwin, R(i).E. and Robert-Nicoud, F., 2000. Free Trade Agreements without Delocation. *Canadian Journal of Economics* 33, 766—786.

Barrios, S. and Strobl, E., 2009. The Dynamics of Regional Inequalities. *Regional Science and Urban Economics* 39, 575—591.

Behrens, K., 2004. Agglomeration without Trade: How Non-traded Goods Shape the Space-economy. *Journal of Urban Economics* 55, 68—92.

Behrens, K., Gaigné, C., Ottaviano, G., and Thisse J.-F., 2006a. Is Remoteness a Locational Disadvantage? *Journal of Economic Geography* 6, 347—368.

Behrens, K., Gaigné, C., Ottaviano, G., and Thisse, J.-F., 2006b. How Density Economies in International Transportation Link the Internal Geography of Trading Partners. *Journal of Urban Economics* 60, 248—263.

Behrens, K., Gaigné, C., Ottaviano, G., and Thisse, J.-F., 2007. Countries, Regions and Trade: On the Welfare Impacts of Economic Integration. *European Economic Review* 51, 1277—1301.

Behrens, K. and Murata, Y., 2007. General Equilibrium Models of Monopolistic Competition: A New Approach. *Journal of Economic Theory* 136, 776—787.

Bharadwaj, R., 1962. *Structural Basis of India's Foreign Trade*. Bombay: Bombay University Press.

Borck, R. and Pflüger, M., 2006. Agglomeration and Tax Competition. *European Economic Review* 50, 647—668.

Brakman, S., Garretsen, H., and van Marrewijk, C., 2009. *The New Introduction to Geographical Economics*. Cambridge: Cambridge University Press.

Buchanan, N. S., 1955. Lines on the Leontief Paradox. *Economia Internazionale* 8, 791—794.

Burenstam Linder, S., 1961. *An Essay on Trade and Transformation*. New York: John Wiley and Sons.

Chamberlin, E., 1933. *The Theory of Monopolistic Competition*. Cambridge, MA: Harvard University Press.

Chen, Q.-M. and Zeng, D.-Z., 2018. Mobile Capital, Variable Elasticity of Substitution, and Trade Liberalization. *Journal of Economic Geography*, 待刊.

Combes, P.-P., Mayer, T., and Thisse, J.-F., 2008. *Economic Geography*. Princeton: Princeton University Press.

Combes, P.-P. and Overman, H. G., 2004. The Spatial Distribution of Economic Activities in the European Union, in: J. V. Henderson and J. F. Thisse (eds), *Handbook of Regional and Urban Economics* 4, 2845—2909.

Copeland, B. R. and Taylor, M. S., 1999. Trade, Spatial Separation, and the Environment. *Journal of International Economics* 47, 137—168.

Cronon, W., 1991. *Nature's Metropolis: Chicago and the Great West*. New York: W. W. Norton.

Crozet, M. and Trionfetti, F., 2008. Trade Costs and the Home Market Effect. *Journal of International Economics* 76, 309—321.

Davis, D. R., 1998. The Home Market, Trade, and Industrial Structure. *American Economic Review* 88, 1264—1276.

Devereux, M. P., Griffith, R., and Klemm, A., 2002. Corporate Income Tax Reforms and International Tax Competition. *Economic Policy* 35, 451—495 (Updated data in www.ifs.org.uk/publications.php?publication_id=3210).

Dixit, A. K. and Stiglitz, J. E., 1977. Monopolistic Competition and Optimum Product Diversity. *American Economic Review* 67, 297—308.

Eskeland, G. and Harrison, A., 2003. Moving to Greener Pastures? Multinationals and the Pollution Haven Hypothesis. *Journal of Development Economics* 70, 1—23.

Forslid, R. and Ottaviano, G. I. P., 2003. An Analytically Solvable Core-periphery Model. *Journal of Economic Geography* 3, 229—240.

Fujita, M. 2005. *Spatial Economics (The International Library of Critical Writings in Economics 188)*. Cheltenham, UK: Edward Elgar Publishing Limited.

Fujita, M., 2010. The Evolution of Spatial Economics: From Thüen to the New Economic Geography, *Japanese Economic Review* 61, 1—32.

Fujita, M. and Krugman, P. R., 1995. When is the Economy Monocentric?: Von Thünen and Chamberlin Unified. *Regional Science and Urban Economics* 25, 505—528.

Fujita, M., Krugman, P. R., and Mori, T. 1999. On the Evolution of Hierarchical Urban Systems. *European Economic Review* 43, 209—251.

Fujita, M., Krugman, P. R., and Venables, A. J., 1999. *The Spatial Economy: Cities, Regions and International Trade*. Cambridge, MA: MIT Press.

Fujita, M., Mori, T., Henderson, J. V., and Kanemoto, Y., 2004. Spatial Distribution of Economic Activities in Japan and China, in J. V. Henderson and J.-F. Thisse (eds), *Handbook of Regional and Urban Economics* 4, 2911—2977.

Fujita, M. and Tabuchi, T., 1997. Regional Growth in Postwar Japan. *Regional Science and Urban Economics* 27, 643—670.

Fujita, M. and Thisse, J.-F., 2002. *Economics of Agglomeration: Cities, Industrial Location and Regional Growth*. Cambridge: Cambridge University Press.

Fujita, M. and Thisse, J.-F., 2013. *Economics of Agglomeration: Cities, Industrial Location and Globalization*, 2nd edition. Cambridge: Cambridge University Press.

Head, K. and Mayer, T., 2004. The Empirics of Agglomeration and Trade, in: J. V. Henderson and J. F. Thisse (eds), *Handbook of Regional and Urban Economics* 4, 2609—2669.

Gallup, J. L., Sachs, J. D., and Mellinger, A., 1999. Geography and Economic Development. *International Regional Science Review* 22, 179—232.

Ginsburgh, V., Papageorgiou, Y. Y., and Thisse, J.-F., 1985. On Existence and Stability of Spatial Equilibria and Steady-states. *Regional Science and Urban Economics* 15, 149—158.

Glaeser, E. L. and Kohlhase, J. E., 2004. Cities, Regions and the Decline of Transport Costs. *Papers in Regional Science* 83, 197—228.

Graham, F., 1923. Some Aspects of Protection Further Considered. *Quarterly Journal of Economics* 37, 199—227.

Grandmont, J.-M., 2008. *Nonlinear Difference Equations, Bifurcations and Chaos: An Introduction*. Working Papers No. 23/WP/2008, Department of Economics, Ca'Foscari University of Venice.

Grigg, D., 1989. *English Agriculture: An Historical Perspective*. Oxford: Basil Blackwell.

Hanson, G. H., 1997. Increasing Returns, Trade and the Regional Structure of

Wages. *Economic Journal* 107, 113—133.

Hartigan, J., 1981. The U.S. Tariff and Comparative Advantage: A Survey of Method. *Review of World Economics* (Weltwirtschaftliches Archiv) 117(1), 65—109.

Helpman, E., 1998. The Size of Regions, in: Pines, D., Sadka, E., Zilcha, I. (eds), *Topics in Public Economics: Theoretical and Applied Analysis*. Cambridge: Cambridge University Press, 33—54.

Helpman, E. and Krugman, P., 1985. *Market Structure and Foreign Trade: Increasing Returns, Imperfect Competition, and the International Economy*. Cambridge, MA: MIT press.

Henderson, J. V., 1974. The Sizes and Types of Cities. *American Economic Review* 64, 640—656.

Henderson, J. V., 2000. The Effects of Urban Concentration on Economic Growth, NBER Working Paper No. 7503.

Henderson, J. V., Shalizi, Z., and Venables, A. J., 2001. Geography and Development. *Journal of Economic Geography* 1, 81—105.

Henderson, J. V. and Thisse, J.-F., 2004. *Handbook of Regional and Urban Economics Vol. 4: Cities and Geography*. Amsterdam: Elsevier.

Hirschman, A. O., 1958. *The Strategy of Economic Development*. New Haven (Conn.): Yale University Press.

Holmes, T. J. and Stevens, J. J., 2004. Spatial Distribution of Economic Activities in North America, in: J. V. Henderson and J.-F. Thisse (eds), *Handbook of Regional and Urban Economics* 4, 2797—2843.

Hosoe, M. and Naito, T., 2006. Trans-boundary Pollution and Regional Agglomeration. *Papers in Regional Science* 85, 99—120.

Hotelling, H., 1929. Stability in Competition. *Economic Journal* 39, 41—57.

Jaffe, A. B., Peterson, S. R., Portney, P. R., and Stavins, R. N., 1995. Environmental Regulation and the Competitiveness of U.S. Manufacturing: What Does the Evidence Tell Us? *Journal of Economic Literature* 33, 132—163.

Jeppesen, T., List, J. A., and Folmer, H., 2002. Environmental Regulations and New Plant Location Decisions: Evidence from a Meta-analysis. *Journal of Regional Science* 42, 19—49.

Jones, R. W. 1956. Factor Proportions and the Heckscher-Ohlin Theorem. *Review of Economic Studies* 24, 1—10.

Jones, R. W., 1968. Variable Returns to Scale in General Equilibrium Theory. *International Economic Review* 9, 261—272.

Keesing, D., 1966. Labor Skills and Comparative Advantages. *American Economic Review Papers and Proceeding* 56(2), 249—258.

Keller, W. and Levinson, A., 2002. Environmental Compliance Costs and Foreign Direct Investment Inflows to U. S. States. *Review of Economics and Statistics* 84, 691—703.

Kenen, P. B., 1965. Nature, Capital and Trade. *Journal of Political Economy* 73, 437—460.

Kindleberger, C. P., 1975. The Rise of Free Trade in Western Europe, 1820—1875. *Journal of Economic History* 35, 20—55.

Kravis, I., 1956. Wages and Foreign Trade. *Review of Economics and Statistics* 38, 14—30.

Krugman, P. R., 1979. Increasing Returns, Monopolistic Competition, and International Trade. *Journal of International Economics* 9, 469—479.

Krugman, P. R., 1980. Scale Economies, Product Differentiation, and the Pattern of Trade. *American Economic Review* 70, 950—959.

Krugman, P. R., 1991. Increasing Returns and Economic Geography. *Journal of Political Economy* 99, 483—499.

Krugman, P. R., 1993. First Nature, Second Nature, and Metropolitan Location. *Journal of Regional Science* 33, 129—144.

Krugman, P. R., 2009. The Increasing Returns Revolution in Trade and Geography. *American Economic Review* 99, 561—571.

Krugman, P. R. and Livas Elizondo, R., 1996. Trade Policy and the Third World Metropolis. *Journal of Development Economics* 49, 137—150.

Krugman, P. R. and Venables, A. J., 1990. Integration and the Competitiveness of

Peripheral Industry, in: Bliss, C. and de Macedo, J. (eds), *Unity with Diversity in the European Economy: The Community's Southern Frontier*. Cambridge: Cambridge University Press.

Krugman, P. R. and Venables, A. J, 1995. Globalization and the Inequality of Nations. *Quarterly Journal of Economics* 110, 857—880.

Leontief, W., 1953. Domestic Production and Foreign Trade: The American Capital Position Re-examined. *Proceeding of the American Philosophical Society* 97, 332—349.

Leontief, W., 1956. Factor Proportions and the Structure of American Trade: Further Theoretical and Empirical Analysis. *Review of Economics and Statistics* 38, 386—407.

Mano, Y. and Otsuka, K., 2000. Agglomeration Economies and Geographical Concentration of Industries: A Case Study of Manufacturing Sectors in Postwar Japan. *Journal of the Japanese and International Economics* 14, 189—203.

Martin, P. and Rogers, C. A., 1995. Industrial Location and Public Infrastructure. *Journal of International Economics* 39, 335—351.

Marshall, A., 1920. *Principles of Economics*. London: Macmillan.

Melitz, M. J., 2003. The Impact of Trade on Intra-industry Reallocations and Aggregate Industry Productivity. *Econometrica* 71, 1695—1725.

Melitz, M. J. and Ottaviano, G. I. P., 2008. Market Size, Trade, and Productivity. *Review of Economic Studies* 75, 295—316.

Mills, E. S. and Hamilton, B., 1994. *Urban Economics* 5th edition. Harper-Collins.

Minhas, B. S., 1962. The Homohypallagic Production Function, Factor-intensity Reversals and Heckscher-Ohlin Theorem. *Journal of Political Economy* 70(2), 138—156.

Monfort, P. and Nicolini, R., 2000. Regional Convergence and International Integration. *Journal of Urban Economics* 48, 286—306.

Murata, Y. and Thisse, J.-F., 2005. A Simple Model of Economic Geography à la Helpman-Tabuchi. *Journal of Urban Economics* 58, 137—155.

Ogawa, H. and Fujita, M., 1980. Equilibrium Land Use Patterns in a Nonmonocentric City. *Journal of Regional Science* 20, 455—475.

Ohlin, B., 1933. *Interregional and International Trade*. Cambridge, MA: Harvard University Press.

Ottaviano, G. I. P., 2001. Monopolistic Competition, Trade, and Endogenous Spatial Fluctuations. *Regional Science and Urban Economics* 31, 51—77.

Ottaviano, G. I. P. and Robert-Nicoud, F., 2006. The 'genome' of NEG Models with Vertical Linkages: A Positive and Normative Synthesis. *Journal of Economic Geography* 6, 113—139.

Ottaviano, G. I. P., Tabuchi, T., and Thisse J.-F., 2002. Agglomeration and Trade Revisited. *International Economic Review* 43, 409—436.

Ottaviano, G., and J.-F. Thisse, 2004. Agglomeration and Economic Geography, in: J. V. Henderson and J.-F. Thisse (eds), *Handbook of Regional and Urban Economics*. Amsterdam: Elsevier.

Ottaviano, G. I. P. and van Ypersele, T., 2005. Market Size and Tax Competition. *Journal of International Economics* 67, 25—46.

Paluzie, E., 2001. Trade Policy and Regional Inequalities. *Papers in Regional Science* 80, 67—85.

Perkins, D. H., 1988. Reforming China's Economic System. *Journal of Economic Literature* 25, 601—645.

Pflüger, M., 2001. Ecological Dumping under Monopolistic Competition. *Scandinavian Journal of Economics* 103, 689—706.

Pflüger, M., 2004. A Simple, Analytically Solvable, Chamberlinian Agglomeration Model. *Regional Science and Urban Economics* 34, 565—573.

Picard, P. and Zeng, D.-Z., 2005. Agricultural Sector and Industrial Agglomeration. *Journal of Development Economics* 77, 75—106.

Picard, P. and Zeng, D.-Z., 2010. A Harmonization of First and Second Natures. *Journal of Regional Science* 50, 973—994.

Puga, D., 1999. The Rise and Fall of Regional Inequalities. *European Economic Review* 43, 303—334.

Puga, D. and Venables, A. J., 1996. The Spread of Industry: Spatial Agglomeration In Economic Development. *Journal of the Japanese and International Economies* 10, 440—464.

Redding, S. J., 2010. The Empirics of New Economic Geography. *Journal of Regional Science* 50, 297—311.

Samuelson, P. A., 1952. The Transfer Problem and Transport Costs: The Terms of Trade When Impediments are Absent. *Economic Journal* 62, 278—304.

Sánchez-Reaza, J. and Rodríguez-Pose, A., 2002. The Impact of Trade Liberalization on Regional Disparities in Mexico. *Growth and Change* 33, 72—90.

Starrett, D., 1978. Market Allocation of Location Choice in a Model with Free Mobility. *Journal of Economic Theory* 17, 21—37.

Stolper, W. F. and Roskamp K., 1961. Input-output Table for East Germany with Applications to Foreign Trade. *Bulletin of the Oxford Institute of Statistics* 23, 379—392.

Suedekum, J., 2006. Agglomeration and Regional Costs of Living. *Journal of Regional Science* 46, 529—543.

Swerling, B., 1954. Capital Shortage and Labor Surplus in the United States? *Review of Economics and Statistics* 36, 286—289.

Syverson, C., 2004. Market Structure and Productivity: A Concrete Example. *Journal of Political Economy* 112, 1181—1222.

Syverson, C., 2007. Prices, Spatial Competition, and Heterogeneous Producers: An Empirical Test. *Journal of Industrial Economics* 55, 197—222.

Tabuchi, T., 1998. Agglomeration and Dispersion: A Synthesis of Alonso and Krugman. *Journal of Urban Economics* 44, 333—351.

Tabuchi, T. and Thisse, J.-F., 2002. Taste Heterogeneity, Labor Mobility and Economic Geography. *Journal of Development Economics* 69, 155—177.

Tabuchi, T. and Thisse, J.-F., 2006. Regional Specialization, Urban Hierarchy, and Commuting Costs. *International Economic Review* 47, 1295—1317.

Tabuchi, T. and Yoshida, A., 2000. Separating Urban Agglomeration Economies in Consumption and Production. *Journal of Urban Economics* 48, 70—84.

Tabuchi, T. and Zeng, D.-Z., 2004. Stability of Spatial Equilibrium. *Journal of Regional Science* 44, 641—660.

Takahashi, T(a)., 2005. Economic Geography and Endogenous Determination of Transportation Technology. *Journal of Urban Economics* 60, 498—518.

Takahashi, T(o)., Takatsuka, H., and Zeng, D.-Z., 2013. Spatial Inequality, Globalization, and Footloose Capital. *Economic Theory* 53, 213—238.

Takatsuka, H., 2011. Economic Geography of Firms and Skilled Labor. *Journal of Regional Science* 51, 784—803.

Takatsuka, H. and Zeng, D.-Z., 2009. Dispersion Forms: An Interaction of Market Access, Competition, and Urban Costs. *Journal of Regional Science* 49, 177—204.

Takatsuka, H. and Zeng, D.-Z., 2012a. Trade Liberalization and Welfare: Differentiated-good versus Homogeneous-good Markets. *Journal of the Japanese and International Economies* 26, 308—325.

Takatsuka, H. and Zeng, D.-Z., 2012b. Mobile Capital and the Home Market Effect. *Canadian Journal of Economics* 45, 1062—1082.

Takatsuka, H. and Zeng, D.-Z., 2013. Industrial Configuration in an Economy with Low Transportation Costs. *Annals of Regional Science* 51, 593—620.

Takatsuka, H. and Zeng, D.-Z., 2016. Nontariff Protection without an Outside Good. *International Review of Economics & Finance* 41, 65—78.

Tan, L. and Zeng, D.-Z., 2014. Spatial Inequality between Developed and Developing Economies. *Papers in Regional Science* 93, 229—248.

Tatemoto, M. and Ichimura, S., 1959. Factor Proportions and Foreign Trade: The Case of Japan. *Review of Economics and Statistics* 41, 442—446.

Townroe, P., 1983. Location Factors in the Decentralization of Industry: A Survey of Metropolitan São Paulo, Brazil. Staff working paper 517, World Bank.

Travis, W. P., 1964. *The Theory of Trade and Protection*. Cambridge: Harvard University Press.

UNCTAD, 2003, 2006, 2011, and 2014. http://unctad.org/en/Pages/Publications.aspx

von Thünen, J. H., 1826. *Der Isolierte Staat in Beziehung auf Landwirtschaft und Nationalökonomie*, Hamburg: Perthes.

Valavanis-Vail, S., 1954. Leontief's Scarce Factor Paradox. *Journal of Political Economy* 62, 523—528.

Vanek, J., 1963. *The Natural Resource Content of United States Foreign Trade, 1870—1955*. Cambridge, MA: The MIT Press.

Venables, A. J., 1996. Equilibrium Locations of Vertically Linked Industries. *International Economic Review* 37, 341—359.

Wahl, D. F., 1961. Capital and Labor Requirements for Canada's Foreign Trade. *Canadian Journal of Economics and Political Science* 27, 349—358.

Weber, A., 1909. *Uber den Standort der Industrien*. Tubingen: J. C. B. Mohr.

Werner, B., 2001. *The Brazilian Economy: Growth and Development*. Westport, CT: Praeger Publishers.

Williamson, J. G., 1965. Regional Inequality and the Process of National Development. *Economic Development and Cultural Change* 13, 3—45.

Wilson, J. D., 1999. Theories of Tax Competition. *National Tax Journal* 52, 269—304.

Yu, Z., 2005. Trade, Market Size, and Industrial Structure: Revisiting the Home Market Effect. *Canadian Journal of Economics* 38, 255—272.

Zeng, D.-Z., 2006. Redispersion is Different from Dispersion: Spatial Economy of Multiple Industries. *Annals of Regional Science* 40, 229—247.

Zeng, D.-Z. and Kikuchi, T., 2009. The Home Market Effect and Trade Costs. *Japanese Economic Review* 60, 253—270.

Zeng, D.-Z. and Zhao, L., 2009. Pollution Havens and Industrial Agglomeration. *Journal of Environmental Economics and Management* 58, 141—153.

Zeng, D.-Z. and Uchikawa, T., 2014. Ubiquitous Inequality: The Home Market Effect in a Multicountry Space. *Journal of Mathematical Economics* 50, 225—233.

Zeng, D.-Z., 2016. Capital Mobility and Spatial Inequalities in Income and Industrial Location. *Journal of Economic Inequality* 14, 109—128.

Zhelobodko, E., Kokovin, S., Parenti, M., and Thisse, J.-F., 2012. Monopolistic Competition in General Equilibrium: Beyond the CES. *Econometrica* 80, 2765—2784.

藤田昌久, 久武昌人, 1999. 日本と東アジアにおける地域經濟システムの変容: 新しい空間經濟学の視点からの分析. 通産研究レビュー 13, 40—101.
日本經濟産業省, 2006. 通商白書 2006.
小山昭雄, 2010. 經濟数学教室 2: 線形代数の基礎(下). 岩波書店.
小山昭雄, 2011. 經濟数学教室 7: ダイナミック・システム(上). 岩波書店.
黒田達朗, 田渕隆俊, 中村良平, 2008. 都市と地域の經濟学(新版). 有斐閣.
佐藤泰裕, 田渕隆俊, 山本和博, 2011. 空間經濟学. 有斐閣.

# 索　引

Alonso，W.，7，192

Au，C.-C.，110

Baldwin，R(i).E.，19，20，50，57，
　　67，82，156，163—164，180，
　　193

Baldwin，R(o).E.，22，24

Barrios，S.，69

Behrens，K.，34，176

Bharadwaj，R.，22

Borck，R.，164

Brakman，S.，193

Buchanan，N.S.，22

Burenstam Linder，S.，13，23，36

CBD，参见中心商务区

CES

　　—（型）函数，29，32—35，37，
　　　　88，95，99，116—117

　　—模型，111，116，119，122，
　　　　176，180，189

　　—型效用函数，30，101，117，
　　　　123，126，181，187，190—191

Chamberlin，E.，10

Chen，Q.-M.，70

Cobb-Douglas

　　—函数，27，29，33

　　—生产函数，150

　　—效用函数，88，95

Combes，P.-P.，21，145，193

Copeland，B.R.，171

Crozet，M.，43

Davis，D.R.，43，47

Devereux，M.P.，66

Dixit，A.K.，10，23，26

Eskeland，G.，170，175

FC模型，52，82，87，94，170—171，
　　176—177，180，193

FDI（外国直接投资），56

FE模型，82，84，87，111，113—114，
　　116—117，155—156，161，164

Folmer，H.，170

Forslid，R.，57，82，86，98，156，
　　163，193

Fujita，M.（藤田昌久），ii，6—8，11，
　　15，79，111，113，118，145，
　　150，159，163，192

Gaigné，C.，176

Gallup，J.L.，100

Garretsen, H., 193

Ginsburgh, V., 74

Glaeser, E. L., 145

Graham, F., 9

Grandmont, J.-M., 86, 98

Griffith, R., 66

Grigg, D., 54, 109

Grubel-Lloyd 指数, 20

Hamilton, B., 127

Hanson, G. H., 176

Harrison, A., 170, 175

Hartigan, J., 24

Head, K., 192

Helpman, E., 11, 41, 47, 118

Henderson, J. V., 8, 79, 100, 110, 145—146, 192

黑田达朗, ii, 3

Hirschman, A. O., 72

Holmes, T. J., 145, 147

Hosoe, M., 170

Hotelling, H., 10

Ichimura, S., 22

Jaffe, A. B., 170

Jeppesen, T., 170

Kanemoto, Y., 145—146

Keesing, D., 24

Keller, W., 170

Kenen, P. B., 25

Kindleberger, C. P., 54

Klemm, A., 66

Kohlhase, J. E., 145

Kokovin, S., 33

Kravis, I., 25

Krugman, P. R., i—ii, 4, 10—11, 14, 18—19, 25, 36—37, 41, 43, 46—47, 51, 64, 67, 69, 71, 79, 98, 113, 118, 150, 156, 164, 175, 180

Leontief, W.（里昂惕夫）
——悖论, 21—22
——函数, 30

Levinson, A., 170

List, J. A., 170

Livas Elizondo, R., 118, 175

Mano, Y., 146

Marshall, A., 79

Martin, P., 19—20, 57, 82, 156, 163, 193

Mayer, T., 21, 193, 202

Melitz, M. J., 180, 187

Mellinger, A., 100

Mills, E. S., 127

Minhas, B. S., 24

Monfort, P., 176

Mori, T., 11, 145—146

Murata, Y., 34, 122, 125

Naito, T., 170

NEG，参见新经济地理学

Nicolini，R.，176

NNTT，参见新新贸易理论

NTT，参见新贸易理论

Ogawa，H.，8

Ohlin，B.，i，8—9，11，22，57，71

Okubo，T.，180

Otsuka，K.，146

Ottaviano，G. I. P.，31，57，82，86，89，98，119，150，156，168，176，180，187，192

Overman，H. G.，145

Paluzie，E.，176

Papageorgiou，Y. Y.，74，76

Parenti，M.，33

Perkins，D. H.，109

Peterson，S. R.，170

Pflüger，M.，95，164，170

Picard，P.，i，4，101

Portney，P. R.，170

Puga，D.，69，134，192

Redding，S. J.，4

Robert-Nicoud，F.，50，57，82，150，156，163，166，193

Rodríguez-Pose，A.，176

Rogers，C. A.，57

Roskamp，K.，22

Sánchez-Reaza，J.，176

Sachs，J. D.，100

Shalizi，Z.，100

Starrett，D.，15

Stavins，R. N.，170

Stevens，J. J.，145，147

Stiglitz，J. E.，10，23，26

Strobl，E.，69

Suedekum，J.，118

Swerling，B.，22

Syverson，C.，191

Tabuchi，T.（田渕隆俊），ii，3，31，75，89，118—119，136，193

Takahashi，T(a).，10

Takahashi，T(o).，65

Takatsuka，H.（高塚创），43，46，59，62，65，70，136，142—143，149，179

Tan，L.，70

Tatemoto，M.，22

Taylor，M. S.，171

Thisse，J. -F.，ii，7，15，21，31，33，57，74，76，79，89，119，122，125，136，163，176，192—193

Townroe，P.，110

Travis，W. P.，24

Trionfetti，F.，43

UNCTAD，56

Valavanis-Vail，S.，23

van Marrewijk，C.，193

van Ypersele, T., 168

Vanek, J., 24

Venables, A. J., ii, 11, 69, 100, 111, 113, 134, 149—150, 156, 159, 163, 192

von Thünen, J. H., 149

von Thünen(冯·杜能), i, 6—8, 11, 15, 192

Wahl, D. F., 22

Weber, A., 192

Werner, B., 109

Williamson, J. G., 68

Wilson, J. D., 164

Yoshida, A., 3, 118

Yu, Z., 47

Zeng, D.-Z.(曾道智), 4, 43, 46, 59, 62, 65, 69—70, 75, 101, 128, 134, 136, 142—143, 170, 177—179

Zhao, L., 170, 177—178

Zhelobodkp, E., 33

中村良平, ii, 3

报酬

—不变, 41, 55, 80, 130, 150, 188—189

—递减, 69, 159

—递增, 10, 30, 37, 41, 55, 69, 71, 80, 127, 164, 169

本地市场效应, 参见效应

比较优势, i, 8—9, 18—19, 22, 24—25, 57, 70—71

冰块, 15

—运输, 10, 15—16, 29—30, 37—38, 43—44, 80, 88, 90, 99, 112, 172, 177, 184

不完全竞争, 参见竞争

产品的多样性, 参见多样性

产业内贸易, 12, 18—20, 22—23

叉形分歧, 97

差异

城市费用—, 120—121

工资—, 42—44, 47—48, 50, 54—55, 96, 100, 105, 107, 110—111, 127, 130, 141, 150, 158—159, 161, 176

价格优势—, 60

价格指数的—, 96

人工费用—, 42, 109

生活费用—, 101, 140

市场规模—, 60

实际工资—, 54

收入—, 68

税率—, 167—170

消费者剩余(的)—, 105, 110, 139

效用—, 87, 91—92, 96, 99, 105, 116, 120, 131—132, 138—140

城市费用, 3, 8, 12, 14, 73, 118,

120—127，137—143，146—147，176，179

　　—的差异，参见差异

　　—效应，参见效应

垂直关联，参见关联

促进竞争效应，参见竞争

单要素，13，40，55—64，69，180—181

倒 U 形，8，12，47，50，57，63，65—66，68—69，100，107，165，167

地租，7—8，119—120，122—123，137

端点解/端点均衡，39，50，52，58，61，74，76，85，93—94，97，124，153，173—175

对称分散，14，113，115，121—122，125—126，133—135，137—153，155—162，164，176

多样性，11，38，151

　　产品的 —，157

　　消费的 —，3，36，73

二次扩大效应，42，48

法人税，66—67

非关税，70，179

风险厌恶度

　　相对 —，33

　　绝对 —，34

分离均衡，134—135，147

复制动态，75，84，93，96，120，132

工业部门（产品）(的)运输费用，参见运输费用

工资

　　— 差异，参见差异

　　— 方程，64—65，87—88，99

关联

　　垂直 —，149

　　后方 — 效应，72—74，88，98

　　前方 — 效应，72—74，83，149

　　水平 —，149

关税，20，54—55，176，179

　　非 —，参见非关税

规模经济，13，23，26，36

　　内部 —，10，26

　　外部 —，8—9

国际收支，参见收支

后方关联效应，参见关联

环境

　　— 标准，171—172

　　— 管制，163，170—172，174—175，179

　　— 污染，118，171，175

加成率，14，30—32，34，88，181，187—188，190—191

价格优势差异，参见差异

价格指数，28—30，38，40—41，43，48，59，81—83，90—92，95—96，103，111，114，123，129，138，151—155，160，172，177，181，186

　　— 的差异，参见差异

渐近稳定，75，77—78，162

集聚的积累过程，11，74，161
集聚租，67，164—169，179
竞争
  不完全 —，8，10—11，23，170
  促进 —效应，91—92，104，138，187—188，190—191
  垄断 —，10—12，23，26—27，31，55，57，80，90，129
  完全 —，7，9，16—17，41，55，80，104—105，164，171
  —效应，参见效应
竞租，137
久武昌人，145
绝对风险厌恶度，参见风险厌恶度
空间不可能定理，7—8，15—16
劳动密集，参见密集
零利润阈值，182—185
垄断竞争，参见竞争
贸易费用，i，8，20，70，110，139，164，177
贸易收支，参见收支
贸易自由度，30，39，42—43，49，51—53，58，64—65，68，85—86，103，124，156，165，167—168，177
贸易（的）自由化，i，9，20，24，54—55，176，178—179，185，187，191
密集
  劳动—，21—22，24—25，134
  知识 —，136

资本 —，21—22，24—25
资源 —，24
内点解/内点均衡，39，47，50—51，53—54，58，60—61，63，74—76，85—86，93—94，97，99，113，115，125，132，153，156，168，173，175，178，187
农产品
  同质 —，27，41，112—113，115
  异质 —，14，114—116
  —的异质性，128
  —（的）运输费用，参见运输费用
平均生产力，109，181—183，185—187，190—191
前方关联效应，参见关联
企业异质性，15，180
区域部分专门化，142，144—145，147
区域完全专门化，142，144—145，147
人工费用
  —差异，参见差异
  —效应，参见效应
入场费用，182—183，189—190
三要素，24
生产成本效应，参见效应
生产规模，10，26，60，186
生活费用（的）差异，参见差异
生活费用效应，参见效应
市场规模，2，10，14，23，36—37，40，42，44，47，55，59—60，

72，73，88，98，104，149，155，161，170，174，179，191

——差异，参见差异

——效应，参见效应

实际工资比，50—52，164

收入差异，参见差异

收支

 国际——，39

 贸易——，40，60—61

 资本——，61

双要素，13，36，50，56—69，180

税

 关——，参见关税

 ——收，参见税收

 法人——，参见法人税

税率

 ——差异，参见差异

税收

 ——竞争，15，163—164，166—169，179，193

 协调——，164—165

水平关联，参见关联

替代弹性，27，29，32—33，157，175

通勤费用，3，7—8，12，73，118—122，124—126，137，141—143

同质农产品，参见农产品

突破点，85—86，93—94，97—99，113，115，121—122，125，156，158，161

完全集聚，14，39，87，107—108，113，115—117，121—122，125—126，135，144—145，153，155—158，161，164，168—169

完全竞争，参见竞争

维持点，85，93，97，99，112—113，115，121—122，125，155—156，164，167

无黑洞条件，85，93，97，153，165

污染避难所假说/效应，170，174—175

绝对风险厌恶度，参见风险厌恶度

相对工资，48—49，51—52，62—65，67—68，123

消费的多样性，参见多样性

消费者剩余，90，92，103，131—132，139

 ——（的）差异，参见差异

效率劳动，122—123

小山昭雄，77

效应

 本地市场——，11，13，23，36—37，40—48，55，57—58，61—64，66，68—69，73，95，169，178—179，193

 城市费用——，120，140—141，147

 促进竞争——，参见竞争

 竞争——，29，83—84，87—88，91—92，96，106—107，120—121，125，135—138，140—143，147，149，155，161

人工费用—,12,106,108—109,136,143

生产成本效应—,170,174—175

生活费用—,84,91—92,105—106,108—109,120,131,140—141,147,176

市场规模(的)—,83—84,91—92,96,104,106,135—136,138,140—143,147,155,170,174—176

选址—,81,83—84,91—92,96,105—106,120,131,139—140,155

中间投入成本—,155

效用差异,参见格差

新经济地理学,ii,11—15,18,26,69,71,74,100,149,163—164,170,175—176,191—193

新贸易理论,i,11—15,18,23,26,37,69,71,74,93,149,163,175—176,191—193

新新贸易理论,15,180

选址

　—理论,6,71

　—效应,参见效应

　—因素,2,42,73

需求(的)价格弹性,29—30,188

山本和博,ii,193

要素

　单—,参见单要素

双—,参见双要素

三—,参见三要素

一体化

　市场—,42,54,57,63

　经济—,20

异质农产品,参见农产品

运输费用,6—7,9—10,12—14,36—38,57,71,80,88,99—101,103,118,121,124—127

冰块型—,参见冰块

工业部门(产品)(的)—,40—44,47—51,53—55,68—69,84—87,90—94,96—97,103,107—108,116—117,128,131,134—143,145—147,155—161,164,167—170,174,176—177,179,184

农业部门(产品)(的)—,7,13,41—43,45—48,50—54,57—59,61—62,64,69,80,101,104—105,107—117,128,150,172,192

阈值企业,182—185,187,189—191

再分散,12,14,100—101,107,116—118,121,126—127,133—134,136,147,159

战斧型分歧,87

知识密集,参见密集

中间投入成本效应,参见效应

中心商务区,7—8,119,122

中心-外围模型，79，126，164，167，170，176

准线性

　—函数，89，95

　（基于）—效用模型，14，88—89，92，101，113，116—119，121—122，126，163—164，168，170，176，187，193

　—效用函数，14，31，87—88，93，95，99，117—119，180，191

住宅，3，7，14，118—119，126

资本密集，参见密集

资本收支，参见收支

自然（第一/第二），3—7，12，57

自由进入，183—185，190

自由贸易协定，20，55，176，193

资源，i，4—5，9，24，42，70，100，170—171

　—密集，参见密集

佐藤泰裕，ii，193

# 教师反馈及教辅申请表

  北京大学出版社本着"教材优先、学术为本"的出版宗旨，竭诚为广大高等院校师生服务。为更有针对性地提供服务，请您按照以下步骤在微信后台提交教辅申请，我们会在 1~2 个工作日内将配套教辅资料，发送到您的邮箱。

◎手机扫描下方二维码，或直接微信搜索公众号"北京大学经管书苑"，进行关注；

◎点击菜单栏"在线申请"—"教辅申请"，出现如右下界面：

◎将表格上的信息填写准确、完整后，点击提交；

◎信息核对无误后，教辅资源会及时发送给您；如果填写有问题，工作人员会同您联系。

**温馨提示：** 如果您不使用微信，您可以通过下方的联系方式（任选其一），将您的姓名、院校、邮箱及教材使用信息反馈给我们，工作人员会同您进一步联系。

## 我们的联系方式：

通信地址：北京大学出版社经济与管理图书事业部北京市海淀区成府路 205 号，100871
联 系 人： 周莹
电　　话： 010-62767312 /62757146
电子邮件： em@pup.cn
Ｑ Ｑ： 5520 63295（推荐使用）

微信：北京大学经管书苑（pupembook）
网址： www.pup.cn